国家社会科学基金资助项目：20BGL165

内蒙古自治区高校基本科研业务费项目：畜牧业经济理论与政策创新团队（BR-3-19）

Value Realization and Sharing
of Agro-Product Regional

PUBLIC BRAND

Research on Brands in Inner Mongolia

农产品区域公用品牌
价值实现与分享

基于内蒙古品牌的研究

马志艳　乔光华　◎著

中国财经出版传媒集团

经济科学出版社

Economic Science Press

·北京·

图书在版编目（CIP）数据

农产品区域公用品牌价值实现与分享： 基于内蒙古品牌的研究／马志艳，乔光华著 . -- 北京：经济科学出版社，2024.9. -- ISBN 978 - 7 - 5218 - 6384 - 0

Ⅰ. F327.26

中国国家版本馆 CIP 数据核字第 20241JM172 号

责任编辑：刘　莎
责任校对：王京宁
责任印制：邱　天

农产品区域公用品牌价值实现与分享：基于内蒙古品牌的研究
NONGCHANPIN QUYU GONGYONG PINPAI JIAZHI SHIXIAN YU FENXIANG：
JIYU NEIMENGGU PINPAI DE YANJIU

马志艳　乔光华　著
经济科学出版社出版、发行　新华书店经销
社址：北京市海淀区阜成路甲 28 号　邮编：100142
总编部电话：010 - 88191217　发行部电话：010 - 88191522
网址：www. esp. com. cn
电子邮箱：esp@ esp. com. cn
天猫网店：经济科学出版社旗舰店
网址：http：//jjkxcbs. tmall. com
固安华明印业有限公司印装
710×1000　16 开　15 印张　260000 字
2024 年 9 月第 1 版　2024 年 9 月第 1 次印刷
ISBN 978 - 7 - 5218 - 6384 - 0　定价：72.00 元
（图书出现印装问题，本社负责调换。电话：010 - 88191545）
（版权所有　侵权必究　打击盗版　举报热线：010 - 88191661
QQ：2242791300　营销中心电话：010 - 88191537
电子邮箱：dbts@ esp. com. cn）

PREFACE ▷
前　言

　　早在 2006 年，农业部就提出了推进农业品牌化工作的指导意见。此后，中央"一号文件"连续多年强调"农业品牌化""品牌强农"等内容。如今，品牌已成为农产品市场竞争的重要手段。近些年，各地政府纷纷出台政策积极打造农产品区域公用品牌（以下简称区域品牌），将产品和企业间的竞争转变为区域间的竞争，将区域品牌建设作为推动农业高质量发展、促进农民增收的重要抓手。创建品牌最终是为了实现品牌价值并增加收益。众多研究表明，从顾客角度评价品牌价值具有通识性。品牌价值链理论认为，品牌价值的实现实质上分为品牌价值形成、转化和实现三个阶段。创建者投入品牌建设影响顾客思维，进而形成顾客价值，顾客价值再通过消费者购买行为转化为市场业绩，最终实现品牌价值。本书关注农产品区域公用品牌顾客价值如何形成，能否顺利转化为市场业绩。农产品区域公用品牌有别于企业品牌，具有公共性、资源依赖性以及多主体共建等特点，要求各利益主体采取一致行动，共创价值，同时合理分享品牌增值收益，以保持各利益主体协同共建区域品牌的积极性。因此，本书还关注农产品区域公用品牌价值实现效果，品牌增值收益如何合理分享。本书以羊肉和大米区域品牌为例，从消费者角度探讨区域品牌顾客价值形成机理，评价其顾客价值转化潜力，从供应链利益主体角度探讨区域品牌增值及分享问题，系统研究农产品区域公用品牌价值的实现与分享过程。

首先，研究区域品牌顾客价值形成的机理。分析顾客价值形成影响因素可以明确区域品牌价值的来源。溢价支付意愿是顾客价值形成的集中表现。本书基于 MOA 模型和 ABC 理论，构建区域品牌溢价支付意愿影响因素的理论分析框架，采用结构方程模型分析法验证诸多因素的影响程度和作用路径。

其次，关注农产品区域公用品牌顾客价值转化潜力。区域品牌顾客价值形成后，能够顺利转化为市场业绩才能实现品牌价值。顾客价值转化即为形成购买的过程，在此过程中，产品偏好是重要影响因素。本书运用联合分析法，分析品牌、生长环境、种植/养殖方式及价格等产品属性在消费者选择时的重要程度，并将品牌细化为区域品牌、企业品牌和无品牌，探讨区域品牌产品如何能更好地满足市场需求，并分析产区内和产区外消费者偏好的差异，评价区域品牌的市场转化潜力。

再次，评价农产品区域公用品牌价值实现效果。品牌价值实现直接表现为产品溢价、收益提高和销量增加等特征。本书通过溢价率、溢价贡献率和收益增长率来评价不同区域品牌价值实现的效果。

最后，优化农产品区域公用品牌增值分享结构。供应链各利益主体能够合理分享区域品牌增值，是维持品牌协同共建关系稳定的必要条件。农产品区域公用品牌建设的主要目标之一是促进农户增收。本书基于典型案例，厘清不同区域品牌的增值分享结构。通过公平协调度法评价其收益分配协调程度，发现当前分享结构并不协调，这既与品牌发展阶段有关，也与区域品牌供应链协作模式和产品特征有关。考虑供应链各利益主体的重要性和贡献程度，运用 Shapley 值法分别对不同区域品牌增值分享结构进行优化，对比优化后的增值分享结构差异。

本书由马志艳与乔光华共同完成。在以往关于品牌价值研究的基础上，本书尝试从农产品区域公用品牌特征出发，从区域性、资源性和公共性等角度挖掘公有品牌不同于私有品牌的顾客价值来源，对比不同区域品牌市场转化的潜力与利益分享。当品牌被赋予新的内容和特征时，其价值来源与实现也会呈现出不同于企业品牌的新特点。本书的研究丰富了品牌价值理论的内涵。

现有关于农产品区域公用品牌的研究多集中于品牌创建过程中的机制探索，如区域品牌建设各主体角色定位、品牌成长路径、品牌竞争力提升、品牌投入产出绩效评价等，对区域品牌创建后的相关研究较少。部分学者和机构对农产品区域公用品牌的价值评估进行了指标框架设计和价值测度，品牌创建投入、发展能力和盈利能力是核心指标，关注点多为品牌的财务价值，从顾客角度探究区域品牌价值来源的不多。本书基于品牌价值链理论，从顾客角度分析农产品区域公用品牌价值形成与转化，从供应链角度分析品牌价值实现后的分享，从前因和后延两个方向拓展了区域品牌价值研究的内容，充实了农产品区域公用品牌的研究体系。

本书基于区域间差异研究品牌价值的形成与转化，基于区域内协同研究品牌增值分享问题，基于消费者视角分析区域品牌的市场需求状态，基于生产者视角分析产品供给协作关系。将多维视角纳入同一研究框架，能够更全面细致地刻画所研究的问题，提高研究成果的针对性。

本书的研究也存在不足。首先，未能对农产品区域公用品牌动态发展进行深入研究。多数区域品牌创建时间较短，不能使用DID等方法对比分析品牌创建前后的各种变化。其次，农产品区域公用品牌与授权企业品牌联合使用，虽尽量进行了同一企业或至少同类产品的横向对比，但也不能完全剔除企业品牌的影响。公用品牌产权边界尚不清晰，不能像私有的企业品牌那样清晰定义产权边界和研究边界。再次，以内蒙古农畜产品区域品牌为例进行研究，相关结论未必全部适用于其他地区农产品区域品牌的实际，需要拓展研究范围。最后，考虑调研问卷体量，防止问题过多引起被访者答题疲劳，并未对大米区域品牌进行溢价支付意愿调查，未能形成结论对比，日后这将是完善的方向。

CONTENTS ▷
目　录

1 绪　　论

![image](1.1) **1.1　研究背景**

　　品牌已成为农产品市场竞争的重要手段。早在 2006 年，农业部就出台了《关于新时期进一步推进农业品牌化工作的意见》，提出推进农业品牌化工作的指导思想、工作重点及实施措施等。此后，中央"一号文件"连续多年强调"农业品牌化""品牌强农"等内容。农业品牌建设，有利于推动地区资源集聚，拉动农业产业升级，也有利于连接消费市场、打通城乡经济循环，已成为全面推进乡村振兴工作和农业农村现代化的重要发力点。近年来，各地政府纷纷出台政策打造农产品区域公用品牌，将其作为深化供给侧结构性改革、转型升级农牧产业、链接小农与现代市场的重要抓手，通过品牌理念重塑农业发展方式，利用品牌工具探索农业高质量发展的新路径。

　　众多学者从不同角度对农产品区域公用品牌的含义进行了界定。总结来看，农产品区域公用品牌是在特定地域内凭借独特环境、资源禀赋和农耕文化打造的，由多个利益相关主体联合进行经营与投入，逐渐形成的区域形象和产品美誉度，集中体现于区域内符合品牌标准的经营主体共同使用地域性品牌商标并以此获益。农产品区域公用品牌强化产品的区域化特征，将产品竞争、产业竞争转化为产区竞争。无论是企业品牌还是区域品牌，品牌打造的最终目标是为了提升并实现品牌价值，从而增加收益。这是品牌能够持续发展的前提条件。品牌价值链理论认为，品牌价值创造要经过"营销活动投入—顾客价值形成—市场业绩转化—品牌价值实现"四个阶段。品牌创建者投入品牌建设会影响顾客对品牌的认知和信任，进而形成顾客价值，顾客价值再通过顾客购买转化为市场业绩，表现为产品溢价、需求弹性变小、销量增加以及品牌延伸等，最终实现品牌价值。如今，各地不同特色的农产品区域公用品牌不断涌现，各区域品牌顾客价值如何形成，品牌产品是否迎合市场需求，能否顺利转化为市场业绩，是本书关注的几个核心问题。

农产品区域公用品牌不同于企业品牌，具有公共性、外部性、多主体性等特点，政府往往对品牌的建设起着重要的推动作用（王军，2014）。但农产品区域公用品牌建设是一个庞大的系统工程，仅仅依靠政府的力量是不够的，成功创建区域品牌还需赢得区域内利益相关者的支持。区域品牌主要利益相关者包括消费者、政府或行业组织、供应链经营主体等。农产品区域公用品牌本质上是为利益相关者创造价值的一种承诺，即为各利益相关者带来附加经济价值。这要求政府、农牧户、加工企业以及销售商等主体采取一致行动，为农产品区域公用品牌价值的实现创造条件。然而，只有供应链上各经营主体的边际收益大于等于其边际成本，才能调动各主体参与农产品区域公用品牌建设的积极性和主动性（陈红华，2011）。打造农产品区域公用品牌不仅要实现品牌价值，还要使品牌增值能够被供应链各利益主体合理分享，才能保证区域品牌协同共建关系的稳定。同时，促进农牧户、企业等主体收益增长，最终促进产品、产业、区域经济、资源保护等的多维发展，保持农产品区域公用品牌持续发展的动力。因此，如何合理分配区域品牌增值收益，提出公用品牌增值分享结构的优化方案，有效调动各主体合作积极性，也是本书关注的现实问题。

农户应是农产品区域公用品牌发展中的重要角色，因为良好自然资源环境以及在长期生产过程中形成的独特农牧文化、种养方式、生产工艺等，是农产品区域公用品牌的重要核心价值（周小梅，2017）。然而，我国农户在供应链利益分享时往往处于弱势地位。张玉香（2014）提出，各地方政府打造区域公用品牌，应以促进农户增收、农业增效为目标。经过多年的精心打造，农产品区域公用品牌能否进一步促进农户增收？能否提高农户在区域品牌产品供应链上的增值分享能力？也是本书深入探讨的问题。

1.2　研究视角及意义

品牌创建的最终目标是实现品牌价值并带来超额利润，实现并合理分享农产品区域公用品牌价值是品牌持续发展的动力。学界对品牌价值来源的主流看法有三种，即企业视角下的品牌资产价值理论、顾客视角以及利益相关者视角下的品牌价值来源理论（龚艳萍，2014）。凯勒等（Keller et al.，2003）基于品牌价值链（brand value chain）理论，提出品牌价值的形成要经过"营销活动投入—顾客思维—市场业绩—品牌价值"四个阶段。企业通过开展大量的营销活动使消费者对品牌产生认知和联想，形成对品牌的态度及忠诚等，即顾客价值，进而逐渐产生品牌购买行为，带来品牌市场业绩的提升，市场业绩表现为价格溢价、市场份额增大、品牌延伸等。基于一个品牌可利用和可预测的信息对品牌价值进行评估，最终形成品牌资产价值。顾客价值的形成与转化是区域品牌价值实现重要的前置环节。品牌价值实现后，合理分享收益是区域品牌协同共建关系稳定的条件。

以往研究普遍认为，企业与消费者分别是品牌价值创造者与实现者，品牌价值实现是消费者对品牌价值认同并实施购买的过程。由此可见，从消费者视角探讨农产品区域公用品牌价值的形成与实现是较为恰当的切入点。

本书以顾客价值为切入点，研究农产品区域公用品牌顾客价值形成机理，评价顾客价值转化潜力，并从生产经营者视角探究农产品公用品牌的增值分享问题，具有一定的理论意义和现实意义。

理论意义：研究扩展了企业品牌、产品品牌理论的应用范畴，为品牌理论增加了新的内涵，在一定程度上弥补了区域公用品牌价值创造与实现研究的不足，发展了基于利益相关者互动关系和品牌价值整合的理论。本书将适用于私有品牌的相关理论应用于区域公用品牌领域，系统分析了农产品区域公用品牌的溢价能力以及在供应链上的溢价分享结构，把握住了区域品牌的"公用性、共建性"特点，拓展和检验了相关理论的应用边界。

现实意义：研究农产品区域公用品牌的溢价能力，有助于评估区域公用品牌的真实价值；研究区域品牌溢价在供应链上的分享结构、形成原因及影响，可识别供应链各环节溢价分享能力的来源，评价农户的品牌溢价分享能力；对农产品区域公用品牌溢价分享结构进行优化，可为政府建设和管理区域公用品牌提供决策依据，提高政策的方向性和针对性，有利于通过农产品区域公用品牌建设，促进农户增收。

1.3　国内外研究综述

1.3.1　品牌价值来源及实现

1. 品牌价值

品牌价值即品牌货币价值，是以货币单位表示的可转让的品牌经济价值（ISO10668，2010）。ISO10668 关于品牌价值的定义强调品牌价值的货币化，反映了当前研究的主流观点。20 世纪 80 年代，品牌权益或品牌资产（brand equity）作为品牌价值的体现被提出。范秀成（2000）从企业对品牌的营销活动投入角度，将 brand equity 译为品牌权益，认为品牌权益是企业创建品牌的各种营销活动长期投入积累的结果，品牌权益会赋予产品和服务附加价值。也有不少学者从品牌的财务价值角度来解读 brand equity。卢泰宏（2000）等将其译为品牌资产，以会计的方式体现在企业的资产负债表中，以作为企业在金融市场中并购活动的依据。从顾客价值角度，品牌权益被认为是能给顾客和企业带来超越产品或服务的额外价值或利益。内特迈耶等（Netemeyer et al.，2004）将品牌权益界定为顾客愿意为自己所偏爱的品牌支付超过产品本身价值的额外费用。宁昌会（2005）认为，品牌价值是品牌权益的货币化形式，品牌权益来源于顾客，是顾客获得的品牌功能效用和品牌象征效用。

2. 品牌价值来源

不同学者从经济学和管理学两个视角阐释了品牌价值的形成与来源，为本书分析品牌价值的形成找到了恰当的切入点。张曙临（2000）认为，品牌价值来源于企业和消费者两个层面，在此基础上讨论品牌价值中的成本价值、关系价值和权利价值。何炼成（2001）提出品牌价值是产品中凝结的"虚劳动"。琼斯（Jones，2005）基于顾客视角讨论品牌价值来源，通过评估顾客对品牌的知晓度、态度、联想和忠诚等因素来评价品牌价值，强调品牌价值的最后实现由消费者来决定。汪秀英（2008）提出企业品牌资产与品牌价值真正的动力源泉来自消费者，即消费者对品牌是否认可，是否愿意通过自身的购买行为实现对品牌的选择。汪秀英（2009）进一步提出，品牌价值的形成，劳动价值论发挥着基础性和支柱性作用，效用价值论是品牌价值实现的依据。管理学主要是从企业的营销投入与产出角度来阐述品牌价值的形成机制。波特价值链模型中的九种价值活动如广告、促销、赞助、公关等营销投入都会直接或间接地影响品牌价值的形成。胡振华（2013）认为品牌价值可正可负，"实劳动"和"虚劳动"的观点无法解释品牌价值为负的情形。从效用价值论角度看，品牌通过满足或损害消费者的心理需求和社会需求，增加或减少消费者获得的效用，品牌价值来源于品牌带给消费者的特殊效用，但品牌价值实现必须满足一个前提，即品牌产品定价不能高于消费者获得的效用。谢京辉（2017）认为，无论是经济学视角还是管理学视角，品牌价值的形成取决于两个因素：一是企业的投入，二是顾客的认同。企业对品牌投入的效果和顾客对品牌的认同度的结合点在于市场，品牌价值的实现体现在它的市场价值上。

3. 品牌价值的实现

学者对品牌价值实现途径与方式的讨论，为本书构建品牌价值形成与实现的理论框架提供了思路。刘华军（2007）认为，品牌信用的提高降低了消费者选择成本，需求曲线会右移；品牌使商品需求弹性变小，需求曲线变陡峭，均衡价格和数量增加，并增加消费者剩余和生产者剩余，提高总的社会福利水平。王月明等（2009）认为，品牌价值由一系列活动构成，经历品牌价值创造、转化和实现阶段。品牌价值创造是企业实施品牌战略并投入资源的过程。品牌价值实现是消费者对品牌价值认同并实施购买。企业与消费者分别充当品牌价值创造者与实现者，是品牌价值输入和输出的两端，需要一个品牌识别系统作为转化过程。彭品志（2012）认为，品牌价值实现方式分为显性与隐性两种。显性方式表现为零售价格中的品牌价值成倍高于一般品牌或产品的价值。隐性方式表现为价格不变，销售数量大幅增加，库存和企业资金周转速度加快。谢京辉（2017）提出，品牌价值创造通过三个途径传导，即通过研发投入由产品传导，通过营销投入由市场机制传导，通过广告宣传投入由消费者传导。品牌价值的实现主要体现为给企业带来持续超额收益，持续超额收益包括两个部分，一是品牌价值直接带来附加收益；二是消费者身份价值提升形成对企业的文化认同与品牌偏好，由此带来的品牌市场份额增加。赵冠艳（2021）认为，地理标志价值实现的途径主要体现在三方面，即促进农业农村发展、实现市场溢价及环境保护。实现地理标志的价值需要从生产者和消费者两方面开展，提高生产者积极性，提高消费者吸引力，提高政府治理水平，推动农产品地理标志的全产业链发展。

4. 利益相关者视角的品牌价值

利益相关者理论可使我们研究品牌价值时意识到，不仅要关注消费者或顾客，还应考虑其他利益相关者的贡献。福尼尔等（Fournier et al.，1994）倡导品牌关系研究范式从顾客层面拓展到利益相关者层面上。克拉克森（Clarkson，1995）指出，利益相关者不是股东的代名词，利益相关者可以定义为主要的和次要的利益相关者。主要利益相关者通常包括企业、顾客、供应商以及公共利益相关团体，次要利益相关者有能力影响舆论。弗里曼等（Freeman et al.，1999）提出，能够影响品牌目标实现的所有个体和群体是利益相关者，可以将其划分为消费者、影响者与合作者三类。消费者指品牌现有和未来的顾客；影响者是能够影响品牌发展的个人或群体组织，主要指政府、相关领域专家、社会媒体、行业协会和其他专业系统等群体；合作者主要是指品牌企业、经销商和供应商。因此，品牌关系管理有两个重要趋势：一是不再仅仅局限于品牌与顾客之间的关系，也包括其他利益相关者；二是品牌权益或品牌价值不再仅是通过品牌与顾客的二重关系创造，而是通过各种关系多重结构来实现米切尔（Mitchell et al.，2002）。舒尔茨（Schultz，2002）指出，品牌曾被认为仅存在于顾客内心，但现在品牌正逐渐占据所有利益相关者的内心。品牌在本质上是为利益相关者创造价值、自己也能从中获得价值的一种承诺。如何实现利益相关者价值或期望成为品牌关系培育和品牌价值创造的核心（Kotler，2002）。品牌价值被认为是品牌被感知的在使用中的价值，共同地由所有的利益相关者来决定，利益相关者之间存在协同关系（Jones，2005）。王兴元（2007）指出，以品牌为中心的复杂系统包括企业、供给商、中间商、消费者、竞争对手、媒体、政府等经济、社会各要素，甚至还包括一些自然要素。这需要建立起新的品牌理论和品牌治理模式。张燚（2010）认为，品牌价值研究从企业品牌资产理论过渡到顾客价值理论，再转向利益相关者价值理论。其中，资产价值理论强调品牌作为企业无形资产所带来的收益价值；顾客价值理论强调品牌为顾客带来的功能价值和情感价值；利益相关者价值理论则强调品牌是实现利益相关者价值的一种承诺。弗罗等（Frow et al.，2011）认为，品牌管理者需对所有利益相关者的资源进行通盘考虑及整合，以实现共创品牌价值。协同共建的实现需要协调整合供应链的信息、业务和资源，充分发挥系统的整合力（关纯兴，2012）。徐颖等（2012）认为，不同利益相关者群体对品牌活动的关注点存在差异性，政府关注品牌发展动态，而顾客则关注营销活动。孔晓春（2014）提出，利益相关者理论要求识别哪些主体能够影响公司目标的达成，哪些主体会被影响。农产品区域公用品牌的区域性与公共性特征，决定了其品牌建设是一个价值共创生态系统中的协同共建过程，要求农产品区域公用品牌的主要利益相关者，即政府、农牧户、加工企业、销售商乃至消费者等采取一致行动，为品牌价值的实现创造条件（陆娟，2022）。

1.3.2 农产品区域公用品牌内涵及特征

农产品区域公用品牌是特定区域内经营主体共有的品牌，采取一致行动对产地范围、产品品质、品牌使用以及品牌营销推广等方面进行管理和约定，致力于提高消费者评价与品牌形象，共同发展区域产业（浙江大学农业品牌研究中心，CARD）。不同学者从不同角度进行了定义：易松芝（2003）认为，产品区域品牌以地理标志为主，代表消费者对农产品生产区域形象的认知。郑秋锦等（2008）认为，农产品区域公用品牌是指拥有独特自然资源及悠久的种植、养殖方式与加工工艺历史的农产品，在地方政府、行业组织或龙头企业等主体的强力运营管理下所形成的具有明显区域特征的品牌。马清学（2010）认为，农产品区域品牌是在特定区域农产品形成的知名度和美誉度，是所有品牌的商誉总和。张传统（2015）等学者认为，农产品区域公用品牌是指在特定自然生态环境、历史人文因素区域内，由农业相关组织注册并控制的集体商标或证明商标，以"产地名 + 产品（类别）名"的形式构成，授权农业生产经营者共同使用的农产品品牌。

巴尔默（Balmer, 2003）认为，区域品牌的公共属性要求区域内各利益主体采取统一的行动、传递一致的信息，兑现统一的品牌承诺。农产品区域品牌还可以带动区域内较弱的企业被市场接受（邵建平，2008），可使区域内企业获得协同效应，有利于企业间的合作（熊爱华，2008）。区域品牌由区域内相关经济体共同使用，任何使用者不能阻止他人使用，使用者的增加也并不增加社会成本。区域品牌使用的成本与后果不完全由区域成员承担，区域成员经济行为会对品牌其他使用者产生正面或负面的影响（李学工，2009）。佩什科娃（Pyzhikova, 2020）认为区域品牌是一种准公共产品，能对该区域内企业的发展与竞争优势的培育起到促进作用，能够有效促进欠发达地区产品竞争力的提高。然而，公共性使产权和利益具有共享性，会导致市场失灵，可能产生"晕轮效应"等正外部效应，也可能产生"搭便车""柠檬市场""公地悲剧""危机株连"等负外部效应（刘月平，2011）。沈鹏熠（2011）提出，农产品区域品牌具有公共性、非排他性、外部性、规模效益性、多主体性等特征。

1.3.3　农产品区域品牌形成条件及建设模式

陆国庆（2002）较早在农产品经营中提出建设区域品牌的观点，认为区域品牌可以提高农产品的市场竞争力，并将该地区的资源优势和区位优势转化为农产品竞争优势。产业集群规模、区位、政策、自然因素和技术因素也是影响区域品牌形成的重要因素（顾强，2005；张光宇，2005）。罗莎

（RoSa Chun，2006）提出，政府、企业、其他社会力量等都是区域品牌化的重要推动力量。农产品区域品牌形成，集群产业优势是基础性条件，良好区域环境是重要保障，龙头企业实施名牌战略、带头创牌是关键或必要条件，政府作用是不可或缺的中介变量（熊爱华，2007；孙丽辉，2007）。邵建平（2008）认为，农产品区域品牌是由区域的经济、文化、地理和自然资源共同作用的产物。盛丽婷（2011）基于钻石模型提出，区域品牌竞争力的产生条件包括生产要素和市场需求两种条件，其中政府和相关产业组织是推动竞争力形成的中坚力量，产业战略和机遇是品牌成长的辅助力量。李德立（2013）通过结构方程模型对农产品区域品牌竞争力影响因素进行了分析，将政府、行业协会的支持作为品牌支撑力，将龙头企业能力作为品牌基础力，将历史文化、资源作为品牌资源力，将消费者心理效应作为品牌发展力，评价这些因素对品牌竞争力的影响。研究结果指出，品牌支撑力是竞争力的最主要影响因素，其次是发展力、基础力和资源力。姚春玲（2014）认为，农产品区域品牌竞争优势的形成离不开农业相关政府部门、龙头加工企业、行业协会和区域资源禀赋这四个因素。周小梅（2017）提出，良好自然资源环境、独特的风味、农耕文化以及种养方式等是农产品区域公用品牌的重要核心价值。

农产品区域品牌具有准公共产品的性质，容易出现市场失灵。郭守亭（2005）认为，各级政府应促进农产品区域品牌的发展，从统筹规划、产业扶持、树立示范和提高服务等方面进行。李银兰（2008）认为，政府是农产品区域品牌建设的组织者、宣传者和保护者。温如春（2010）认为，政府是农产品安全、检疫、农业技术标准化等的制定与实施的管控主体，且负责产地形象宣传、规范市场和竞争秩序。洛奇（Lodge，2013）强调，地方政府在农产品区域品牌协同发展中具有主导作用。品牌发展不同阶段政府职能不同，萌芽阶段对区域品牌的发展进行战略规划，成长阶段对区域品牌加强管理，扩张阶段对区域品牌进行宣传推广。公用品牌建设周期长，初期盈利前景不明，区域内企业缺乏投入积极性，为获得先发优势，地方政府主导品牌建设往往成为最优选择（邓洪娟等，2020）。

许多学者从农产品区域公用品牌建设主体多元性角度，探讨了其他利益主体的作用。他们认为，农产品区域品牌运行模式是政府主导、合作经济组织或行业协会运营、龙头企业参与，但在区域品牌初创期，政府会起主导作用，因品牌利益不易实现或效益低下，在区域品牌提升期合作组织或龙头企业则更为重要（郑秋锦，2007；黄俐晔，2008）。王卫（2011）认为，当前我国农产品区域公用品牌发展的主要模式是"政府推动、企业运作、行业组织运营、农户参与"的多元主体协同共建。刘月平（2011）认为，企业是区域品牌的需求主体，应主动承担区域品牌供给职责，成为区域品牌发展的原动力；政府应聚焦政策服务、制度安排、关系协调、合同监管、公共营销等方面职能；第三部门则在准入标准、产品质量标准制定和实施方面发挥作用，并引导行业自律，构建品牌信誉度预警机制。李亚林（2012）认为，农业行业协会应在农产品区域品牌的创建和营销中起着重要作用，其介于政府、企业和农户之间，具有行业自律性和非营利性，能够维护共同的经济利益和社会利益。沈鹏熠（2011）认为，不同主体受利益驱动表现不同，区域政府考虑区域经济和社会长远发展大力支持甚至主导区域品牌的发展。集群企业和农户则更关心区域品牌的效益、技术创新和市场推广。中介机构在农产品区域品牌形成中提供各种服务和咨询。关纯兴（2012）认为，政府是品牌建设的主导者，行业协会是品牌利益的协调者和维护者，农业龙头企业是经济活动的主体，农户是落实者和参与者。索红（2012）提出，若没有龙头企业为依托，产业就无法从资源依赖型向技术支撑型转变，农产品区域公用品牌就无法形成强势品牌。俞燕（2015）也认为，龙头企业带动产业集群形成，规范生产经营行为，是农产品区域公用品牌形成与发展的支撑和动力。刘婷（2017）则认为，农产品区域公用品牌是准公共物品，企业或农户会缺乏内在动力，只有合作社这类集体性中介组织才能适合农产品区域品牌建设者身份。陈磊等（2018）认为，农业品牌建设离不开政府驱动、市场拉力、利益推力和个体参与。余云珠（2019）提出，农产品区域公用品牌建设既需要政府的引导也需要龙头企业的引领。杨肖丽（2020）将农产品区域品牌建设模式分为政府主导模式、行业协会主导模式和企业主导模式。行业协会作为农产品区域品牌管理的主力军，比企业多了公平性，比政府多了主动性。

1.3.4 农产品区域品牌价值评估方法

农产品区域品牌价值是衡量品牌市场地位的重要指标。现有关于农产品区域品牌价值评估的技术，一是借鉴成熟的企业品牌价值评价技术，从财务和市场角度构建评价体系。胡晓芸等（2010）构建了"五力"评价指标体系，由品牌的带动力、资源力、经营力、传播力和发展力构成。在 Interbrand 模型基础上进行拓展，开发出农产品区域品牌价值评估模型（品牌价值＝品牌收益×品牌强度系数×品牌忠诚度因子），综合使用企业财务数据和市场数据，从市场稳定性、市场地位、品牌趋势、行销范围、品牌支持和保护等方面分析农产品区域品牌价值影响因素，确定指标，构建品牌价值评价指标体系。周发明和阳静怡（2018）从财务视角，运用层次分析法，从品牌创建投入、品牌盈利能力、品牌溢价收益和品牌发展能力四个方面，构建农产品区域品牌价值评价体系。二是对品牌价值评价技术进行改进。顾海兵（2010）基于改进的品牌价值评价技术提出了区域性国内生产总值净增速来评估区域品牌价值。杨卉（2013）也基于此方法对安化黑茶区域品牌价值作了评估。桑秀丽（2014）基于区域居民消费价格指数（CPI）与 GDP 净增速，引入 GDP 贡献率评估区域品牌价值。这些方法多基于企业财务或宏观经济数据，忽略了顾客价值的重要性。从品牌价值来源的文献研究中发现，品牌价值来源并实现于消费者，品牌创建投入与顾客满意度不一定同向变化。

1.3.5 品牌农产品消费者支付意愿与偏好

孙日瑶和刘华军（2007）基于品牌经济学理论提出，农产品原产地通过区域品牌建设可以提高消费者对品牌信用度，降低消费者选择成本，产生品牌溢价，对农产品销售意义重大。农产品区域品牌可以减少市场的逆向选择，解决农产品的信息不对称问题（张可成，2008；张光辉，2009；郭克锋，2011），同时可以提高产品标准化程度并提升产品竞争力（周发明，

2007；章胜勇，2007；许基南，2010；刘元兵，2012）。近年来，对品牌契合的研究即顾客与品牌关系的研究越来越受到重视。品牌契合能带来品牌满意、信任、忠诚等，可以显著影响消费者的钱包份额，促进品牌绩效，为企业创造价值库马尔（Kumar et al.，2010）。董平（2012）认为，区域品牌能有效提升地区农产品的知名度、美誉度和附加值。陆建珍（2013）认为，消费者支付意愿是品牌化能否提高产品获利能力的关键，并基于计划行为理论，运用路径分析研究消费者淡水产品品牌支付意愿的影响机制。总体来看，实现品牌价值，营销领域研究品牌与消费者的互动关系，经济学领域则研究消费者对品牌产品的偏好程度蒂恩苏（Tiensuu et al.，2014）。常向阳（2014）研究消费者食品安全属性偏好时，发现品牌、产品安全、营养成分、口碑和距保质期时间这四个食品安全属性的消费者偏好较强，且不同消费者偏好存在异质性。尚旭东（2014）认为，消费者对农产品注册为地理标志了解程度、对农产品口感味道评价正向影响购买意愿和支付意愿。

众多学者对不同情境下消费者产品偏好的研究表明，联合分析法是一种有效预测"顾客"对产品偏好取向的方法（崔浩，2002；符国群，2003；何英，2003）。尹世久（2014）运用联合分析方法研究婴幼儿配方奶粉的品牌、有机认证标签、产地和价格等产品属性对消费者偏好的影响。研究结果表明，产地是决定消费者偏好的首要属性。也有学者采用不同的方法分析消费者偏好。夏晓平（2011）通过建立二元 Logistic 模型定量分析了消费者品牌信任、消费者家庭特征等因素对品牌羊肉产品购买行为的影响程度和作用方向。王文智（2013）和吴林海（2014）利用选择实验方法分析了消费者对猪肉属性的偏好及支付意愿。董谦（2015）基于内蒙古呼和浩特市城市居民的调研，运用 Logistic 模型对消费者企业品牌羊肉的购买行为进行实证分析，探讨消费者购买企业品牌羊肉的主要动因、特征及影响因素。李硕（2017）运用二元 Logistic 模型分析消费者对品牌鸡蛋质量安全属性溢价支付意愿的影响因素。韩子旭（2021）运用选择实验法，借助混合 Logit 模型和潜类别 Logit 模型对城镇面粉消费者的对小包装面粉的偏好作了分析。

1.3.6 基于 Shapley 值法的利益分配研究

农产品区域公用品牌建设是一个庞大的系统工程，涉及整个区域范围内的农业产业集聚提升、标准制订、质量追溯、产品梳理、渠道拓展等多方面内容，需要政府、企业、农牧户等多方力量的响应与配合。多方利益主体合作，则利益分配问题的研究不可规避。Shapley 值法被广泛应用于各个领域的合作博弈研究，在农产品供应链利益分配方面也较为常见。罗兴武（2012）认为，农产品供应链剩余是农户合作的目标，也是农户合作的前提，优化分配供应链剩余有利于调动农户积极性。梁鹏等（2013）利用联盟博弈分析了农产品供应链联盟的利益分配机制，通过 Shapley 值法进行内部收益分配有利于维持联盟的稳定运行。刘肖（2013）应用熵权法对传统的 Shapley 值法进行了改进，对农民专业合作社利益分配进行了研究。徐玲玲（2013）以屠宰加工企业实施的猪肉可追溯体系为案例，综合考虑可追溯体系中养殖户、屠宰加工企业和销售商的资金投入、风险承担与质量安全控制能力等因素，构建了改进的 Shapley 值模型，并测算养殖户、屠宰加工企业和销售商的收益分配状况。王永亮等（2014）认为，公平合理的利益分配机制是保证农业产业链中参与主体间的战略同盟关系得以发展和巩固的关键，Shapley 值模型则是一种解决合作博弈下利益分配的有效方法。薛婷（2014）针对农产品供应链利益分配的现实缺陷，结合环境风险、市场风险、合作风险、技术风险和组织风险等农产品供应链运行的潜在风险，利用 Shapley 值法优化分配机制，最后利用和谐度评价分配机制的公平合理性，并通过数值算例验证了该分配机制的可行性。王永明等（2014）以 Shapley 值法为基础，结合多因素（风险、损耗控制、质量安全、准时性、创新能力、合作程度）综合修正研究了鲜活农产品供应链的收益分配问题。戴佩慧等（2014）归纳总结了蔬菜供应链的主要构成和流通模式，在 Shapely 值法的基础上，综合考虑风险因子、合作程度和社会责任度三个影响因子及权重改进模型，使分配更加公平合理。李劢（2014）通过 Shapley 值法对农民专业合作社成员利益分配进行了优化。宦梅丽等（2020）研究发现，考虑违约风险、经营成本、合作意愿和信息对称程度等因素对生鲜乳供应链收益分配进行 Shapley 值法修正，能实现各主体收益的帕累托改进，稳定供应链合作模式。

1.3.7　文献述评

1. 品牌价值相关研究评述

国内外学者对于品牌权益（品牌价值的体现）的研究，首先，从不同的层面对其含义进行诠释；其次，集中于对品牌权益构成与测量方式的研究，早期因企业间激烈竞争，学者更加关注品牌权益的财务价值，构建品牌价值的评估体系，研究品牌价值或竞争力提升的路径。近些年，也有不少学者从利益相关者角度研究品牌价值共创，研究成果颇丰。相对来讲，少有文献对品牌权益形成的前因和去向进行深入研究，即对品牌价值的形成、转化的深入研究成果较少。关于品牌价值评价，学者们普遍认为若仅从企业投入视角设计评价体系，一方面，可能会造成企业"机会主义"，形成品牌"柠檬市场"；另一方面，没有兼顾消费者的利益，即使企业品牌获得了较好的价值评定，顾客也不一定满意。品牌是企业与顾客沟通的媒介，赢得顾客忠诚可以使企业获取超额利润，因此从顾客角度研究品牌价值具有重大意义。利益相关者相关研究则认为，顾客并不是影响品牌价值的唯一因素，品牌价值评价还会受到竞争者、供应商、销售商等众多主体的影响，品牌价值评价还应兼顾多方利益相关者。

2. 区域品牌相关研究评述

20 世纪 90 年代以来，区域品牌化的研究逐渐成为学术界关注的焦点。随着近年来产业集群和区域经济发展，区域品牌相关研究逐渐丰富起来，不再仅局限于区域品牌内涵、特征等的研究，逐步转向区域品牌形成与建设路径、区域品牌管理、区域品牌与企业品牌的关系、区域品牌效应、区域品牌竞争力提升以及区域品牌价值评估等方面，进行较为系统的研究。农产品区域公用品牌是区域品牌的一种类型，其本身的复杂性和理论研究的缺乏，在一定程度上制约了农产品区域公用品牌研究的进展。

从学科角度看，国内对于农产品区域公用品牌的研究大多从管理学的视角进行，从经济学视角进行的研究相对较少；从方法上看，定性分析居多，定量分析较少。农产品区域公用品牌相关研究论文从 2002 年开始就陆续发表，但在权威期刊上发表的论文数量偏少。农产品区域公用品牌的研究成果更是近几年才逐渐增多，研究内容多集中于概念内涵、品牌形成条件、成长路径和培育方式、公用品牌建设主体及其角色定位等方面，对农产品区域公用品牌创建过程中的一系列问题进行了深入研究，对农产品区域公用品牌建设后的系列研究相对较少。事实上，农产品区域公用品牌创建完成后的研究也很重要。毕竟品牌创建过程无论投入和管理如何科学有效，最终都要经得住市场的考验，谋求顾客满意，迎合市场需求，才能实现品牌建设目标。学界对企业品牌价值的研究已较为深入，对农产品区域公用品牌价值的形成与分享的研究有待补充。部分学者对区域品牌价值评估进行了研究，多从企业投入和财务视角构建评价指标体系，从顾客视角研究的不多，对品牌价值共享问题研究的则更少。本书结合农产品区域公用品牌的特性，借鉴企业品牌价值研究方法，尝试从公共属性和多元建设主体角度进行补充研究。

1.4　研究范围、内容及目的

1.4.1　研究范围

内蒙古地域辽阔，耕地、草原面积居全国首位，农牧产业基础深厚，羊肉、牛肉、牛奶产量均居全国首位，绒毛、草业产量也居全国前列。① 截至2022 年 3 月，内蒙古农产品地理标志登记产品数为 135 个，登记总数在全国排名第 12 位。内蒙古已成为全国重要的绿色农畜产品生产加工输出基地，良好的资源环境和农牧业产业条件为农产品区域公用品牌的发展奠定了基

---

① 本节数据来源于内蒙古自治区农牧厅官方网站。

础。鉴于区域品牌的地域性，以及受新冠疫情的影响，研究主要以内蒙古为主要调研范围。畜牧业是内蒙古的传统优势产业，其中肉羊产业尤为突出，是全国最大的肉羊产区。内蒙古也是我国 13 个粮食主产区和 8 个粮食规模调出省区之一，粮食产量居全国第六位。"锡林郭勒羊""天赋河套""兴安盟大米"等农产品区域公用品牌是内蒙古东中西部具有代表性的区域品牌，涵盖了农产品和畜产品两类产品，包含了单一产业品牌和综合产业品牌两类区域品牌类型。通过"锡林郭勒羊"和"天赋河套"两个区域品牌，研究进行了草饲羊和谷饲羊产业的对比分析；通过"兴安盟大米"区域品牌，研究又对农产品与畜产品间的对比进行了分析，以保证研究范围的全面性。

1.4.2　研究内容及目的

在内蒙古农产品区域公用品牌建设背景下，本书基于品牌价值链理论，从消费者角度研究农产品区域公用品牌顾客价值形成的机理，分析区域品牌顾客转化的潜力；从供应链角度评价农产品区域公用品牌价值实现的效果，分析其影响因素，讨论区域品牌增值分享结构的合理性，探讨优化分享结构的方向，以为提升农产品区域公用品牌价值实现能力、促进区域品牌的持续发展提供参考。本书主要研究内容及目标如下：

第一，研究案例阐释。调查梳理内蒙古农产品区域公用品牌建设的主要成效，通过典型案例探讨内蒙古主要羊肉区域公用品牌创建历程、建设模式及各利益主体间协作关系，分析当前农产品区域公用品牌建设中存在的主要问题及困境。为后续研究提供支撑。

第二，研究农产品区域公用品牌顾客价值形成机理。顾客价值可理解为消费者为所偏好的品牌超额支付的意愿。本书结合消费者行为理论相关内容，在 MOA 模型和 ABC 理论基础上，构建针对区域品牌顾客价值形成的理论分析框架；探讨不同于企业品牌的区域品牌溢价支付意愿影响因素，对各因素进行量化测量；采用结构方程模型分析方法，以羊肉消费为例，实证检验各因素的影响程度和作用路径，以明晰农产品区域公用品牌顾客价值形成的机理，挖掘区域品牌价值来源。

第三，分析农产品区域公用品牌顾客价值市场转化潜力。以羊肉和大米消费为例，确定区域品牌产品的主要属性，采用联合分析法，从消费者偏好角度，探讨产品不同属性对消费者购买选择的重要程度，同时分析不同区域消费者对同种产品的偏好差异，以评价不同区域品牌顾客价值转化的潜力。

第四，评价农产品区域公用品牌价值实现效果。实现产品溢价、提高品牌建设主体的收益是品牌价值实现的直接表现。本书对比分析同产业不同区域品牌、同类产品区域品牌与非区域品牌的供应链各环节产品溢价水平、溢价贡献率和供应链收益增值，评价区域品牌价值实现的效果，分析其影响因素。

第五，优化农产品区域公用品牌增值分享结构。品牌增值能被供应链各利益主体合理分享是区域品牌协同共建关系稳定的前提。厘清不同区域品牌增值在供应链上的分享结构，分析当前分享结构形成原因；评价当前分享结构的公平协调度，结合不同区域品牌特点和供应链各利益主体的重要性，探讨不同区域品牌增值分享结构优化的方向。

第六，提出具有可行性、针对性地提升农产品区域公用品牌价值实现能力的对策建议。

1.5 研究方法及数据来源

1.5.1 研究方法

1. 文献研究法

为明确农产品区域公用品牌发展与研究的现状，对相关研究文献、政府文件材料进行梳理与分析，了解相关领域研究的进展与前沿，为找到研究的切入点、设计研究框架，为研究方法的选取提供参考。

2. 问卷调查与实地访谈

设计半结构式访谈提纲与生产者调研问卷，进行实地调研和访谈，了解内蒙古各农产品区域公用品牌建设现状，调查农产品区域公用品牌建设合作模式，调研农牧户、加工企业、销售商各经营主体的产品价格变化和成本收益状况，为生产者部分的分析提供基础数据；设计消费者调研问卷和测量量表，调查市场对农产品区域公用品牌的态度、消费者溢价支付意愿等情况。设计联合分析实验卡片，调查消费者对产品不同属性的偏好程度，为消费者部分的研究提供基础数据。

3. 案例分析法和比较分析法

案例分析可以客观反映现实情况，呈现统计资料中无法展示的问题，通过系统讨论经济现象"是什么""为什么"等问题，得出基于实际的结论。本书采用案例分析法，探讨同类产品不同区域公用品牌在创建、运营管理、各主体职能等方面的异同，分析其市场绩效，为后续研究奠定基础。通过比较分析，对比案例区域品牌产品特征、市场表现、利益分配等方面的异同。

4. 结构方程模型分析

农产品区域公用品牌顾客价值形成部分采用结构方程模型分析。顾客价值可以使用溢价支付意愿来测量，品牌溢价支付意愿受很多因素影响，这些因素有些无法直接测量，如品牌信任、价值认同等。这种变量被称为潜变量，因此需要用一些外显指标间接测量这些潜变量，形成若干测量变量。测量变量用于解释潜变量，而各潜变量之间存在互相影响的关系，形成关系结构或影响路径。传统的统计分析方法不能妥善处理这些潜变量间的关系，而结构方程模型整合了因素分析与路径分析两种统计手段，不仅可以直接测量观察变量与潜变量间的线性关系，还可以检验潜变量间的结构关系；同时处理多个因变量，并获得解释变量对被解释变量的直接效应、间接效应和总效应；同时估计整个模型的拟合程度，即结构方程可以处理复杂模型关系，从而判断各变量间的关系结构和影响路径，适用于本部分分析顾客价值形成的机理。

5. 联合分析法

联合分析法基于效用分析，用于评估消费者购买过程中产品不同属性的相对重要性，估计每个属性水平给消费者带来的效用，进而可以计算每一产品轮廓的总效用。分析具有不同特征产品的消费者偏好，可以用来评价什么样的产品具有市场潜力，是否符合市场需求，也可以用来判断不同类型的消费者对同一产品的偏好程度，价格接受程度，进而估计同一产品在不同消费人群中的需求弹性。分析消费者偏好，首先确定产品属性与属性水平，这些特征必须是显著影响消费者购买的因素，然后采用正交设计方法将属性及其水平进行组合，生成一系列虚拟产品。设计实验卡片，请受访者通过打分、排序等方法对卡片上的虚拟产品进行评价。数据采集完成后，再使用 SPSS 26.0 软件输入命令计算效用，联合分析一般采用最小二乘法、加权最小二乘法或多元方差分析和 Logit 回归分析等，将受访者的评价转化成重要性或效用，分离出消费者对每一属性以其水平的偏好值，可以用来判断消费者偏好区域品牌产品的哪些属性特征，评价区域品牌产品的市场业绩转化潜力。

6. Shapley 值法

Shapley 值法可以用来解决多人合作利益分配问题，广泛用于研究供应链合作收益的分配问题。这一方法能够反映各参与者对合作联盟整体贡献的大小及在合作中的重要性，充分考虑各合作方在效益形成过程中的贡献程度，能够凸显产业链中联盟成员的地位。农产品区域品牌具有公用性，其所带来的溢价收益是供应链上农牧户、加工企业、销售商等共同创造的。依据对各利益主体对品牌发展的重要性以及市场地位，通过 Shapley 值法对区域品牌增值分享结构进行优化，可求解多主体合作的最佳分配方案，完善利益分配机制，调动各方参与区域品牌协同共建的积极性，保证分配的公平性。

技术路线图如图 1 - 1 所示。

1.5.2　数据与资料来源

本书数据主要来源于两个途径，一是二手数据和资料，搜集相关网络文献资料、政府各职能部门文件、报告和相关统计资料等进行研究；二是通过实地调研、访谈和网络问卷等形式获得一手数据和资料。

2020～2022 年，调研团队依托相关课题，先后走访了内蒙古东部的呼伦贝尔市、赤峰市、兴安盟，中部的锡林郭勒盟、乌兰察布市、包头市以及西部的巴彦淖尔市、鄂尔多斯市等地，了解各地农牧业发展以及农产品区域公用品牌的建设情况。内蒙古各地区自然条件差异较大，不同地区逐渐形成了不同特色的区域品牌，考虑各地重点农牧业产业链发展基础，最终选定羊肉和大米两类区域品牌为案例展开研究。设计访谈提纲和调研问卷，围绕"锡林郭勒羊"（单一产业品牌）、"天赋河套"（综合产业品牌）、"兴安盟大米"（单一产业品牌）三个区域公用品牌展开相关调研。

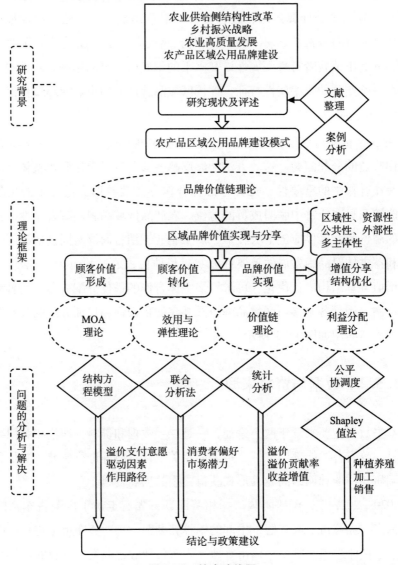

图1-1　技术路线图

区域品牌建设相关调研主要围绕供应链上重要的利益主体进行，调研了农牧户、加工企业、经销商等经营主体的成本收益情况。锡林郭勒盟和巴彦淖尔市肉羊产业基础深厚，是典型草原牧区和农区肉羊养殖代表地区。锡林郭勒盟肉羊主要以草饲和放牧散养为主，创建了"锡林郭勒羊"草饲羊区域品牌；巴彦淖尔市肉羊多谷饲圈养进行规模化育肥，当地创建的"天赋河套"是综合产业品牌，其中包括羊肉品牌。兴安盟水稻种植具有气候和水土条件优势，种植历史悠久，近些年大力打造"兴安盟大米"区域品牌。调研团队共走访各地农牧户 685 户，其中区域品牌可追溯订单牧户/合作社/种养企业 206 户，农产品加工企业 72 家，品牌产品销售直营店和商超 42 家，对区域品牌产品"种植养殖—加工—销售"各环节生产经营情况进行调研。另外，为了解区域品牌建设情况，调研团队走访了各地农牧局、市场管理局、行业协会、区域品牌运营管理等多个部门，对相关负责人共 32 人进行了半结构式深度访谈。

消费者调研以羊肉、大米消费为主线，以城镇居民家庭为主要调研对象。预调研共收回问卷 60 份，用于问卷内容的修正。正式调研采用线上、线下相结合的方式进行问卷调查。受新冠疫情影响，线下调研主要选取内蒙古东中西部几个主要城镇，在超市、农贸市场、广场等场所进行现场随机抽样调研。线上调研利用问卷星、微信等平台在全国进行。正式调研共收回问卷 1 200 份，有效问卷 1 033 份，其中线上调研 800 份，线下调研 233 份。

1.6 创新与不足

1.6.1 可能的创新点

1. 丰富品牌价值理论的内涵

以往关于企业品牌价值的研究建立在私有产权基础上，对顾客价值形成影响因素的挖掘更多从企业自身投入和内部协调管理角度进行。本书尝试从农产品区域公用品牌特征出发，从区域性、资源性和公共性等角度挖掘区域品牌顾客价值来源，并验证了诸多外部环境和条件驱动区域品牌顾客价值的形成。顾客价值向市场业绩转化，产区内和产区外消费者表现不同，受品牌的区域性特征影响显著。综上可见，当品牌被赋予新的内容和特征，区域品牌价值的来源与实现也会呈现出不同于企业品牌的新特点。本书的研究丰富了品牌价值理论的内涵。

2. 充实农产品区域公用品牌的研究体系

现有关于农产品区域公用品牌的研究多集中于品牌创建过程中的机制探索，如区域品牌建设各主体角色定位、品牌成长路径、品牌竞争力提升、品牌投入产出绩效评价等，对区域品牌创建后的相关研究较少。部分学者和机构对农产品区域公用品牌的价值评估进行了指标框架设计和价值测度，品牌创建投入、发展能力和盈利能力是核心指标，关注点多在品牌的财务价值，从顾客角度探究区域品牌价值来源的不多。本书基于品牌价值链理论，从顾客角度分析农产品区域公用品牌价值形成与转化，从供应链角度分析品牌价值实现后的分享，从前因和后延两个方向拓展了区域品牌价值研究的内容，充实了农产品区域公用品牌的研究体系。

3. 多维视角刻画研究问题更全面更细致

本书基于区域间差异研究品牌价值的形成与转化，基于区域内协同研究品牌增值分享问题，基于消费者视角分析区域品牌的市场需求状态，基于生产者视角分析产品供给协作关系。将多维视角纳入同一研究框架，能够更全面细致地刻画所研究的问题，提高研究成果的针对性。

1.6.2　研究不足

首先，未能对农产品区域公用品牌动态发展进行深入研究。多数区域品牌创建时间较短，不能使用 DID 等方法对比分析品牌创建前后的各种变化。其次，农产品区域公用品牌与授权企业品牌联合使用，虽然尽量进行了同一企业或至少同类产品的横向对比，但也不能完全剔除企业品牌的影响。公用品牌产权边界尚不清晰，不能像私有的企业品牌那样清晰定义产权边界和研究边界。另外，以内蒙古农畜产品区域品牌为例进行研究，相关结论未必全部适用于其他地区农产品区域品牌的实际，尚需拓展研究范围。例如，羊肉并非我国主流消费肉类，相关分析可能与猪肉、鸡肉等区域品牌特点存在差异。因研究期限较长，且考虑调研问卷体量，防止问题过多引起被访者盲目答题，并未对大米区域品牌进行溢价支付意愿调查，未能形成结论对比，日后这将是完善的方向。

2 相关概念与理论基础

2.1 研究相关概念

2.1.1 品牌价值

品牌外在表现为经营主体名称或产品、服务的商标，是区别于竞争对手的一种独特形象。品牌的功能，一是作为识别不同生产者或产品来源的标志，实现产品和经营者形象的差异化；二是降低消费者和生产者之间的信息不对称。

品牌价值是指品牌营销投入长期积累形成的无形资产在某一个时点的市场货币价值或财务价值，是品牌为经营者的产品或服务带来的现金流。品牌价值形成取决创建者投入和顾客的认同。品牌投入效果和顾客认同的结合点在市场，外显为市场业绩。品牌的市场业绩可视为品牌价值的实现。根据品牌价值链理论，市场绩效主要表现为品牌溢价、市场份额增加、需求弹性变小、收益率提高以及品牌延伸等。

品牌溢价是指因创建品牌的额外投入以及良好市场声誉而获得的超出无品牌或一般品牌价值的部分。溢价大小除了取决于创建者的投入外，还由终端市场消费者对品牌的信任与拥戴程度决定（Netemeyer et al.，2004）。

2.1.2 农产品区域公用品牌

1. 农产品区域公用品牌概念及特征

农作物的生长受地域内的自然环境影响大，不同的土壤、水源、光照和积温，往往使得不同区域的同类农产品在品质、外观、口感乃至营养价值等方面具有明显差异。另外，中国具有悠久的农耕文明史，各地域往往会形成独特的农耕文化、种养方式以及加工制作工艺，会产生不同风味和特色的农产品。这些得天独厚且难以模仿的差异化特征给消费者带来独特的功能和效用，使农产品区域公用品牌很难被模仿和复制。地域资源禀赋及利用效率决定了农产品区域公用品牌的发展潜力和成长空间。

本书依据实际中农产品区域公用品牌的建设模式，对其概念作如下界定：

农产品区域公用品牌是依托地域内独特的自然环境、资源禀赋和风俗文化形成的，经过区域相关利益主体的经营与投入，在市场中逐渐凝聚而成的区域形象和美誉度，这种无形资产依附于具体的农产品和商标，外显为地域性品牌名称，便于顾客识别。区域内符合品牌标准的经营主体可以共同使用并以此获益，但所有权归属当地政府或行业组织。农产品区域公用品牌具有区域性、资源依赖性、公共性、多主体性等特征。

2. 农产品区域公用品牌主要类型

当前，市场上农产品区域公用品牌类型主要划分为两种。一是单一产业品牌。主要围绕当地某一优势特色产业或地理标志产品进行打造，如五常大米、西湖龙井、库尔勒香梨、科尔沁牛、锡林郭勒羊等。单一产业农产品区域公用品牌的商标符号、品牌核心价值宣导等活动的针对性较强，在品牌建设时容易集中力量且便于管理。对各地政府而言，操作较容易且见效快。二是综合产业品牌。当区域内存在多个农业优势产业，当地政府整合各种农业产业资源，打造覆盖区域内多种优质农产品的综合性农产品区域公用品牌，形成全区域、多产业参与的综合品牌，如丽水山耕、天赋河套等品牌。梳理综合性农产品区域公用品牌的核心价值并对品牌进行定位更为困难，其符号体系、产品架构、渠道整合等工作更为复杂，产品品控和品牌管理难度相较于单一产业品牌呈几何倍数增长。

3. 区域公用品牌与地理标志、企业品牌的区别

世界贸易组织（WTO）与贸易有关的知识产权协定中将地理标志定义为：鉴别原产国或原产地产品的标志，是一种知识产权，用于鉴别某一产品的产地，但产品的质量、声誉或特性决定于其原产地。名称通常由"地区名称＋产品名称"构成，中国地理标志产品中90%以上属于农产品。中国曾有三类地理标志产品认证及保护管理体系：一是国家工商总局的集体商标或证明商标注册 GI，二是国家质量检测检验检疫总局的中国地理标志认证 PGI，三是农业部的农产品地理标志认证 AGI。2018 年，机构改革将国家工商总局和国家质检总局合并为国家市场监督管理总局，农业部则改为农业农村部，原来的三套地理标志管理体系也相应改变。

相比农产品区域公用品牌，地理标志证明（集体）商标界定了法律权益范围，品牌则体现了市场层面的意义（孙亚楠，2014）。地理标志区域界限更清晰严格，要求产品品质、声誉或特性必须与当地自然因素和人文因素高度相关，要求成立专门管理机构并制定严格管理细则，确保产品原产地属性。地理标志是农产品区域品牌形成的重要基础（苏悦娟，2010），地理标志区域品牌化是将产品和资源比较优势转化成品牌竞争优势的有效途径。吴家灿等（2013）认为，将地理标志发展成区域品牌还需要实施产业化战略并培育产业集群。二者都是基于区域特色农产品、独特的资源发展起来的，但农产品区域公用品牌内容更广泛，除了体现产品特征，还要向消费者传达区域公用品牌的文化、质量、服务等诸多信息，通过加工包装等提升溢价空间，创建农产品区域公用品牌更为复杂，要求的产业规模也更大。

企业品牌属于私有产权，由企业创建并独占，可以在市场上进行公开交易。农产品区域公用品牌是一种公共的无形资产，理论上由特定区域内各生产经营主体共同使用、共享利益、共担风险，符合规定条件的任何组织或个人均可申请使用农产品公用区域公用品牌，但该类品牌不可交易。

2.2 研究的理论基础

2.2.1 品牌价值链理论

品牌价值链理论研究品牌价值的形成与实现提供了指引和研究思路，品牌价值的创造与实现是品牌价值链理论的核心内容与目标。2003 年凯勒和莱曼（Keller & Lehmann）在营销价值链的理论基础上，创建了基于品牌权益创造活动的"品牌价值链"理论模型，将品牌权益的创造过程分为三个阶段：第一阶段以企业品牌推广活动为起点，影响消费者心智，使消费者对品牌产品产生差异化认知；第二阶段品牌影响消费者改变销售情况；第三阶段品牌市场情况体现在企业财务状况中，进而影响其在金融市场的表现（见图 2 - 1）。

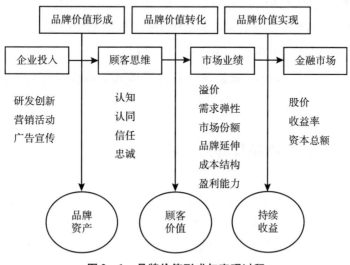

图 2 - 1 品牌价值形成与实现过程

齐永智（2018）提出，品牌权益在每个阶段的成果可使用相关指标来度量。其中，第二阶段可用顾客心智影响下品牌产品的市场表现来度量，市场表现主要通过品牌溢价、价格弹性、品牌延伸能力、成本结构以及盈利能力等六大核心指标来评价。龚艳萍等（2014）认为，品牌价值链（brand value chain）是分析品牌资产形成机理的一个理论模型，从左至右逐层推进，分为营销活动投入、顾客思维、市场业绩、品牌价值四个阶段。首先，企业通过投入大量的营销活动来培养消费者品牌认知、联想和忠诚等，进入顾客思维阶段。一旦品牌在顾客思维的位置越来越重要，品牌购买行为就会发生，带来市场业绩的提升。市场业绩表现为价格溢价、市场份额增大、品牌延伸等。基于品牌可利用的和可预测的信息以及其他许多因素，金融市场则会从财务角度（股价、资本权益等）评估品牌价值。

基于此理论模型构建本书前半部分研究框架，逻辑思路如下：无论品牌属性如何，创建目的是要提升并实现品牌价值，获取更多收益。顾客角度的品牌价值评价既具有通识性又具有可操作性。品牌价值的实现要经过顾客价值的形成与转化环节。品牌顾客价值的形成受诸多因素的影响，区域品牌具有资源性、公共性、外部性等特点，其顾客价值形成应具有一些不同于企业品牌的特征。顾客价值只有顺利转化为市场业绩，即形成购买，才能实现品牌价值，购买行为受消费者偏好的显著影响，区域品牌产品是否迎合消费者偏好，是其顾客价值转化潜力的重要评价指标。因此，要评价区域品牌价值实现的能力，先要分析区域品牌顾客价值形成的机理及顾客价值转化的潜力。

2.2.2 公共物品及外部性理论

1954 年，萨缪尔森在《公共支出的纯粹理论》中提出了公共物品概念，认为公共物品是所有人共同使用的物品，具有"非竞争性"，即每个人对该物品的消费不会使其他人的消费减少。后来的经济学者补充了"非排他性"这一重要特征，即个人消费无法阻止他人同时消费这种产品。非竞争性使新增消费的边际成本为零，非排他性使某一消费者无权阻止别人消费，主要是因为产权边界不清。经营者使用自有资源，会产生私人成本，使用公共资源，则无须支付成本，却可增加个人效益，所产生的消耗与损害由全体成员或社会承担。这就造成人们尽可能多地占用公共资源，使有限的公共资源很快耗竭，出现"公地悲剧"。另外，公共物品还会遭遇"搭便车"问题，即不用购买也可消费的行为。因此，公共物品往往出现私人供给不足的现象，经济学家们普遍认为公共物品应当由政府来提供并进行管理。

外部性理论来源于对"灯塔理论"和"外部经济"的具体阐释。外部性理论主要指市场经济中私人的成本收益与社会成本收益不一致的现象。生产者和消费者等经济主体从事经济活动在获得私人收益的同时产生私人成本，其总和却与社会收益和成本不相吻合，发生偏离。外部性分为正的外部性和负的外部性两种，正外部性指经济活动中所有经济主体获得的私人收益总和小于产生的社会收益，负外部性则表现为经济活动中所有经济主体的私人成本总和低于社会成本。

农产品区域公用品牌理论上是区域内相关经营者共有的，具有准公共物品属性，区域内的经营主体受公用品牌声誉外溢影响，也可获取额外收益，容易面临"搭便车"和"公地悲剧"等问题，出现以次充好、假冒伪劣等现象。公用品牌的建设，因外部性等原因，各经营主体的投资不能获取品牌带来的全部收益，投资积极性不高，政府或行业协会往往成为农产品区域公用品牌建设的主要推动者。在当地政府的推动下，区域品牌得以创建并发展，区域产品知名度提高，产品溢价或销量增加，为相关经营者带来持续的额外收益，进而带动地域内相关产业发展，产生正的外部效应。如图 2 - 2 所示，社会需求若处于较高的 Q_2 水平上，私人投资仅能获得的收益 R_1，无法获取农产品区域公用品牌带来的全部收益，因此私人投资仅限于水平 Q_1，低于社会最优水平 Q_2，会使得农产品区域公用品牌建设的投资和供给不足。本书通过两个典型案例，分析农产品区域公用品牌的创建模式及政府职能，探讨其中的公共物品及外部性相关问题。

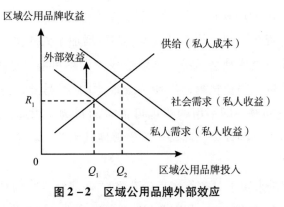

图 2 - 2　区域公用品牌外部效应

2.2.3　MOA 理论及模型

MOA 模型最初用于分析行为人信息接收及处理行为的过程。该模型认为，行为主体在处理信息并进行决策时，其最终决定受动机（motivation）、机会（opportunity）与能力（ability）等主客观因素的共同影响。麦克因斯和加沃斯基（MacInnis & Jaworski，1989）在前人的基础上，对多个类似模型的合理因素进行提炼和归纳，并第一次使用 MOA 模型对信息处理行为进行较为完整的解释和明确的实证研究，提出动机是行为驱动力的重要力量，如果主体缺少行为动机，则行为不会发生，但主体具有了行为动机，却缺乏行为所必需的能力或机会，则行为亦不会发生。因此，动机、机会和能力三者缺一不可，否则都可能导致行为不会发生（见图 2 - 3）。

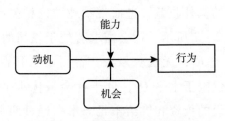

图 2 - 3　MOA 模型一般形式

该模型为解释消费者行为发生的动力提供了一个有效的理论框架。农产品区域公用品牌顾客价值的形成受很多因素的影响，在 MOA 理论框架下，动机主要指消费者愿意为农产品区域公用品牌溢价支付的诱因；机会指消费区域品牌产品的有利条件和情境；能力是指消费者获取区域品牌及其产品信息，产生全面认知所具备的知识与技能。

2.2.4　效用与弹性理论

效用理论研究消费者如何分配收入购买不同商品和服务，以达到最大化的满足。该理论将效用定义为消费者从消费某种物品中获得的满足程度。分析消费者行为，西方经济学产生两个分支：一是以边际效用分析为基础的基数效用论，二是以无差异曲线分析为基础的序数效用论。二者殊途同归，最终对消费者均衡（效用最大化）的结论是一致的，即在消费者偏好、收入和商品价格既定的前提下，满足约束条件 $P_1X_1 + P_2X_2 + \cdots + P_nX_n = I$，则当 $MU_1/P_1 = MU_2/P_2 = \cdots = MU_n/P_n = \lambda$ 时（λ 是货币的边际效用），消费者实现效用最大化。商品的需求价格是消费者一定时期内对一定数量的某种商品愿意支付的最高价格。基数效用理论认为，产品的需求价格（支付意愿）的高低取决于消费该商品所得到的边际效用的大小。边际效用越大，消费者愿意支付的最高价格就越高。序数效用论用消费者偏好的高低来表示满足程度的高低。在收入与价格既定的条件下，消费者为了获得同样的满足程度，增加一种商品的消费就必须减少另一种商品。

效用论为本书通过边际效用工具对农产品区域公用品牌的消费者偏好以及支付意愿（需求价格）进行分析提供了理论工具。农产品区域公用品牌价值的实现，前提条件是品牌产品符合消费者偏好，使得消费者形成购买意愿，尤其是溢价购买意愿。消费者行为学把消费者的购买过程分为五个阶段：认知问题、搜集信息、评价选择、购买决策、购后行为。农产品区域公用品牌的出现节省了消费者产地等信息的购前搜索成本，并将产品的一系列特征和价值信息通过品牌载体进行组合传递给消费者，节省了消费者购买时的决策成本，同时品牌还附加着长期的品质和信誉承诺，降低了消费者的购买风险，提高消费者总体的消费效用。安增军（2010）等学者认为，相对于非品牌商品，品牌商品可以提高生产者及消费者福利水平。认为仅考虑商品数量的传统效用论是不完善的，应综合考虑商品数量和商品质量，分析品牌商品给生产者和消费者的剩余水平或福利水平所带来的变化。

弹性理论最早由法国经济学家古诺提出，其后马克思从定性分析的角度探讨了弹性理论。1890 年，英国经济学家马歇尔在其论著《经济学原理》中第一次系统且完整地论述弹性理论，被认为是微观弹性理论的创立者。弹性是反映一个变量对另一个相关变量变动的敏感程度。弹性可分为需求弹性和供给弹性。影响需求弹性的因素有很多，商品的可替代性越强，该商品的需求价格弹性往往就越大；价格变化时，需求弹性的大小会影响消费者需求量的变化。消费者在进行购买时，会根据商品的不同特征进行选择，即商品的属性特征影响消费者的购买决策。其他条件都不变，品牌对消费者的需求弹性会产生影响，进而影响消费者需求。具有相同特征的品牌商品，价格变化时消费者的需求也会发生变化，能够判断该品牌的需求弹性大小，也能够判断不同消费群体的需求弹性的差异。农产品区域公用品牌价值的实现，直接体现为产品价格和销量的变化，讨论其是否对消费者的需求弹性产生影响，不同消费群体的需求弹性是否有所区别，可以判断农产品区域公用品牌的市场潜力。

2.2.5　价值链理论

价值链的概念最早由哈佛大学商学院教授迈克尔·波特（1985）在其著作《竞争优势》中提出的。价值链是企业为客户创造价值所进行的一系列经济活动的总称。价值链中企业创造的最终价值是顾客对产品和服务所愿意支付的价格。当最终价值超过总成本时，企业赚取了利润，实现产品增值。波特所提出的价值链是传统的价值链，英国卡迪夫大学教授彼特·海恩斯提出了新的观点。新价值链观认为价值链是一些群体以某一方式共同工作，不断为顾客创造价值。与传统价值链的主要区别在于，新价值链观把顾客的需求作为生产过程的终点，降低了利润的目标地位。并将原材料和顾客纳入价值链中，认为他们是创造价值的新源泉，而不仅仅关注企业内部。新价值链的竞争战略主张整合组织内外资源、协调各个环节功能，在变化的环境中共同为顾客创造更大的价值。后又有学者提出虚拟价值链和全球价值链，从互联网和国际贸易角度定义价值链。

价值链管理形式也随着价值链表现形式不断发展。目前主要有垂直价值链管理、水平价值链管理和虚拟价值链管理。垂直价值链管理致力于提高整体价值，关注供应商、制造商、销售商、顾客等环节的纵向连接与协作。水平价值链管理是对横向各企业间相互作用的管理，将信息技术运用到价值链管理，形成虚拟价值链管理。

价值链各环节的有效连接与协作，能够提高产品和价值链的整体价值。农产品区域公用品牌价值链契合新价值链理论观点，从企业内部协作创造利润拓展到企业外部与上下游经营主体进行合作与创新，以顾客需求为目标，共创品牌价值，提升区域品牌价值链整体价值。对消费者支付意愿的研究，就是在探究价值链最终价值的形成，对区域公用品牌溢价和收益增值的测度，则是对区域品牌价值链最终价值的评价。维持价值共创动力，关键在于价值链最终价值能被区域品牌共建者合理分享。基于垂直价值链理论，指导本书对区域品牌溢价的供应链纵向分享问题进行探讨，基于水平价值链理论，启发本书对不同区域品牌、区域品牌与非区域品牌价值链进行对比分析，构建更加完整的区域品牌价值链分析框架。

2.2.6 利益分配理论

农产品区域公用品牌价值链上各利益主体相互协作满足消费者需求，使品牌价值最终得以实现，获得整体利益。利益分配决策需要考虑到各方利益，只有建立公平的利益分配机制，才能够使每个主体发挥主观能动性，为价值链创造最大的利益。各利益主体在价值链中的努力程度受其预期目标和实际获取的利益影响。激励理论认为当个体预期目标没有实现，个体的积极性和努力程度会下降。而公平原理认为，每个主体会将其努力的回报与其他主体相比较，当认为自身的回报小于努力时，或者认为自身回报小于其他主体时，个体会感到不公平，努力的积极性仍会受挫。

在农产品区域公用品牌增值分配过程中，无论各主体在行业内的实力和地位如何，均应按其在联盟中的贡献来分配相应的收益。公平原则有利于保持联盟稳定性，避免出现分配不均造成破坏合作的行为。但是过于追求公平不利于联盟主体增加长远投入，如科技创新、品牌营销等。所以，坚持公平还要兼顾效率。联盟中各个主体有权根据自己的预期要求获得相应收益，但也要考虑到其他利益主体以及整个价值链联盟的利益分配。各主体要有合理预期，避免损害其他主体利益。另外，价值链联盟中各主体承担的风险不同，投入也不相同，各主体获得的收益应与其承担的风险和投入成正比。如果不能在收益方面对风险和投入进行补偿，各主体将会没有动力去承担风险和加大投入。

3 农产品区域公用品牌发展历程与成效[*]

3.1 我国农产品区域公用品牌发展历程

早在 2006 年，农业部就出台了《关于新时期进一步推进农业品牌化工作的意见》，提出推进农业品牌化工作的指导思想、工作重点及实施措施等。2014 年底，农业部发布《中国农产品品牌发展研究报告》，作出"品牌化是现代农业的重要标志"的论断，阐述了"区域公用品牌、企业品牌、企业产品品牌"三类农业品牌的作用，指出"区域公用品牌是区域产品品牌建设的基石"。2017 年中央"一号文件"明确提出要"推进区域农产品公用品牌建设"，农业部将 2017 年确定为"农业品牌推进年"，2018 年为"农业质量年"，2019 年强调推动农业逐步朝"品牌化、特色化、品质化、绿色化"的方向发展，将农产品品牌建设上升为国家战略。2020 年中央"一号文件"特别指出，要继续调整优化农业结构，加强绿色食品、有机农产品、地理标志农产品认证和管理，打造地方知名农产品品牌，增加优质绿色农产品供给。在此背景下，各地各级政府纷纷积极打造农产品区域公用品

---

　　* 本章数据来源于以下途径：
　　①中华人民共和国农业农村部、中国农业品牌发展论坛、《品牌农业与市场》杂志社、内蒙古自治区农牧厅、市场监督管理局等官方网站。
　　②内蒙古各地区域品牌建设相关管理部门、加工企业、农牧户等的实地调研与访谈资料详见 1.5.2 数据与资料来源部分。

牌，将其作为推进农业供给侧结构性改革和乡村振兴战略的重要抓手，促使农牧业转型升级，强化小农与现代农业的链接，助推农业高质量发展。

2019年11月，全国300个特色农产品区域公用品牌入选中国农业品牌目录。该目录由农业农村部市场与信息化司指导，中国农产品市场协会牵头，会同中国农村杂志社、中国农业大学等有关单位，面向社会公开征集，经区域公用品牌主体申报、材料汇总初审、征求省级主管部门意见、专家评审委员会推选和社会公示等程序综合评定选出。中国农业大学等单位对其中100个农产品区域公用品牌进行了公益性的价值评估和影响力指数评价。品牌价值排名前三位的是五常大米（897.26亿元）、洛川苹果（687.27亿元）和赣南脐橙（680.30亿元），品牌影响力排名前三位的分别是文山三七（91.171）、五常大米（91.014）和安吉白茶（90.122）。

2020年9月14日正式签署的《中国与欧盟地理标志保护与合作协定》于2021年3月1日正式生效，该协定的签订是进一步深化中欧自由贸易、维护贸易公平的里程碑，欧盟首次通过协定允许外国地理标志持有者使用其官方标志，纳入协定的地理标志产品能得到双方国家的法律保护。从入选该协定保护目录产品类别看，欧盟的地理标志产品类别数量集中在葡萄酒、奶酪、肉制品和水果谷物等，加工品比较多，占94%，单品价值比较大。而中方地理标志产品类别数量分散，初级农产品比较多，比较突出的是茶叶、烈酒、水果和中药材等。这表明中国农产品的转化率、精深加工率以及消费品创新还存在较大发展空间。

2020年12月，"中国区域农业品牌发展论坛暨2020中国区域农业品牌年度盛典"在北京召开，全国近3 000个区域品牌高度关注，600个区域农业品牌入围，会上发布了2020中国区域农业品牌影响力指数。榜单分为区域农业形象品牌和区域农业产业品牌两类，区域农业产业品牌又分为粮油、果品、蔬菜、茶叶、食用菌、中药材、畜牧、水产、小宗特产九个产业小类。主办方按照媒体传播力、区域形象力、资源开发力、社会认同感四个方面就入围品牌进行大数据查询、梳理、筛选、选用后，根据以上四项指标量化结果，按影响力指数进行排序。其中，在"区域农业形象品牌（地市级）"榜单上，浙江"丽水山耕"和内蒙古"天赋河套"并列榜首（98.03）；

在"区域农业产业品牌（粮油产业）"榜单上，黑龙江"五常大米"位列榜首（98.86）；在"区域农业产业品牌（畜牧产业）"榜单上，宁夏"盐池滩羊肉"位列第一（85.27）；在"区域农业产业品牌（蔬菜产业）"榜单上，重庆"涪陵榨菜"位列第一（94.31）。另外，此次论坛还选取了10个年度案例分享品牌创建经验。

2021年11月，《品牌农业与市场》杂志社联合福来战略咨询、农本咨询、浙江大学CARD农业品牌研究中心等多家知名品牌研究机构，启动了2021中国农产品区域公用品牌的"市场竞争力品牌"和"新锐品牌"评选活动。在这次活动中，50个农产品区域公用品牌分别获得"市场竞争力品牌"以及"市场竞争力新锐品牌"奖。2021年12月，第七届中国农业品牌年度盛典活动颁布了"中国农产品百强标志性品牌"名录。

2022年，农业农村部按照《农业品牌精品培育计划（2022—2025年)》总体部署，组织开展农业品牌精品培育工作，将全国75个品牌纳入2022年农业品牌精品培育计划名单。

3.2 内蒙古农产品区域公用品牌发展基础

1. 农牧产业优势条件

内蒙古良好的资源环境和农牧业产业条件为农产品区域公用品牌的发展奠定了基础。内蒙古是国家的13个粮食主产区和八个粮食规模调出省区之一，玉米、大豆、马铃薯主粮作物和杂粮产量居全国前列。内蒙古草原面积占全国的22%，牛、马、羊等畜种资源十分丰富。2021年，内蒙古羊肉产量稳居全国首位，牛肉产量跃居全国第二，牛奶加工产业规模居全国首位，绒毛、草业产量也居全国前列。产业集聚发展是农产品区域公用品牌发展的重要根基。内蒙古已成功申报科尔沁肉牛、大兴安岭大豆两个国家级优势特色产业集群，以及克什克腾旗国家现代农业产业园和托克托县古城镇等11个国家级农业产业强镇，启动创建七个自治区现代农牧业产业园。内蒙古目前累计建设国家优势产业集群四个、国家和自治区现代农业产业园18个、国家级农业产业强镇 38 个。内蒙古构建了奶业、肉牛、肉羊、马铃薯和羊绒五个重点产业链，每个产业链条配备专门的建设团队和产业政策；同时，创建了特色农产品优势区，培育壮大区域公用品牌。目前，内蒙古国家级的特优区已有 10 个，自治区级特优区达到 32 个。龙头企业是农产品区域公用品牌建设的重要主体之一，内蒙古制定实施《培育农牧业产业化重点龙头企业五年行动计划》，设立产业化项目资金支持重点龙头企业参与全产业链建设，2021 年新推荐认定 13 家国家级重点龙头企业，目前已有国家级龙头企业 59 家。

畜牧业是内蒙古的传统优势产业，其中肉羊产业尤为突出。内蒙古肉羊产业链已打造成为全国农业全产业链重点链。内蒙古肉羊品种资源丰富，是全国最大的肉羊产区，2021 年羊存栏 6 138.2 万只，出栏 6 705.4 万只，羊肉产量 113.7 万吨，占全国羊肉产量的 22.1%。肉羊养殖形成草原牧区、农牧交错区和农区三大优势区域。羊肉年加工能力可达 150 万吨，羊肉加工转化率达到 59%，年调出羊肉总量近 60 万吨。培育出额尔敦、伊赫塔拉等七个国家级龙头企业和羊羊牧业、大庄园等 92 个自治区级龙头企业。肉羊全产业链产值达 870 亿元，销售收入 500 万元以上的羊肉加工企业 300 多家。肉羊产业优势为内蒙古发展羊肉区域公用品牌奠定了良好的基础。

2. "两品一标"认证数量

随着中国经济的发展，人民生活水平逐渐提高，居民食物消费结构发生了明显变化，消费者的饮食营养、健康意识提高，口粮需求下降，肉蛋奶等食物消费支出持续增加，并从关注数量向追求品质转变，绿色、有机等优质、安全农产品和品牌农产品消费比例不断上升。内蒙古农畜产品生产环境优良，是中国重要的粮食生产基地和优质农畜产品输出基地，拥有国家有机产品认证示范创建区九家。截至目前，绿色、有机和地理标志农产品总数达到 1 982 个，总产量 916 万吨，322 个优质特色农畜产品列入《全国名特优新农产品名录》，各类有机产品认证证书在全国排名第 10 位，绿色农产品认证占内蒙古农产品产量的比重高于全国平均水平。截至 2022 年 3 月，内蒙古农产品地理标志登记产品数为 135 个，登记总数在全国的排名位居第 12 位。目前已累计争取中央投资 7 800 余万元，对乌兰察布马铃薯、科尔沁牛、通辽黄玉米等 24 个地理标志产品实施了保护工程。

3. 农产品区域公用品牌认证管理

内蒙古自治区农牧厅连续三年深入实施农牧业品牌提升行动计划，着力培育农畜产品区域公用品牌。2021 年印发了《内蒙古农畜产品区域公用品牌建设三年行动方案（2021—2023 年）》，制定了三年期间农畜产品区域公用品牌建设的时间表、任务书、路线图。内蒙古自治区农牧厅和市场监督管理局加强"蒙字标"认证工作，为各地农产品区域公用品牌发展保驾护航，推动更多优质品牌以内蒙古整体形象走向全国。"蒙"字标着重建设产品标准体系、品牌管理制度体系、产业集聚体系、质量管控体系、品牌推广体系等五大体系。截至目前，已对兴安盟大米、赤峰小米、乌兰察布马铃薯、河套小麦粉、科尔沁牛肉、呼伦贝尔牛肉、锡林郭勒羊肉、呼伦贝尔羊肉、大兴安岭黑木耳九类产品 19 家企业开展了"蒙"字标认证。制定了 60 项地方标准，研制了 10 项团体标准。研究制定了 10 项"蒙"字标认证管理办法和实施规则等制度性文件。建成了认证监管平台和服务企业平台，对产品生产加工、包装存储、物流运输以及终端销售等各个环节进行全过程监管。另外，还出台了内蒙古农牧业品牌目录标志及管理办法，加快优势区域公用品牌的培育和推广。据统计，2021 年各级政府已抽调 1.4 亿元资金加大对农产品区域公用品牌建设的奖励。

3.3 内蒙古农产品区域公用品牌创建成效

近年来，内蒙古各地围绕农畜产品 16 个优势产业带和 11 个产业集群，以锡林郭勒草原肉羊、科尔沁牛、乌兰察布马铃薯、阿尔巴斯白绒山羊、赤峰小米、河套向日葵等九个国家级特色农畜产品优势区，以及呼和浩特市和林格尔县奶牛、鄂尔多斯市乌审旗鄂尔多斯细毛羊、阿拉善盟阿拉善左旗阿拉善双峰驼、通辽市开鲁县开鲁红干椒等 10 个自治区级特优区创建为依托，重点对牛羊肉、奶制品、大米、小麦、杂粮、马铃薯、向日葵、胡萝卜等农畜产品进行开发。为将内蒙古具有的区域特色的名优产品推向全国，内蒙古秉承"绿色、有机、原生态"的理念大力打造自治区层面的农产品区域公用品牌，实施自治区品牌提升工程，运用国际通行的认证方式，开展"蒙字标"认证工作，加大区域公用品牌和"蒙字号"品牌的线上、线下宣传推介，提高内蒙古农畜产品知名度。同时，各地区也根据自身产业优势，积极打造地区性的农产品区域公用品牌。2017年，乌兰察布马铃薯、锡林郭勒羊肉、五原向日葵、科尔沁牛等品牌成功跻身"中国百强农产品区域公用品牌"榜单，如今，通辽黄玉米、科尔沁牛、乌兰察布马铃薯3个区域公用品牌价值已超过百亿元。2018年经中国优质农产品开发服务协会评审，科尔沁牛品牌价值达203亿元。"天赋河套"是内蒙古巴彦淖尔市打造的综合产业区域公用品牌，在2018年中国区域农业品牌发展论坛上，这一品牌荣登中国区域农业形象品牌排行榜十强第二名，在2019年第五届中国农业品牌年度盛典获得"中国农业最具影响力品牌"和"中国农产品百强标志性品牌"两个奖项，2020年"天赋河套"成为全国第十四届冬运会指定面粉，"呼伦贝尔草原羊肉"也入选此次冬运会的特供品牌羊肉。

2019年中国农业品牌目录，内蒙古有11个品牌入选（见表3－1）。其中，不同品类品牌价值排名中，内蒙古有三个品牌参评，分别为兴安盟大米（180.26亿元）、敖汉小米（113.53亿元）和科尔沁牛（39.62亿元），品牌影响力排名中内蒙古兴安盟大米（78.760）、敖汉小米（72.390）和科尔沁牛（68.186）三个品牌参评，品牌影响力虽较前几名有一定差距，但成绩显著。

表3－1　　　　　　　2019年中国农业品牌目录内蒙古入选品牌

序号	申报品牌	申报单位
1	乌海葡萄	内蒙古自治区乌海市植保植检站
2	兴安盟大米	内蒙古自治区兴安盟农牧业产业化龙头企业协会
3	赤峰小米	内蒙古自治区赤峰市农畜产品质量安全监督站
4	敖汉小米	内蒙古自治区敖汉旗农业遗产保护中心
5	乌兰察布马铃薯	内蒙古自治区乌兰察布市农畜产品质量安全监督管理中心
6	河套向日葵	内蒙古自治区巴彦淖尔市绿色食品发展中心

序号	申报品牌	申报单位
7	鄂托克阿尔巴斯白绒山羊	内蒙古自治区鄂托克旗农牧业产业化综合服务中心
8	呼伦贝尔草原羊肉	内蒙古自治区呼伦贝尔市农牧业产业化协会
9	锡林郭勒羊肉	内蒙古自治区锡林郭勒盟肉类协会
10	达茂草原羊	内蒙古自治区包头市达茂联合旗肉食品行业协会
11	科尔沁牛	内蒙古自治区通辽市农畜产品质量安全中心

2020 年 9 月，内蒙古鄂托克阿尔巴斯山羊肉、扎兰屯黑木耳、阿拉善白绒山羊、阿拉善双峰驼和鄂托克螺旋藻入选中欧地理标志协定保护名单，为内蒙古农畜产品区域品牌走向国际市场开创了新的路径。2020 年 12 月，在"中国区域农业品牌发展论坛暨 2020 中国区域农业品牌年度盛典"上，内蒙古"天赋河套"与浙江"丽水山耕"并列"区域农业形象品牌（地市级）"榜首；内蒙古"五原向日葵"和"五原小麦"分别位于"区域农业产业品牌（粮油产业）"榜单第三（82.35）和第九（65.03）；在"区域农业产业品牌（畜牧产业）"榜单上，内蒙古"锡林郭勒羊肉"排名第四（81.78）；在"区域农业产业品牌（蔬菜产业）"榜单上，内蒙古"乌兰察布马铃薯"排名第四（81.37）。另外，这次论坛选取了 10 个年度案例，来自内蒙古的"锡林郭勒羊肉"和"天赋河套"入选。

2021 年中国农产品区域公用品牌的"市场竞争力品牌"和"新锐品牌"评选活动中，内蒙古"呼伦贝尔草原羊肉"和"天赋河套"获评"市场竞争力品牌"，"兴安盟大米"获评"市场竞争力新锐品牌"。2021 年 12 月第七届中国农业品牌年度盛典活动颁布的"中国农产品百强标志性品牌"名录中，内蒙古呼伦贝尔的草原羊肉、牛肉、牛奶、黑木耳、芥花油、马铃薯、蓝莓、大豆、巴彦淖尔的"葵先生"瓜子、"大漠狂"玉米、阿拉善右旗的"沙漠之神"、赤峰的羊肉、牛肉、宁城的番茄、呼和浩特的"敕勒川味道"、武川的"源味武川"等农畜产品入选名录，位列各省入选品牌数量的第二。2022 年，内蒙古"乌兰察布马铃薯"和"科尔沁牛"两个区域品牌入选中国《农业品牌精品培育计划（2022—2025 年）》。

内蒙古第八届绿色农畜产品博览会上发布了内蒙古农产品区域公用品牌 25 个、企业品牌 120 个以及产品品牌 170 个，如表 3-2 所示。

表 3-2　　　　　　　　　内蒙古农牧业区域公用品牌名录

序号	盟市	品牌	申报单位
1	呼和浩特	五彩土默特	土默特左旗扶贫产业发展促进会
2		源味武川	武川县农牧和科技局
3	包头	固阳黄芪	包头市固阳县土特产行业协会
4	鄂尔多斯	鄂尔多斯细毛羊	内蒙古乌审旗农牧业产业化办公室
5		鄂托克螺旋藻	鄂托克旗农牧业产业化综合服务中心
6	乌兰察布	乌兰察布燕麦	乌兰察布市农畜产品质量安全监督管理中心
7		乌兰察布胡萝卜	察右中旗红萝卜协会
8		丰镇月饼	丰镇市月饼行业协会
9	巴彦淖尔	河套番茄	巴彦淖尔市绿色产业发展中心
10		天赋河套	内蒙古巴彦绿业实业有限公司
11	锡林郭勒	阿巴嘎策格	阿巴嘎旗畜牧工作站
12		锡林郭勒奶酪	锡林郭勒盟农牧业科学研究所
13	阿拉善	阿拉善白绒山羊	阿拉善盟绒源白绒山羊双峰驼专业合作社
14		阿拉善双峰驼	内蒙古骆驼研究院
15	赤峰	赤峰绿豆	赤峰市农畜产品质量安全监督站
16		牛家营子桔梗	喀喇沁旗农产品质量安全监督管理站
17	通辽	通辽黄玉米	开鲁县绿色食品发展中心
18		开鲁红干椒	开鲁县绿色食品发展中心
19		库伦荞麦	库伦旗农产品质量安全监督管理站
20		奈曼甘薯	奈曼旗农畜产品质量安全监督管理站
21	呼伦贝尔	呼伦贝尔黑木耳	呼伦贝尔农牧业投资发展有限责任公司
22		呼伦贝尔牛肉	呼伦贝尔农牧业投资发展有限责任公司
23		呼伦贝尔牛奶	呼伦贝尔农牧业投资发展有限责任公司
24		牙克石种薯	牙克石马铃薯种薯协会
25	兴安盟	兴安盟牛肉	兴安盟农牧业产业化龙头企业协会

注：此名单不包含《中国农业品牌目录 2019 农产品区域公用品牌》发布的 11 个区域公用品牌。

3.4 内蒙古农产品区域公用品牌创建案例

3.4.1 "锡林郭勒羊"品牌创建历程及成效

1. 品牌创建历程

内蒙古是中国北方重要的生态安全屏障，草原肉羊产业必须走低生态成本的高质量发展之路。创建区域公用品牌，着重凸显草原羊肉的质量与安全优势，提高草原羊肉溢价水平，是内蒙古草原肉羊产业发展的有效路径。近些年，内蒙古各地纷纷在地理标志基础上创建了羊肉区域公用品牌，"锡林郭勒羊"是内蒙古锡林郭勒盟打造的重点农产品区域公用品牌之一。锡林郭勒草原主要是天然草场，草原面积 17.96 万平方公里，占其总面积的 89.85%，草原类型丰富，草食畜类拥有量居全国地区级首位。锡林郭勒盟肉羊产业围绕苏尼特羊、乌珠穆沁羊、察哈尔羊等地理标志产品建设特有区。2017 年，锡林郭勒盟被认定为中国特色农产品优势产区。2021 年，锡林郭勒盟牧业年度羊存栏 1 100 万只，占全区的 15.5%，年出栏肉羊 760 万只左右。目前，锡林郭勒盟肉类加工企业有 101 家，其中规模以上企业有 34 家，全盟日加工能力 20 万只羊单位，国家级重点龙头 2 家、自治区级 31 家，国家级绿色工厂 2 户，设计冷藏能力达到 15 万吨，每日速冻能力 1.6 万吨。牛羊肉产品现有六大系列 300 多个品种，产品加工转化率达到 67% 以上，初步形成了肉食品加工、脏器及副产品综合利用为一体的畜产品加工产业链。产品销售网络遍布全国各地，部分产品出口中东阿拉伯地区。

"锡林郭勒羊"区域公用品牌前身是"锡林郭勒羊肉"，2016 年已在国家工商总局登记注册，曾荣获"中国驰名商标"称号；后又于 2018 年登记注册为国家地理标志证明商标，获批内蒙古第一批"蒙字标"产品；2019 年入选中国百强农产品区域公用品牌，成为中国肉类食品行业最具价值影响力品牌。2019 年底，锡林郭勒盟盟委、行署综合考虑种羊和羊肉产品的覆盖性，决定在"锡林郭勒羊肉"商标基础上整合多个地理标志产品标志，统一打造"锡林郭勒羊"区域公用品牌，2020年11月，在北京举行了品牌发布会，正式进入品牌运营阶段。

2. 品牌运营管理

如图3-1所示，锡林郭勒盟肉类协会是"锡林郭勒羊"区域公用品牌商标的注册单位，锡林郭勒盟盟委、行署于2021年结合事业单位改革工作，组建成立锡林郭勒盟品牌建设促进中心，专门负责农畜产品区域公用品牌建设和运营管理工作，并先后制定出台了《锡林郭勒羊区域公用品牌使用管理办法》《锡林郭勒羊区域公用品牌质量标准体系》《锡林郭勒盟羊肉区域公用品牌使用管理办法》等政策试行文件，指导品牌的运营管理工作。品牌建设促进中心考察并授权了三家屠宰加工企业使用区域品牌商标，分别是大庄园肉业有限公司、额尔敦食品有限公司和羊羊牧业股份有限公司。

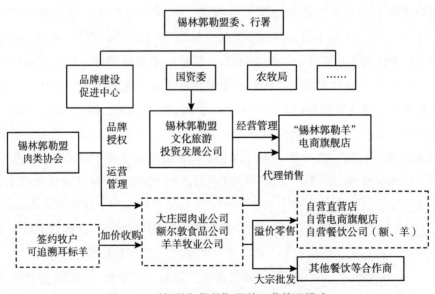

图3-1 "锡林郭勒羊"品牌运营管理模式

3. 产品质量控制

为保证"锡林郭勒羊"区域公用品牌产品的品质，锡林郭勒盟品牌中心与授权企业联合进行产品品控体系建设。

首先，加强草原羊源追溯体系建设。锡林郭勒盟早在2013年就已结合农牧局项目开展羊肉全产业链追溯体系建设工作。盟品牌中心委托北京飞利信公司，在原有锡林郭勒盟牛羊肉追溯体系基础上进行功能扩展和完善，建成"锡林郭勒羊"区域公用品牌产品追溯防伪宣传系统，并在授权加工企业设立子平台。授权加工企业与曾经稳定合作的养殖合作社、牧户签订订单，为草原羊佩戴追溯耳标，录入订单信息和屠宰加工关键环节信息，并以高于市场1元/公斤的价格对追溯羊进行收购。2021年三家授权企业建档录入信息的追溯羊共16.98万只，其中大庄园6.98万只，额尔敦和羊羊牧业各5万只。

其次，建立屠宰加工追溯防伪系统，通过"批次屠宰＋按重限额赋码"的方式，加强对品牌产品边界控制。授权企业对耳标追溯羊从屠宰到加工都要安排独立批次进行生产，每只羊按标准胴体12～15公斤计算，生产12～15份单品，每公斤或每份产品生成一个追溯防伪宣传二维码，实现"一品一码"。消费者通过扫码能够查询到羊只履历信息和产品屠宰加工、检验检疫、品牌授权等信息，通过涂层防伪验证码鉴别产品真伪。这样可防止加工环节以次充好，防止销售环节仿冒造假，以实现"锡林郭勒羊"区域公用品牌产品从牧场到餐桌的全程质量可追溯。市场上每个单品外包装均带有领头羊标志、追溯二维码和涂层防伪验证码，均按照品牌标志使用规范印有区域品牌领头羊标志。借此强化"锡林郭勒羊"区域公用品牌产品识别度，并加强对品牌的宣传。

4. 品牌宣传推广

为构建新媒体矩阵，提升品牌传播能力和流量转化能力。品牌建设促进中心与内蒙古数字云旅、锡盟星梦文化等新媒体企业合作，进行新媒体账号运营和内容创作，开通品牌中心门户网站和微信公众号、抖音、今日头条、西瓜视频等官方账号，逐步完善品牌新媒体宣传矩阵。通过短视频、美食烹饪、探店打卡、街头采访、网红代言、情感软文等多种形式提高品牌曝光度。另外，借助外部力量，开展节点式集中宣传。以生态羊产业峰会、额尔敦美食节、京东旗舰店线上宣传促销等活动为节点，在各新媒体平台投放定向广告，进行 KOL 种草营销和促销。2021 年 9 月启动"京东·锡林郭勒羊"区域公用品牌推广节，盟长走进直播间为品牌代言。

5. 产品销售情况

"锡林郭勒羊"区域品牌产品销售主要通过两种途径，一种是依托授权企业原有渠道销售，另一种是区域品牌专营销售。国资委下设的国有企业"锡林郭勒盟文化旅游投资公司"开设经营京东线上"锡林郭勒羊"旗舰店，统一对外销售所有授权企业的区域品牌产品，与授权企业进行独立核算。授权企业原有销售渠道主要包括与餐饮商超合作商、大宗批发经销商、企业自营直营店或电商旗舰店等几种形式。

如表 3-3 所示，2021 年锡林郭勒盟牧业年度出栏肉羊 760 万只，其中盟内加工 450 万只，活畜出栏近 200 万只，自产自销 110 万只左右，年生产羊肉产品 15 万吨以上。2021 年，"锡林郭勒羊"三家授权企业与牧户共签约可追溯耳标羊 16.98 万只，其中大庄园 6.98 万只，额尔敦和羊羊牧业各 5 万只。截至当年 11 月，三家授权企业耳标羊加工已基本结束，授权企业以高于市场价每公斤 1 元的价格进行收购，累计回收屠宰耳标羊 12.5 万只，加工品牌产品 63 种，共计 1 451.7 吨。其中大庄园屠宰 3.7 万只，加工产品 49 种，共计 464.6 吨；额尔敦屠宰 4.97 万只，加工产品 7 种，共计 750.6 吨；羊羊牧业屠宰 3.83 万只，加工产品 7 种，共计 236.5 吨。

表 3-3　　　　2021 年"锡林郭勒羊"品牌产品生产销售情况

授权企业指标	大庄园	额尔敦	羊羊牧业
计划屠宰加工（万只）	6.98	5	5
实际屠宰量（万只）	3.7	4.97	3.83
加工产品种类	49	7	7
加工数量（吨）	464.6	750.6	236.5
销售完成量（吨）	252.4	750.6	172.5
销售完成率（%）	54.3	100	73
其中： 大宗销售（吨）	251.4	0	169.3
大宗占比（%）	99.6	0	98.1

续表

授权企业指标		大庄园	额尔敦	羊羊牧业
自营销售（吨）	直营店	1	190.6	
	自营餐饮	—	520.8	3.2
	线上销售	0	39.2	
自营占比（％）		0.4	100	1.9

资料来源：根据调研资料整理。

2021 年三家授权企业累计销售区域品牌产品 1 175.5 吨，销售进度完成 81％。大庄园销售品牌产品 252.4 吨，销售进度 54.3％，其中，大宗批发 251.4 吨，直营店销售 1 吨，线上旗舰店暂未上架区域品牌产品；额尔敦羊业销售品牌产品 750.6 吨，销售进度 100％，其中，自营餐饮 520.8 吨，直营店销售 190.6 吨，线上销售 39.2 吨；羊羊牧业销售品牌产品 172.5 吨，销售进度 73％，其中，大宗批发 169.3 吨，自营餐饮、直营店、线上销售合计 3.2 吨。京东"锡林郭勒羊"区域公用品牌旗舰店方面，共上架 7 款产品，其中羊羊牧业 6 款、大庄园 1 款，截至 2021 年 10 月，店铺访客量 7.9 万人次，销售 901 单，销售额 15.4 万元，转化率 0.94％。

3.4.2 "天赋河套"品牌创建历程及成效

1. 品牌创建历程

巴彦淖尔市地处北纬 40°黄金种植带，属温带大陆性气候，黄河流经此地，河套平原腹地耕地面积 40 万公顷，素有"黄河百害，唯富一套"的美誉，是亚洲最大的一首制自流引水灌区，农牧业资源丰富，是国家重要的商品粮油基地，小麦、玉米、向日葵、西瓜、蜜瓜、番茄、枸杞等名优产品独具特色，其中河套小麦等 17 个农产品获得国家地理标志认证。在此基础上，2017 年 7 月，巴彦淖尔市委决定建设河套全域绿色有机高端农畜产品生产加工服务输出基地，推动河套区域品牌建设。2018 年，委托专业品牌公司编制《巴彦淖尔市农产品区域公用品牌战略规划》，确定"天赋河套"区域公用品牌发展思路。2019 年组建巴彦淖尔市绿色产业统筹发展办公室，隶属市委、市政府领导，负责整合绿色农业发展资金，统筹绿色有机高端农畜产品生产加工输出基地建设工作。同年，市国资委注资 1.3 亿元，专门成立内蒙古巴彦绿业实业有限公司，采用市场化运作模式，对"天赋河套"公用品牌进行运营管理。"天赋河套"是综合产业的农产品区域公用品牌，截至 2021 年共授权 12 家企业 53 种产品的商标使用权。由于地处黄河流域农牧交错带，巴彦淖尔市利用"种养结合"模式发展肉羊育肥产业具备得天独厚的条件，已形成了一整套成熟的四季均衡出栏肉羊繁育和精深加工体系，是全国最大的"四季出栏、均衡上市"的肉羊生产、加工和交易集散地。2019 年 7 月，"天赋河套"品牌授权金草原肉业科技有限公司使用区域品牌商标，目前只有 1 家企业被授权。

2. 品牌运营管理

2018 年，巴彦淖尔市政府先后出台了《现代农牧业绿色发展规划》《关于深入推进农畜产品品牌建设的意见》《农畜产品标准化生产实施意见》《农畜产品质量安全追溯体系建设的实施意见》《农畜产品品牌建设奖励办法》等文件，为绿色农牧业高质量发展指明了发展方向。2019 年，巴彦淖尔市市委、市政府成立绿色产业统筹发展办公室，负责整合绿色农业发展相关职责和资金；同年，市国资委注资 1.3 亿元，专门成立内蒙古巴彦绿业实业有限公司，采用市场化运作模式，对"天赋河套"公用品牌进行运营管理，如图 3-2 所示。"天赋河套"属于综合产业区域品牌，目前有 12 家企业 53 种产品获得商标使用权，涉及酿造业（酒类、番茄汁）、肉类、面粉加工、乳品、炒货、生鲜果蔬、蒙中药材等几大产业。

截至 2022 年底，金草原肉业公司是唯一被授权使用区域品牌商标的肉类加工企业。金草原肉业公司（2019 年成立）隶属金草原生态科技集团公司（2016 年成立），集团公司集饲料种植生产、种畜繁殖、规模化养殖育肥、标准化屠宰加工、有机肥生产以及肉制品冷链物流销售于一体，进行一体化经营，养殖企业以湖羊为母本进行杂交培育，通过"自繁自育自养"模式，向肉业公司提供羊源，肉业公司再通过餐饮商超等合作商、线下和线上直营店（试运营阶段）进行销售。也可以通过国企绿业公司专营的"天赋河套"线上线下直营店进行销售，各自独立核算。"天赋河套"总部基地通过物流、电商等服务支持区域品牌产品的大宗销售。

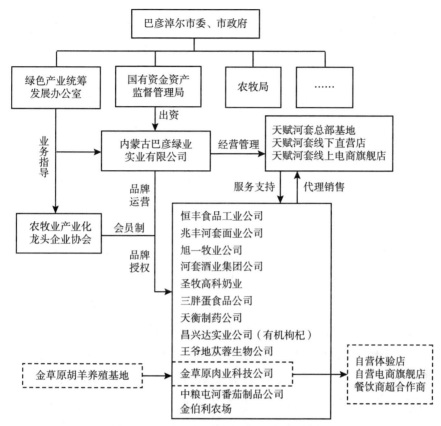

图 3 - 2 "天赋河套"品牌运营管理模式

3. 产品质量控制

依托中国标准化研究院，参照国家标准、行业标准，按照"有标提标，无标制标"的原则，巴彦绿业公司发布 45 项次涵盖产前、产中、产后的"天赋河套"品牌团体标准。同时，成立"天赋河套"农产品区域公用品牌授权评审专家委员会，健全准入、监督、奖励、退出机制，严格把关。制定"天赋河套"农产品区域公用品牌管理办法、授权使用流程图、品牌专家评审委员会管理办法等一系列规章制度，严格管理保证授权规范、科学。

2017 年 8 月，巴彦淖尔市农牧业产业龙头企业协会成立，配合巴彦绿业公司完成从种养、育种、生产到销售产业链的全程溯源管控服务，强化对

"天赋河套"品牌授权经营主体的行业管理与服务。该协会由巴彦淖尔从事粮油、果蔬、乳肉绒、饲草、蒙中草药、生物质能等六大产业的企业、合作社、农牧民自愿组成，只有加入并接受该协会的行业管理才有资格申请使用"天赋河套"公用品牌。另外，协会将配合完成地标产品标准化管理工作。

依托自治区农畜产品质量安全监管追溯信息平台建立农畜产品追溯信息平台，将巴彦淖尔市龙头企业和"二品一标"认证企业130家全部纳入监管信息平台，推动农畜产品种植、养殖、加工、流通、消费等环节追溯系统的有效衔接，以实现区域品牌产品"环境有监测、操作有规程、生产有记录、产品有检验、上市有标志"的全程标准化管理，实现产品销售一箱一码，一品一码，一物一码。

4. 品牌宣传推广

全面构建品牌宣传推介体系，强化品牌形象。一是在巴彦淖尔、包头、呼和浩特、北京等重点城市，通过高速公路立柱、主干道道旗、LED大屏、擎天柱、高炮、电梯广告等途径加大广告宣传力度，利用过境短信、彩铃、新媒体、自媒体，公众号等传播载体，扩大"融媒体"宣传效应；二是搭建"天赋河套"文创传媒平台。合作组建"天赋河套"文创传媒公司，建立产品包装数据库，开发文创产品资源包，沉积影像资料素材盘；三是构建"两微"、抖音、快手等自媒体宣传矩阵，创新短视频、短消息、网红直播等传播、带货形式；四是在"天赋河套"农产品区域公用品牌创建两周年之际，策划组织讲述"天赋河套"品牌故事等一系列宣传推介活动，进一步推进"天赋河套"品牌建设，挖掘品牌内涵；五是携手内蒙古篮球协会，"天赋河套"独家冠名2020～2021赛季WCBA联赛；六是在草原音乐美食季、京蒙对口帮扶成果展、京蒙扶贫集采推介会、中国区域农业品牌发展论坛等活动中积极推介"天赋河套"品牌。

5. 产品销售情况

"天赋河套"是综合产业品牌，涉及众多行业的12家企业53种产品。因此，巴彦绿业公司按照"百城千店万柜"规划模式，一是优选100个一、二线城市，开设1 000个"天赋河套"授权产品及巴彦淖尔优质农产品线下旗舰店，10 000个大中型社区专柜，统一配送销售优质农产品，这是区域品牌产品销售途径之一；二是开拓电商渠道，在天猫、淘宝、京东等电商平台，开办"天赋河套"官方线上旗舰店，统一销售区域品牌授权产品及巴彦淖尔优质农产品，同时在亚马逊、天猫国际、敦煌网等跨境电商平台开设天赋河套海外销售旗舰店。依托微信、抖音等社交平台，通过人群裂变，提升品牌影响力、助力优质农产品销售。三是依托授权企业原有销售渠道（大宗销售、线上线下直营门店等）。

另外，巴彦淖尔市大力建设"天赋河套"总部基地，集办公、科研、线上线下交易、物流、农业产业推广功能于一体，整合优质的农业资源，招募龙头企业、高新技术、电商服务、农产品销售企业入驻，形成人才流、信息流、物流、资金流的汇集，为区域品牌培育提供各种服务和支持，提供发展新动力。

2021年牧业年度，巴彦淖尔市肉羊饲养量达2 361.42万只，其中存栏1 083.71万只，出栏1 277.71万只，饲养量和出栏量居内蒙古全区第一位。累计建成存栏300只以上的肉羊规模养殖场6 965家，其中存栏1 000只以上的有254家，肉羊规模化养殖比例达到70%。2021年巴彦淖尔市羊肉产量21.21万吨，占肉类总产量的66.8%，产值达129.85亿元。全市市级以上肉羊养殖龙头企业26家、肉羊加工龙头企业21家；认定市级以上产业化联合体10家，联结企业、合作社、家庭农牧场103个，辐射带动农牧户3.3万户。"天赋河套"授权的金草原肉业公司（2019年成立）隶属金草原生态科技集团公司（2016年成立），其他三家子公司分别是内蒙古农益源农牧业发展有限公司、内蒙古金草原生态科技农牧业发展有限公司和内蒙古农腾生物科技有限公司。集团公司集饲料种植生产、种畜繁殖、规模化养殖育肥、标准化屠宰加工、有机肥生产以及肉制品冷链物流销售于一体，2020年全产业链收入达到7.5亿元。公司以湖羊作为优质基础母羊，通过长期杂交繁育形成金草胡羊品种，通过"放母收羔""托羊所"等模式带动大批农牧户养殖金草胡羊。企业目前可繁育母羊达15万只，年出栏谷饲羔羊45万只。所有区域品牌产品的羊源全部由集团内养殖公司进行"自育自繁自养"，近两年屠宰量在11万~12万只。

金草原肉业科技有限公司于2019年7月成为"天赋河套"区域公用品

牌第三批授权企业，80%的产品被授权使用"天赋河套"商标。2019年，企业产量为2 298.52吨，年销售量1 979.73吨，年销售总额1亿多元，"天赋河套"授权类产品销售额为5 990万元（当年6月开始销售）。到2020年，企业年生产量为3 057.89吨，年销售量为2 476.36吨，年销售总额为10 237.17万元，"天赋河套"授权类产品销售额为7 765.29万元；截至2021年11月，生产量已达3 362.27吨，销售量达2 722.85吨，销售额已完成1.36亿元，"天赋河套"授权类产品销售额1.04亿元。金草原目前销售仍以大宗销售为主，占到销量的90%以上，直营销售主要通过电商平台的线上旗舰店和线下集品尝与零售于一体的体验店两种模式，目前占总销量的比重不到10%。直营销售渠道产品全部为"天赋河套"区域公用品牌产品。

3.4.3 "兴安盟大米"品牌创建历程及成效

1. 品牌创建历程

兴安盟位于内蒙古东北部的大兴安岭南麓，地处黑龙江、吉林、内蒙古三省区交界处，被誉为"中国稻米金三角"，位于北纬46°寒地水稻黄金种植带，是内蒙古重要的大米生产基地；全年95%以上天数空气优良，水源水质无污染，达标率100%，黑土地肥沃且水资源丰富，拥有得天独厚的农牧业生产条件。兴安盟水稻产区主要分布在扎赉特旗、科右前旗、乌兰浩特和科右中旗。近些年，全盟水稻种植面积稳定在137万亩左右，年产水稻70多万吨，粮食作物总产的11.2%。绿色有机水稻认证面积稳定在100万亩，占水稻种植总面积的72.5%；水稻种植示范基地总数达到14个，建成面积达到33.1万亩。全盟现有大米生产企业54家，其中"兴安盟大米"授权用标企业39家，规模以上企业25家，年加工水稻占水稻总产量的80%左右，年加工量近50万吨，销售收入达到17亿元。

"兴安盟大米"自2015年登记注册为国家地理标志证明商标后，2018年获得"中国十大大米区域公用品牌""中国十大好吃米饭""中国第十四届冬季运动会独家供应商""中国优质稻米示范基地"等荣誉称号，2019年被评为"中国农产品区域公用品牌市场新锐品牌"，2020年在由中国农产品市场协会开展的首批农产品区域公用品牌价值评估活动中，"兴安盟大米"总评估价值为 180.26 亿元，位列全国首批百强农产品区域公用品牌价值榜第 12 名，粮食类第 3 名。部分重点龙头企业获批内蒙古第一批"蒙字标"用标企业。

2. 品牌运营管理

如图 3-3 所示，兴安盟龙头企业产业化协会是"兴安盟大米"区域公用品牌商标的注册单位，兴安盟盟委、行署在 2023 年前，基本上由农牧局各部门指导龙头企业产业化协会进行区域公用品牌授权使用和运营管理工作，先后制定出台了《"兴安盟大米"品牌建设政策措施》《"兴安盟大米"地理标志证明商标使用管理细则》《"兴安盟大米"用标企业监测考核管理办法》《"兴安盟大米"生产质量标准》《"兴安盟大米"品牌宣传方案》等政策试行文件，指导品牌的运营管理工作。

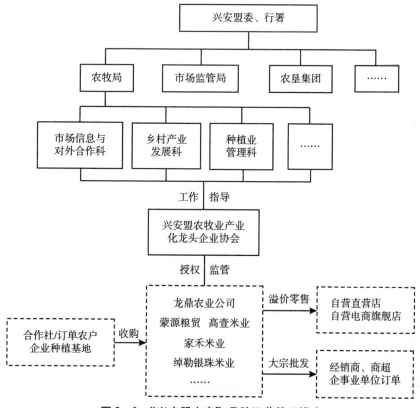

图 3-3　"兴安盟大米"品牌运营管理模式

3. 产品质量控制

一是强化"中国优质稻米示范基地"建设，在主要流域沿岸，按照规模化、标准化、集约化的要求，打造百万亩优质水稻生产基地；各地各部门的重大项目集中向"兴安盟大米"原料生产基地倾斜，提升水稻基地设施建设水平，重点打造"双百"工程先行区；在具备条件的地块实现稻鸭、稻鱼、稻蟹、稻虾共生，实现高标准稻田立体化生产，打造一、二、三产业融合示范基地，带动稻米产业高质量发展。二是全面提升水稻生产基地土壤质量。通过扩大测土配方、秸秆还田和增施有机肥、碳积肥等措施，有效增肥地力，同时对土壤有害物质较高地块实施无害化改造。三是加强"兴安盟大米"产品基地认证。对授权企业、合作社的有机、绿色种植基地进行认证，从源头保证产品品质。四是强化水稻品种选育和水稻生产全程科技指导，努力培育具有自主知识产权、适合本地区大面积播种的优良水稻品种。五是切实加强"兴安盟大米"品牌市场监管。加强对"兴安盟大米"加工企业产品的质量抽检；对"兴安盟大米"地理标志商标包装使用情况进行严格监管，严厉打击制售假冒伪劣和侵犯"兴安盟大米"商标行为，保护商标专用权，维护企业和广大水稻种植者利益。六是构建"兴安盟大米"质量追溯体系。搭建"兴安盟大米"质量追溯体系平台，充分利用现代化手段，构建"兴安盟大米"从原料生产到稻谷收购、储藏、运输再到加工成品、包装检测等全链条的质量追溯体系。

4. 品牌宣传推广

一是抓住自治区对内蒙古品牌形象宣介推广契机，及时做好"兴安盟大米"品牌形象宣传展示和推广工作。二是仍将央视等卫视作为广告宣传的重要途径，加大广告投放力度。三是在呼和浩特、北京、乌兰浩特等地持续布局各类平面广告，巩固宣传效果。四是组织"兴安盟大米"专题新闻发布会。"兴安盟大米"品牌形象设计完成以来，已在湖南长沙开过两次"兴安盟大米"论坛，接下来在北京、呼和浩特等地利用相关农展会的机会广泛开展"兴安盟大米"宣传推介活动，全面扩大"兴安盟大米"的知名度和影响力。五是有效发挥"兴安盟大米"官网公众号的宣传作用，对

"兴安盟大米"品牌理念、品牌授权、政策发布、展会报道、农技知识等进行持续信息发布，使其成为广大消费者了解"兴安盟大米"的权威窗口。

5. 产品销售情况

一是发挥"兴安盟大米"用标企业积极性、主动性，完善各自销售渠道建设。二是各部门为企业的产品销售提供尽可能多的便利条件。首先，在北京、呼和浩特、包头等"兴安盟大米"主要销售地区开设"兴安盟大米线下直营店"，展示并销售高、中、低端全品类产品，使广大消费者对"兴安盟大米"授权产品有全面认知，使线下直营店成为展示"兴安盟大米"产品的新窗口。其次，借助京蒙帮扶平台，让"兴安盟大米"更多地进入北京各大企事业单位食堂及社区家庭。三是强化电商平台作用，进一步加强与阿里巴巴、京东等平台合作，建设电商旗舰店和直播平台等。四是拓展农产品代理经销商，强化农超对接，与盒马鲜生等商超开展合作，利用他们现有冷链物流和销售点布局优势，将"兴安盟大米"有效输送到销售终端。目前，兴安盟水稻就地加工转化率常年稳定达到 80% 以上，水稻加工业总产值达到 30 亿元，其中"兴安盟大米"用标企业销售收入达到 15 亿元以上。从水稻收购角度看，近些年由于本土区域品牌的打造，形成了与五常大米的竞争，兴安盟逐渐由原来的五常大米原料收购基地转变为独立的品牌产品加工销售地，因此绿色稻米收购价格每公斤上升了 0.4 ~ 0.6 元，按亩产530 公斤计算，相较区域品牌打造之前，农户每亩增收 265 元左右。但受新冠疫情影响，稻米收购价格有所波动。

通过对三个案例运营管理模式的分析可以发现，行业协会是品牌商标的注册主体并拥有品牌所有权，但政府相关部门是区域品牌建设的主要推动者，政府相关部门在行业协会的协助下，协调各方利益主体充分沟通，共商品牌产品生产标准和销售准则。为把控区域品牌产品质量，对商标使用范围严格把关，并非区域范围所有经营者都可使用，授权主要集中于产品加工环节，通过上游种养环节建设可追溯体系和下游控制销售渠道的方式，将供应链经营主体连接起来。授权企业主要选择本地实力较强的龙头企业，扶强做大，联结的订单农牧户/合作社基本是授权企业原有合作主体。加之三个案例涉及的授权企业延伸了产业链，实行前向或后向一体化经营，使得供应链上能够参与区域品牌建设和产品生产的主体范围进一步固化。因此相比当地总体产能，区域品牌建设直接带动普通小规模农牧户和企业的机会少。三个区域品牌均处于初创期，短期内采取这种严格控制授权范围的模式，有利于严格控制产品质量和边界，提高区域品牌信誉，但长期则有碍于公用品牌的扩大发展和公平性。

另外，目前各授权企业产品种类基本丰富，但区域品牌贴标产品产量有限。区域公用品牌线上旗舰店经营时间短，新媒体账号养成需要一段时间的运营，目前访客量和销量都很低，还未形成足够的流量转化能力。企业迫于收购时流动资金压力，需要快速回笼资金，因此区域品牌产品仍以大宗销售为主，线下直营店销量占比低。大宗销售与经销商、餐饮和商超合作，销量虽大，但溢价空间小。

3.5 内蒙古农产品区域公用品牌发展中的问题及困境

内蒙古农产品区域公用品牌建设起步较晚，多数于 2018 年注册并开始运营，尚处在摸索阶段，目前存在以下几方面问题与困难：

3.5.1 区域品牌建设市场机制尚未成熟

农产品区域公用品牌建设需要协调生产、加工、销售多个环节，需要建立一整套标准体系并加强监管，建立科学合理的品牌使用的准入、退出机制，同时还要加大宣传推广和开拓市场力度，涉及多个部门和组织，运营管理关系繁杂，涉及政府和市场两种力量。目前已经投入运营的农产品区域公用品牌，大多在盟市一级建立了专门的管理机构，从上至下推动品牌建设和运营。区域品牌尚处于初级发展阶段，以政府决策为主要指导方针，以财政资金为主要推动力，对龙头加工企业择强择优进行授权管理。区域公用品牌、企业品牌、产品品牌之间协同发展机制尚不成熟，授权企业普遍存在

"搭便车""等靠要"的心理，政府、企业和农牧户间尚未形成利益共同体，农企利益联结形式仍多为订单合同，股份合作、利益集团融合等形式几不可见。分工协作，优势互补，形成品牌建设合力的目标远未实现。甚至部分地区政府职能部门间还未形成有效的管理和组织协调机制，职责交叉却缺乏有效沟通，部门间工作交接不顺畅，职能改革步伐跟不上区域品牌建设节奏。

3.5.2 品牌建设投入过于依赖财政资金

农产品区域公用品牌建设是一项系统的长期工程，从夯实农牧业产业基础到运营管理再到品牌营销推介，都需要大量的资金投入。区域公用品牌建设初期前景不明，回报周期长。在区域公用品牌影响力仍较低时，龙头企业投入区域公用品牌建设的动力不足，区域公用品牌建设往往过分依靠政府推动和财政资金的投入。然而，各级政府大部分财政紧张，无法充足地预算列支或抽调专项资金进行区域公用品牌建设，多数区域品牌发展缓慢。少数地方政府高度重视品牌建设，在品牌创建初期予以一定的资金支持，但尚不能扩展多元融资渠道，面临公用品牌建设巨额的资金需求，将无以为继。部分地方政府因领导的变更，而导致区域品牌建设扶持政策出现较大的变化，政策连续性差。

3.5.3 区域品牌定位与影响力不匹配

农产品区域公用品牌建设的目标是提高区域产品知名度，实现优质优价，提高区域品牌产品溢价能力和销量，带动地区农牧产业升级与发展。各地政府通过各种媒介宣传，在一定程度上提高了区域产品的知名度，但在全国影响力仍较小，品牌知名度局域性明显，辐射范围仍较小。从区域品牌产品销售情况看，多数授权企业大宗销售难以溢价且占比高，少部分区域品牌产品零售定价过高，走高端定制路线，市场范围有限。虽然各地区农产品存在品质和风味的差异，但农产品尤其是生鲜产品定位高端市场，人为抬高售价，而非由市场自发形成溢价，在区域品牌知名度还较低时，常常面临销售窘境。

3.5.4 区域品牌管理模式与市场拓展相矛盾

农畜产品区域公用品牌属于公用品牌，在使用权和收益权上对区域内相关经营主体不排他、不竞争，但这种公用性容易造成"搭便车"现象，为防止"公地悲剧"和"劣币驱逐良币"现象的出现，区域公用品牌授权使用时不得不严格限制产品的边界和品质，严格授权和退出机制，严把质量关。对区域内相关企业和产品进行筛选，授权企业都是业内规模大、实力强的加工企业，区域品牌产品采用较高的生产和流通标准，定位高端市场。授权企业按标准对生产基地或订单农户的生产质量过程进行把控，建设可追溯体系，这样自然使得中小企业和普通散户无法融入区域品牌产业链，可能会产生"马太效应"。一边是授权企业少，区域品牌产品产量有限，一边是多数经营者无法使用公用品牌，不能更多地分享公用品牌带来的增值。这在一定程度上存在"扶强"现象，人为加大企业间的不公平竞争，也导致多数农牧户区域品牌建设意识不强，这在一定程度上忽视了区域品牌的公用性特征。而随着区域品牌效应慢慢显现，区域品牌产品需求量增加，品牌边界则需逐渐扩大，若一直秉承高端高价的理念，则与更大地延展品牌使用边界、辐射更多的当地企业和农牧户存在一定的矛盾。

3.6 本章小结

随着中国农业进入高质量发展的阶段，农业品牌化发展趋势显著。内蒙古农产品区域公用品牌在地理标志产品基础上进行打造，整体来看，多数区域品牌在全国的知名度还很低。在区域品牌初创期，品牌盈利前景不明力低，使得理性的经营主体"搭便车"心理普遍存在，主动投入积极性不高，品牌运营面临依赖财政资金、重申报轻培育、区域品牌覆盖面窄、对普通企业和农牧户带动性不强、增收效应有限等问题。

　　农产品区域公用品牌不同于一般企业品牌，公共性、多主体性特征使得各经营主体间的协调难度加大，且容易出现"搭便车"现象，需要具有公信力和推动力的政府主导区域品牌创建，能够获得先发优势。农产品区域公用品牌初创阶段，政府充当了推动者、组织者、管理者甚至出资者的角色，对区域品牌发展的原始积累奠定了基础。在农产品区域公用品牌发展的不同阶段，政府职能应进行动态调整。由品牌建设的主导者向监管者和服务者转变，着力于构建农产品区域公用品牌发展的服务体系，优化品牌发展外部环境和秩序，使品牌运营管理逐步转向依靠市场力量，以降低成本提高运营效率。

4 农产品区域公用品牌顾客价值形成机理研究

从消费者视角分析品牌价值的形成与实现是较为通行的做法，品牌价值链理论认为，品牌价值实现之前，要先形成顾客价值，再通过消费偏好转化为市场业绩。顾客价值由品牌认知、认同、信任、忠诚等一系列顾客思维构成，形成品牌溢价支付意愿。溢价支付意愿是相对于数量、档次类似产品，消费者愿意为某一特定品牌所额外支付的费用（Netemeyer et al.，2004）。探讨消费者溢价支付意愿的主要影响因素，可明确区域品牌价值形成的重要影响因素及可能的作用路径。在此过程中，可以探寻区域品牌与企业品牌顾客价值的形成机制是否存在不同。农产品区域公用品牌具有区域性、资源性、公共性和多主体性等特征，除了一般意义上的营销投入使消费者产生品牌认同和信任，还有哪些因素能够刺激区域品牌顾客思维的形成，应该在此进一步探讨。因当前农产品区域公用品牌众多，且消费意愿研究需要有针对性地设计调研内容，本书以区域品牌羊肉消费为例，开展相关消费者行为研究。

4.1 溢价支付行为意向的形成机理

关于行为意向的研究最早出现于心理学研究范畴。心理学家勒温早在1936 年就提出了行为理论的分析框架，认为个人的需求受内在心理因素和外在环境因素的影响。后来在管理学行为研究中，他提出了更为细化的理论模型，如计划行为理论的代表人物阿杰恩（Ajzen，1975）提出，任何影响行为的因素都经由行为意向来间接影响行为表现，而行为意向受三种相关因素的影响。首先是个人对某项行为所持有的态度（attitude），是对采取某种行为的喜好程度。其次是来自外部的会影响个人采取某种行为的主观规范（subjective norm），是个人决定是否采取某种行为时受到的社会环境和周围人的影响。最后是知觉行为控制（perceived behavioral control），指个体采取某种行为的胜任感，是个体对采取某种行为所需能力、资源以及机会等因素的主观判断，不仅涉及个人的知识、技能和纪律等内部控制因素，还涉及个人外部资源、时间以及与他合作等条件的影响。一般情况下，个人对于某种行为的态度、主观规范越正向，知觉行为控制越强，则此人的行为意向越强。

ABC 态度模型是研究消费者行为的理论模型之一（见图 4－1）。1960年由霍弗兰德和罗森伯格（C. I. Hovland & M. J. Rosenberg）提出，该理论认为消费态度由情感（affect）、行为倾向（behavior）和认知（cognition）三个主要部分构成。消费态度是指消费者在特定情境或环境中对某一对象相对稳定的评价或心理倾向。杨一翁等（2017）认为，认知是消费者对某个对象的认识与了解程度，情感是消费者对某个对象的主观感受或心理联系，行为倾向是消费者对某个对象采取行动的意愿和倾向性。西尔斯等（Sears et al.，1991）提出三个要素之间的相互影响关系可以用层级效应来分类，层级效应将消费态度形成过程分为标准学习层级、低介入层级和经验层级。标准学习层级中认知作为前提和基础，通过情感影响行为结果和目标；低介入层级中由认知产生行为，再通过行为后经验产生情感评价；经验层级中消费者因情感作出行为决策，进而再影响认知，如图 4－1 所示。农产品区域公用品牌建设近些年才逐渐兴起，对消费者的影响符合标准学习层级关系，消费者先根据获取的产品和品牌信息，形成自己的认知后对产品和品牌产生信任或不信任的情感，进而产生相应的行动倾向，形成溢价支付意愿或放弃购买。

MOA 理论的提出将行为理论的核心概念进行细化，以便创建可操作的分析框架。佩蒂（Petty，1981）认为，个人在处理行为信息时需要具备动机和能力，动机、机会和能力是处理信息必要但不充分的前提条件（Batra，1986；Andrews，1988；Mac Innis，1989）。在众多学者的提炼和归纳中，动机直接影响行为的发生，但能力和机会决定了动机能否以及能在多大程度上导致行为的发生。能力强将会在更大概率对内在和外在激励作出行为反应，而缺少机会或接触激励的机会将会阻止行为的发生。亚历山大（Alexander，2002）提出，MOA 模型中的动机可描述为消费者采取某种行为的心理期望或预期所得，在某种行为前的内在愿望和兴趣。机会是在特定情境下主体所感知到的外部环境中的便利条件或阻碍程度，一般指有助于激发其行为的有效成分，是具备动机和能力的个体达成其目标的客观条件。能力是消费者采取某种行为所需具备的知识和技能等，一般被定义为影响个体活动效率的个性心理特征，分为认知能力、操作能力和社交能力等。动机、机会和能力之间相互作用促使行为的发生，动机是行为发生的内在原因和直接动力，而机会和能力则对这一过程产生调节作用，这种行为分析思路初步形成了 MOA分析框架。

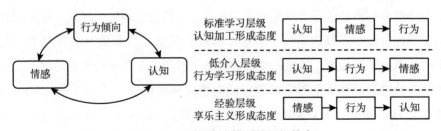

图 4 - 1　ABC 态度模型及层级效应

品牌建设的核心任务是取得消费者信任。福尼尔（Fournier，1998）提出，品牌信任是消费者对品牌兑现其功能的信心。有学者（Lau，1999）将品牌信任定义为消费者面临风险时信赖品牌带来能够积极结果的意愿。乔杜里等（Arjun Chaudhuri et al.，2001）认为品牌信任是消费者信赖品牌具有履行其所称功能能力的意愿。埃琳娜（Elena，2003）也提出，品牌信任是消费者面临风险情景下对品牌可靠性和品牌行为意向的信心期望。金玉芳等（2006）提出，消费者对品牌持有积极信念即为品牌信任。大量研究表明，品牌信任能够影响消费者购买意愿。早在 1969 年，霍华德（Howard）就提出了信任度是购买意愿的重要决定因素之一。拉罗什（Laroche，1994）明确验证了品牌信任与购买意向之间的正向关系。赵卫宏等（2017）聚焦区域品牌信任进行研究，发现其显著影响消费者购买意愿。

基于以上消费者行为理论，本书认为，消费者能否产生对农产品区域公用品牌的溢价购买意向，受其消费动机、外部机会以及自身能力的影响，但外部机会和自身能力往往不能直接形成溢价购买意向，而是通过提高品牌信任，或者强化消费动机，间接作用于溢价购买行为意向的形成。即消费动机和品牌信任是溢价购买意向形成的直接驱动因素，但这两个因素会受消费者对市场机会和自身能力主观认知的影响。品牌信任和消费动机是一种情感倾向，在消费机会、认知能力与溢价购买意向之间起中介作用，消费机会、认知能力间接影响行为意向的形成。本书在 MOA 模型和 ABC 理论基础上（见图 4－2），采用结构方程模型分析方法，构建区域品牌溢价支付意愿驱动因素的理论分析框架，为探究诸多影响因素的作用路径和相互关系确定思路。

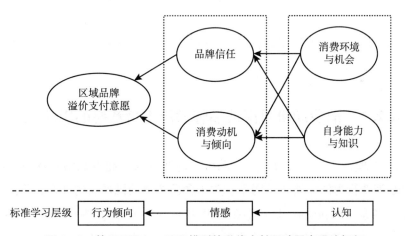

图 4－2　基于 MOA－ABC 模型的溢价支付驱动因素理论框架

4.2　溢价支付驱动因素量表构建及研究假设

溢价购买行为是指在产品功能属性类似的情况下，消费者愿意为某个产品或品牌支付更高的价格，或者在该产品或品牌涨价的时候，依然会选择购买的行为（施晓峰，2011；朱丽叶，2013）。梁志会等（2020）将消费者绿色农产品溢价支付意愿变量设为"愿意为绿色大米支付更高价格"和"愿意购买绿色大米"两个测量题项，李福夺（2022）将生态农产品溢价支付意愿设定为"是否愿意溢价支付"和"愿意为绿肥稻米支付比普通大米高出多少的溢价"两个测量题项。本书结合相关研究，将溢价支付意愿设置两个测量题项，即"同样条件下我定会选择区域品牌羊肉"和"我愿意为区域品牌羊肉支付更高的价格"，既考虑消费者对区域品牌的购买数量态度，又考虑价格态度，以便更好地测度区域品牌价值实现的可能性。

针对消费者溢价购买行为意向或支付意愿影响因素的研究，近些年许多学者从不同行业和角度进行了研究。多数文献从消费者客观特征，如收入、年龄、职业等角度进行分析，也有许多文献从消费者心理因素角度进行研究，如感知价值、消费动机、购买态度以及感知风险等；另外也有文献从外部环境和产品特征等角度进行分析，如市场环境、监管政策、产品认证、品牌、产品营养价值等。结合相关理论模型，考虑农产品区域公用品牌产品特征，本书从以下几方面探究农产品区域公用品牌消费者溢价支付意愿的驱动因素。

4.2.1 消费动机对区域品牌溢价支付意愿的影响

MOA 理论认为，行为产生于动机，消费行为的起点是消费动机，消费动机是消费行为的主要决定因素。关于食品选择动机量表的开发，英国学者斯泰普多等（Steptoe et al.）早在 1995 年就开发了 FCQ（food choice questionnaire）量表，该量表将英国消费者食品选择动机归纳为 9 个维度，即价格、便利、自然、健康、体重控制、感官、情绪、熟悉与道德关注（原产国）等。随后大量学者根据不同国家的数据对食品选择动机的量表进行验证、修正、拓展或降维，例如弗多波洛斯等（Fotopoulos et al.，2009）建议将食品安全和环境保护等因素纳入研究范畴。目前，并没有一个普适的食品选择动机量表，学者们通常在 FCQ 量表基础上，结合具体食品类型和特点开发新量表进行食品选择动机的测量。唐学玉（2012）将食品安全属性（安全农产品认证）、环境保护、营养健康、品质保证、时尚潮流等因素纳入考量，分析了安全食品的消费动机与消费行为。梁志会等（2020）在分析消费者绿色农产品溢价支付意愿驱动力时，将消费动机分为利己动机和利他动机。利己动机指消费者满足自身需要的考量，利他动机则指消费者为他人或集体利益的考量。

分析学者关于溢价支付意愿的相关研究，能够为确定消费动机的测量题项提供方向。张立胜等（2012）对农产品质量标志进行分析，认为其对提升农产品品牌信任和购买意愿有显著作用。张传统（2014）认为，农产品区域品牌的品牌知名度和品牌原产地、品牌购买环境均显著正向影响消费购买意愿，而适度品牌溢价仍能保持显著正向影响。孙丽辉等（2015）认为，区域品牌形象存在原产国效应，快速消费品相比耐用消费用，依托区域品牌形象对消费者的认知、态度和购买意向更具有显著影响。黄毅（2016）认为，要预测购买意向，区域情感形象比认知形象更有效。赵卫宏（2021）研究认为，区域文化自信策略对区域品牌信任及购买意愿具有不同程度的影响。朱丽叶（2013）将品牌象征价值分为社会形象、个人形象、关系形象、集体形象价值四个维度。首先分析发现对溢价支付意愿的影响最为显著的是社会形象价值，其次是个人形象价值和关系形象价值，而集体形象价值的影响未能证实。说明品牌象征价值最为重要的是强化消费者社会地位，并彰显其个人成就。刘尊礼等（2014）认为，炫耀性消费倾向高的消费者，无论品牌熟悉度高还是低，对炫耀性产品购买意向都很高。宋蒙蒙（2017）认为，消费者文化敏感性和民族中心主义与购买意向有着显著正向关系。李硕（2017）对品牌鸡蛋的溢价支付意愿进行调研，发现绝大多数消费者首先愿意为质量安全属性进行溢价支付，其次是文化价值属性。彭燕等（2019）实证分析认为，消费者认知、情感对品牌牛肉溢价支付意愿具有显著影响，且消费者情感在认知与溢价支付意愿之间具有中介作用。认知因素包含口感新鲜、质量安全和营养价值等认知，情感因素包含价值认同、信任和消费偏好。

基于以上研究，并结合农产品区域公用品牌的特征，本书将消费动机设定为"质量安全动机"和"文化价值认同"两个方面，既反映消费者食品消费时对于自身与家人健康和安全的考虑，又反映农产品区域公用品牌的社会价值、文化价值与原产地等情感价值。设定的 8 个测量题项，使用 SPSS 26 进行因子分析，去掉因子载荷较低的题项，最终保留 6 个测量题项，分别用于解释两种动机潜变量，详见表 4－2，并提出以下假设：

H1：质量安全动机对农产品区域品牌的溢价支付意愿具有正向影响。

H2：文化价值认同对农产品区域品牌的溢价支付意愿具有正向影响。

4.2.2 品牌信任对区域品牌溢价支付意愿的影响

大量品牌信任的研究集中于品牌信任的构成维度、前因后置变量等方面。不同学者对品牌信任的构成维度持不同观点，常见于单一维度和多维度之争。本书主要借鉴品牌信任两维度的主要思想来构建品牌信任的测量量表。二维思想主要有两种代表观点，埃尔登（Erden，1998）提出的值得信任度和专业技术，值得信任度反映品牌兑现承诺意愿，专业技术反映品牌兑现承诺能力。埃琳娜（Elena，2003）则提出品牌信任维度由品牌可靠度和品牌行为意向构成，品牌可靠性测度品牌给消费者带来积极的结果，反映消费者对品牌能够履行所声称的功能价值承诺的评价，品牌行为意向反映消费者对品牌考虑顾客利益等的公平善意行为的期望与评价。陆娟等（2011）通过实证分析联合品牌对品牌信任的影响时，发现无论在品牌联合前还是联合后，品牌信任均呈现清晰二维结构。因此认为食品品牌信任由能力信任和善意信任构成。张立胜（2012）认为，农产品不同于工业品，农产品品质体现于生产能力。因此，农产品品牌信任可归结于能力信任、善意信任两个维度。

研究普遍认为，有众多前因后置变量与品牌信任产生因果关系，品牌信任受前因变量影响，同时影响后置变量。拉赫希等（Michel Laroche et al.，1996）认为，品牌熟悉度是品牌信任的前因变量，并实证验证了品牌熟悉度对品牌信任度的正向影响。克里希南（Krishnan，1996）认为，直接使用（试用）、间接广告、声誉（口碑）等品牌经验是形成品牌信任的重要来源。有学者（Geok Theng Lau，1999）验证了品牌可预知性与品牌声誉对品牌信任的显著影响。国内也有众多学者进行相关研究，霍映宝等（2004）认为，品牌满意和品牌形象是影响品牌信任的两个重要指标，且品牌满意相比品牌形象对形成品牌信任作用更显著。陆娟等（2011）研究发现，食品产品感知风险较高，可通过品牌联合降低消费者感知风险，从而提高品牌信任。张立胜等（2012）对农产品质量标志进行分析，认为其对提升农产品品牌信任有显著作用。贺爱忠等（2009）研究认为，消费者公益营销活动涉入度、品牌与公益营销活动拟合度，会影响品牌信任，并通过该中介变量影响购买意愿。王静一（2011）从老品牌长寿性角度出发，通过中介作用分析，验证了品牌长寿性对品牌购买意向有显著正向影响，且主要通过品牌信任的感知能力发挥中介作用。

本书认为，消费者在对外部消费环境和自身能力认知的影响下，形成品牌信任（情感），外部环境的影响越积极，自身能力越强，品牌信任程度越高，进而对农产品区域品牌的溢价支付意愿（行为倾向）就越强。基于以上研究，本书将"品牌信任"从品牌信任度和品牌行为倾向两个角度，设定了6个测量题项，经过因子分析后进行修正，最终保留4个测量题项，用于测量"品牌信任"潜变量，并提出以下假设：

H3：品牌信任对农产品区域品牌的溢价支付意愿具有正向影响。

4.2.3　机会及能力对区域品牌信任的影响

机会常被界定为利于激发消费行为的有效成分，能力常被视为影响行动效率的认知、操作、社交等方面的知识和技能。张传统（2012）研究发现，政府机构、婴幼儿医师和学者、亲朋及名人代言等信息能够提高消费者信任进而显著影响购买决策。韩青等（2008）提出，加强政府组织对食品质量信息的监管，保证食品认证标准的统一与真实性，可有效逐步降低信息传递成本，从而增强消费者信任与购买意愿。陆娟（2022）指出，政府的公信力能够提升农产品区域品牌的信任度。梁磊和赖红波（2016）研究发现，传统广告通过新媒体传播能够提高品牌感知和信任，进而增强购买意愿，尤其是本土奢侈品产品的购买意愿。袁永娜等（2020）通过选择实验研究发现，绿色广告对于绿色诉求消费者购买意向作用更强。韩慧林等（2017）

提出，公司品牌形象对消费者购买意向具有显著的正向影响。吴娅雄（2019）将品牌认知分为质量价值、情感认知价值与社会价值三个维度，研究认为，营销策略通过质量价值、情感价值的中介作用，对消费者溢价支付意愿起到正向作用。卢宏亮等（2017）研究认为，消费者对品牌功能价值、情感价值评价越高，消费者购买意愿越强烈，且愿意为品牌产品支付高价。通过上述研究不难发现，消费者面临的市场条件，尤其是生产企业市场地位和营销手段，对消费者的品牌信任具有显著影响，而口碑或政府背书等外部干预，能够增强消费者的品牌信心，进而驱动消费行为意向。因此本书从"市场条件"和"政府干预"内外部驱动两个角度界定消费机会。这两个变量共设定八个测量题项，经过因子分析后保留七个测量题项，详见表4－2。

消费者与农产品生产企业和经销商之间存在信息不对称，无法判断农产品质量安全标准，这容易使消费者降低产品信任度和购买意愿。消费者是否能够主动进行信息搜寻或具备信息搜寻的习惯，使其具备鉴别产品质量、价值等的能力，是影响其购买行为的重要条件。认知能力和主观知识也是驱动消费者行为意愿的关键因素。张燚等（2018）的研究显示，自主品牌情感（品牌信任、品牌依赖）在自主品牌认知（功能、特征、体验）和自主品牌行为（品牌忠诚）之间起部分中介的作用，说明认知会影响品牌信任进而产生行为。消费者对地理标志认证、可追溯标签和安全认证标签等多种不同属性的信息标签的认知均影响溢价支付意愿（尹世久，2015；陈默，2018；彭贝贝，2019）。农产品区域公用品牌代表各地区的优势特色产业，多由政府和行业组织推动，在地理标志产品基础上延伸建设，通过严格筛选商标授权使用企业，并按照行业内较高标准控制区域品牌产品边界，同时加强市场监管，防止假冒伪劣产品的出现。消费者能否了解这方面的信息，能否具备辨别区域产品差异的能力，对其产生品牌信任和消费动机，乃至形成溢价购买行为具有影响。因此，本书从消费者"信息识别"和"主观知识"等角度测量其自身能力与认知水平。这两个变量共设定八个测量题项，经过因子分析后保留七个测量题项，详见表4－2，并作如下假设：

H4：市场条件对区域品牌信任具有正向影响。

H5：政府干预对区域品牌信任具有正向影响。

H6：信息识别对区域品牌信任具有正向影响。

H7：主观知识对区域品牌信任具有正向影响。

4.2.4 机会及能力对区域品牌消费动机的影响

陈则谦（2013）提出，动机是激发行动的内在原因和直接动力，但能力是直接影响人们活动的完成水平的内在可能性，机会则是个体对行为产生客观环境中有利成分的认知，动机、机会和能力之间的相互作用推动了行为的发生。梁志会（2020）通过实证分析认为，消费者的信息获取能力和消费机会对利己动机、利他动机有显著影响，并且消费机会通过动机间接作用于溢价支付意愿。张童朝等（2019）在研究农民秸秆资源化利用意愿时，发现机会维度可以增强动机维度的驱动力，即在适宜的外部条件刺激下农民秸秆资源化动机更强。较高的认知能力或具备较多辨别事物的主观知识，使消费者能更好地解读产品，进而增强消费动机（李福夺，2022）。马骥和秦富（2009）通过消费者对安全农产品概念、级别及标志的判断来评价消费者认知能力水平，并提出消费者安全农产品认知能力越高，购买有机农产品的动机越强，溢价购买的概率也越高。裴要男等（2019）再利用 MOA 模型对大学生创新创业影响因素研究时发现，大学生意愿（动机）、环境、实践、能力对提升大学生创新创业能力具有显著影响，并且各因素与其他三个因素之间存在一定的关联影响。

本书从市场条件、政府干预角度定义机会，从个体信息识别和羊肉消费知识经验角度定义能力，这两个因素实际上是 ABC 模型中消费者的主观认知部分，会进一步影响消费者对品牌的认知，形成特定的消费动机。对农产品区域公用品牌的市场反应以及政府的外部干预，使得消费动机产生变化，较好的市场反应和较大力度的政府干预，有利于强化消费者的消费动机和信念。另外，消费者有针对性地对区域品牌相关信息进行搜集和识别，以及自身对产品功能、品质、安全水平等差别的主观认知水平，同样会影响消费动机的形成。因此，本书作出如下假设：

H8：市场条件对质量安全动机具有正向影响。

H9：政府干预对质量安全动机具有正向影响。

H10：信息识别对质量安全动机具有正向影响。

H11：主观知识对质量安全动机具有正向影响

H12：市场条件对文化价值认同具有正向影响。

H13：政府干预对文化价值认同具有正向影响。

H14：信息识别对文化价值认同具有正向影响。

H15：主观知识对文化价值认同具有正向影响。

图4－3列出了各变量间的假设关系，以待验证。

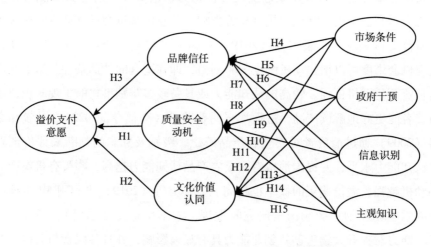

图4－3　溢价购买行为驱动因素理论分析模型

4.3　研究方法与数据来源

本书通过构建结构方程模型，使用SPSS 26.0和AMOS 24.0软件对相关数据和模型进行分析，以检验提出的研究假设。结构方程模型包括两个模型，其一是测量模型，用来揭示潜变量与测量变量之间的关系，测量模型表达式如下：

$$Y = \Lambda_Y \eta + \varepsilon \tag{4.1}$$

$$X = \Lambda_x \xi + \sigma \qquad (4.2)$$

其中，η 为内生潜变量，ξ 为外生潜变量，Y 为内生观测变量，X 为外生观测变量；Λ_x 为外生观测变量和潜变量之间的关系，用因子载荷系数矩阵表示；Λ_Y 为内生观测变量与内生潜变量之间的关系，是内生测量变量在内生潜变量上的因子负荷矩阵。

结构模型说明外生潜变量和内生潜变量之间的关系，一般结构模型表示为：

$$\eta = B\eta + \Gamma\xi + \zeta \qquad (4.3)$$

其中，B 为内生潜变量间的关系；Γ 为外生潜变量对内生潜变量的影响；ζ 为结构方程的残差项，反映了 η 在方程中未能被解释的部分。

本部分研究所采用的变量均为抽象概念，需要对其进行量化，在理论分析和前人研究的基础上，明确测量维度和关键点，然后采用问卷调查的方式进行数据采集。按照结构方程模型的要求，通过上述分析设定了理论模型和测量模型，经过预调研、因子分析后进行修正，最终确定了 8 个潜变量以及 26 个测量变量，形成测量量表，量表指标通过 Likert 五级量表进行测量，各观测变量的具体赋值为：1 = 非常不同意；2 = 不同意；3 = 不一定或一般；4 = 同意；5 = 非常同意。

消费者调研采用线上、线下问卷调查方式，以羊肉消费为主要调研范围，调研对象主要是城镇居民。线上调研利用问卷星、微信等平台在全国进行。受新冠疫情影响，线下调研主要集中在内蒙古呼和浩特市周边城市以及内蒙古东中西部个别城市，在超市、农贸市场、广场等场所进行现场调研。在正式调研前进行了预调研，共收回问卷 50 份，用于测量量表和问卷内容的修正。正式调研共收回问卷 1 200 份，其中有效问卷 1 033 份，其中线上调研 800 份，线下调研 233 份。

4.3.1 样本消费者基本特征分析

调研问卷内容主要分为受访者基本情况、受访者家庭羊肉消费基本情况、受访者对区域品牌羊肉的认知与评价以及联合分析产品选择实验四大部分（见表4-1）。

表4-1　　　　　　　调查样本基本特征及消费情况

指标	指标分类	样本数（个）	比例（%）
性别	男	465	45.01
	女	568	54.99
年龄	30 岁及以下	268	20.94
	31~55 岁	739	65.54
	55 岁以上	26	13.52
最高学历	高中及以下（含中专）	180	17.42
	本科或大专	605	58.57
	研究生以上	248	24.01
家庭年收入	10 万元以下	680	44.43
	10 万~20 万元	267	34.75
	20 万~30 万元	49	12.49
	30 万元以上	37	8.33
羊肉占家庭肉类消费比重	30% 以下	576	55.76
	30%~50%	246	23.81
	50%~70%	112	10.84
	70% 以上	99	9.59
每月羊肉消费频次	每月少于 2 次	260	25.17
	每月 2 次	420	40.66
	每月 2 次以上	353	34.17

　　因调研对象是城镇家庭居民，且线上调研居多，受访者年龄多为31~55 岁，占到65.54%，55 岁以上消费者受电子问卷操作等影响，占比较少。本科或大专学历占到58.57%，符合中国城镇居民人口和学历结构现状。考虑受访者中有自由职业或自主经营家庭，因此采用"年收入"而非"月收入"。家庭年收入20 万元以下的占到79.18%，较高收入的占比相对较低，符合中国城镇居民收入分配结构现状。

4.3.2 变量描述性统计分析

本书的量表指标通过 Likert 五级量表进行测量，评价取值为 1 ~ 5 （见表 4 - 2）。

表 4 - 2 变量含义及描述性统计

潜变量	测量变量编码	测量变量	均值	标准差
溢价支付意愿 WTP	WTP1	同样条件下我定会选择区域品牌羊肉	4.206	0.713
	WTP2	我愿意为区域品牌羊肉支付更高的价格	3.984	0.716
品牌信任 TB	TB1	区域品牌羊肉品质都很好	4.324	0.725
	TB2	我愿意向亲朋推荐买过的区域品牌羊肉	4.436	0.821
	TB3	农产品区域品牌更注重诚信	4.179	0.714
	TB4	农产品区域品牌销售考虑顾客体验和感受，服务更周到	3.972	0.854
质量安全动机 MQ	MQ1	我和家人很在意羊肉的口感和味道	4.353	0.699
	MQ2	我和家人很在意羊的产地生态环境和饲养方式	4.348	0.706
	MQ3	我和家人会留意羊肉等食品的绿色有机认证标志	3.848	0.832
文化价值认同 MV	MV1	区域品牌代表产地农牧文化和生产特点	4.227	0.737
	MV2	带有区域品牌商标的礼品更能凸显特色与档次	4.226	0.734
	MV3	建设区域品牌有利于提高农畜产品质量	4.226	0.742
市场条件 OS	OS1	区域品牌与企业品牌联合知名度更高	4.060	0.802
	OS2	周边人对区域品牌羊肉评价都较高	4.036	0.815
	OS3	各种媒介有大量羊肉区域品牌宣传	3.626	0.857
	OS4	区域品牌羊肉的广告很有吸引力	3.850	0.833
政府干预 OG	OG1	政府主导建设的区域品牌更有公信力	4.120	0.582
	OG2	区域品牌农产品生产加工标准要求高	4.137	0.596
	OG3	区域品牌授权使用和市场监管更严格	3.840	0.893

续表

潜变量	测量变量编码	测量变量	均值	标准差
信息识别 AI	AI1	我和家人对各地风土人情和物产很感兴趣	3.805	0.901
	AI2	我能辨别不同产地羊肉口感和味道的差异	3.524	0.915
	AI3	我会通过各种媒体和渠道了解区域品牌相关信息	3.801	0.908
主观知识 AR	AR1	不同产地环境羊肉品质会有所不同	4.197	0.693
	AR2	不同饲养方式羊肉口感和风味不同	4.247	0.671
	AR3	肉类有绿色有机等不同食品安全等级认证	3.966	0.778
	AR4	通过一般商标或企业品牌不易确定羊肉产地	4.169	0.715

资料来源：根据问卷数据计算所得。

从表4－2测量题项的均值可以看出，调研对象对各题项的正向反馈较多，溢价支付意愿以及对区域品牌的信任度较高，购买区域品牌羊肉的质量安全动机较强烈，对区域品牌的文化和价值认同度也较高。各题项标准差相对较小，说明消费者的评价较为集中和稳定，极端的评价不多。

4.3.3　信度和效度检验

效度检验问卷设计的有效性和准确程度以及测量题项设计是否合理。本书根据前人研究和理论分析设计测量量表，检验测量题项与测量维度关系是否合理且具有意义，可以通过探索性因子分析和验证性因子分析。探索性因子分析用于因子降维，删除不显著的测量项，确定个潜变量测量因子数量和题项，验证性因子分析基于先验理论用来检测因子结构。本书量表需要先进行探索性因子分析，效度检验分别通过 KMO 值、共同度、方差解释率值、因子载荷系数值等指标进行综合分析，以验证数据的效度水平。KMO 值用于判断信息提取的适合程度，共同度值用于排除不合理研究项，方差解释率值用于说明信息提取水平，因子载荷系数用于衡量因子（维度）和题项对应关系，结果显示因子降维成 8 个因子，因子维度和测量项对应关系与预期相符，因子载荷系数和共同度值绝对值均大于 0.5，对应关系基本无偏差（见表 4 - 3）。

表 4 - 3 　　　　　　　　　　　*KMO* 和 **Bartlett** 的检验

测量指标		指标值
KMO 值		0.934
Bartlett 球形度检验	近似卡方	16 573.967
	df	325
	p 值	0.000
累积方差解释率% （旋转后）		75.25%

信度分析用于分析量表回答结果的可靠性。本书采用克隆巴赫 α 系数（Cronbach's α）判定信度，信度检验包括对整体信度和各潜变量信度的检验，整体检验克隆巴赫 α 系数为 0.927，各潜变量检验结果如表 4 - 4 所示，Cronbach's α 系数介于 0.7 ~ 0.8，说明信度较好，该值若小于 0.6，说明信度不佳，从分析结果看，本书各变量和整体的 Cronbach's α 系数都高于 0.7，说明问卷数据质量较好，测量题项具有很高的内部一致性。

数据整体 *KMO* 值为 0.934，大于 0.6，旋转后累积方差解释率为 75.245%，大于 50%，意味着测量题项的信息可以有效提取，样本整体相关性和解释度较好。各变量的 *KMO* 值大于 0.8，说明非常适合信息提取，效度好，如果介于 0.7 ~ 0.8，则说明比较适合信息提取，效度较好，如果小于 0.6，说明效度较差。

验证性因子分析（*CFA*）可用于聚合效度、区分效度、共同方法偏差（*CMV*）研究等。本书针对共 8 个因子 26 个测量项进行验证性因子分析，有效样本量为 1 033，超出测量项数量 10 倍以上，样本量适中。测量结果显示，各测量题项标准化载荷系绝对值均大于 0.6 且 *P* 值显著，说明测量关系较好。通常情况下，*AVE* 值大于 0.5 且 *CR* 值大于 0.7，则说明聚合效度较高。本书 8 个因子对应的 *AVE* 值全部均大于 0.5，且 *CR* 值全部均大于 0.7，意味着数据具有良好的聚合（收敛）效度。溢价支付意愿是两测量题项变量，则 *KMO* 无论如何均为 0.5，符合要求，见表 4-4。

表 4-4   量表信度和效度检验结果

潜变量	观测变量	Cronbach's α 系数	因子载荷	KMO 值	CR	AVE
溢价支付意愿	*WTP1*	0.932	0.706	0.5	0.932	0.873
	WTP2		0.712			
品牌信任	*TB1*	0.874	0.728	0.783	0.882	0.655
	TB2		0.714			
	TB3		0.634			
	TB4		0.808			
质量安全动机	*MQ1*	0.763	0.697	0.697	0.762	0.517
	MQ2		0.719			
	MQ3		0.782			
文化价值认同	*MV1*	0.813	0.783	0.717	0.813	0.574
	MV2		0.764			
	MV3		0.782			
市场条件	*OS1*	0.826	0.778	0.716	0.830	0.595
	OS2		0.727			
	OS4		0.833			
	OS4		0.586			
政府干预	*OG1*	0.758	0.754	0.695	0.758	0.512
	OG2		0.759			
	OG3		0.791			
信息识别	*AI1*	0.861	0.788	0.693	0.870	0.692
	AI2		0.918			
	AI3		0.932			
主观知识	*AR1*	0.867	0.862	0.823	0.845	0.627
	AR2		0.834			
	AR3		0.701			
	AR4		0.871			

资料来源：Spss 26.0 软件运行结果整理。

如表 4 - 5 所示，根据弗奈尔和拉克（Fornell & Larcker）提出的标准，若 *AVE* 平方根大于潜变量间相关系数绝对值，即表示变量内部相关性要大于外部相关性，表示潜变量间存在区别。针对区分效度进行分析，各潜变量 *AVE* 平方根值均大于因子间相关系数绝对值，意味着具有良好的区分效度。

表 4 - 5　　　　　　潜变量区分效度检验结果（弗奈尔 - 拉克法则）

	溢价支付意愿	品牌信任	质量安全动机	文化价值认同	市场条件	政府干预	信息识别	主观知识
溢价支付意愿	**0.934**							
品牌信任	0.726	**0.807**						
质量安全动机	0.632	0.604	**0.719**					
文化价值认同	0.619	0.557	0.499	**0.769**				
市场条件	0.564	0.691	0.474	0.555	**0.743**			
政府干预	0.519	0.562	0.492	0.422	0.476	**0.715**		
信息识别	0.496	0.503	0.462	0.530	0.465	0.377	**0.832**	
主观知识	0.533	0.446	0.491	0.504	0.423	0.391	0.450	**0.792**

注：斜对角线加粗数字为 *AVE* 平方根值。

4.4　模型估计与结果分析

4.4.1　模型适配度检验

在上述构建的理论模型基础上，通过实证检验模型路径系数的显著性，判断理论模型的正确性。在此之前，还应检验模型的整体拟合情况，可以通过绝对配度指数、增值配度指数和简约适配度指数来检验结构方程模型拟合效果。对初始模型进行验证，模型拟合检验各项指标只有卡方自由度比不够理想（3.599 > 3），但仍在 3 ~ 5 的可接受范围，其余各项指标均符合阈值要求，表明模型适配度较好。

尝试对初始模型进行修正，修正方法主要依据 Z 值是否大于 1.96（对应双侧检验 95% 置信区间，代表 P 值小于显著性水平 0.05），删除不显著路径，以及根据相关系数 MI 修正变量或残差的路径关系，修正后的模型各项拟合指标良好，卡方自由度比符合参考阈值要求，如表 4 - 6 所示。

表 4 - 6 结构方程模型拟合指标

指标类型	指标	参考值	拟合结果	适配度
绝对适配度指数	RMSEA	<0.10	0.043	理想
	RMR	<0.05	0.017	理想
	GFI	>0.9	0.943	理想
增值适配度指数	NFI	>0.9	0.949	理想
	CFI	>0.9	0.966	理想
	IFI	>0.9	0.966	理想
简约适配度指数	χ^2/df	<3	2.937	理想
	PNFI	>0.5	0.806	理想
	PGFI	>0.5	0.742	理想
	PCFI	>0.5	0.820	理想

4.4.2 模型实证检验

使用 AMOS 23.0 软件对结构方程模型进行分析，实证检验本书的研究假设，可通过非标准化回归系数的显著性水平 P 值和标准化回归系数大小进行判断，P 值代表变量的影响是否显著，标准化系数代表自变量影响的重要性。初始模型检验只有原假设 "H7 主观知识→品牌信任" 未通过检验，"主观知识" 潜变量的测量题项说明消费者对羊肉产品差异及食品安全的主观认知，并不能直接影响品牌信任的形成。其他研究假设全部通过显著性检验，原假设 "H8 市场条件→质量安全动机" 在 5% 水平上显著，其余假设

均通过了1%的显著性检验。对模型进行修正后的检验结果如表4-7和表4-8所示:

表4-7 修正后结构方程标准化回归系数及其显著性

原假设	直接路径			标准化回归系数	S. E.	z(C. R.)	P
H1	质量安全动机	→	溢价支付意愿	0.324	0.045	9.002	***
H2	文化价值认同	→	溢价支付意愿	0.254	0.042	7.272	***
H3	品牌信任	→	溢价支付意愿	0.401	0.036	12.492	***
H4	市场条件	→	品牌信任	0.421	0.022	13.226	***
H8	市场条件	→	质量安全动机	0.082	0.024	2.117	0.034
H12	市场条件	→	文化价值认同	0.267	0.023	7.349	***
H5	政府干预	→	品牌信任	0.392	0.049	11.090	***
H9	政府干预	→	质量安全动机	0.421	0.056	9.192	***
H13	政府干预	→	文化价值认同	0.209	0.050	5.333	***
H6	信息识别	→	品牌信任	0.173	0.029	5.829	***
H10	信息识别	→	质量安全动机	0.193	0.035	4.763	***
H14	信息识别	→	文化价值认同	0.322	0.034	8.413	***
H11	主观知识	→	质量安全动机	0.279	0.035	7.229	***
H15	主观知识	→	文化价值认同	0.210	0.033	5.972	***

注: *** 表示 P 值为 0.000。

表4-8 修正后测量方程标准化载荷系数及其显著性

潜变量	→	测量变量	标准化载荷系数	S. E.	Z(C. R.)	P
WTP	→	WTP1	0.925			
WTP	→	WTP2	0.941	0.021	47.870	***
MQ	→	MQ1	0.747			

潜变量	→	测量变量	标准化载荷系数	S. E.	Z(C. R.)	P
MQ	→	MQ2	0.688	0.047	19.515	***
MQ	→	MQ3	0.679	0.047	19.288	***
MV	→	MV1	0.750			
MV	→	MV2	0.758	0.044	22.652	***
MV	→	MV3	0.769	0.046	22.938	***
TB	→	TB1	0.813			
TB	→	TB2	0.957	0.036	37.333	***
TB	→	TB3	0.775	0.034	28.502	***
TB	→	TB4	0.651	0.024	25.285	***
OG	→	OG1	0.722			
OG	→	OG2	0.738	0.052	19.879	***
OG	→	OG3	0.659	0.050	18.209	***
OS	→	OS1	0.881			
OS	→	OS2	0.885	0.025	34.666	***
OS	→	OS3	0.633	0.023	21.210	***
OS	→	OS4	0.741	0.025	26.332	***
AR	→	AR1	0.817			
AR	→	AR2	0.806	0.037	26.864	***
AR	→	AR3	0.680	0.037	22.198	***
AR	→	AR4	0.729	0.036	24.090	***
AI	→	AI1	0.826			
AI	→	AI2	0.803	0.035	27.364	***
AI	→	AI3	0.810	0.035	27.585	***

注：*** 表示 P 值为 0.000。

结构模型显示了潜变量间的路径关系，测量模型显示了潜变量与对应的测量变量的关系，通过标准化载荷系数和对应的非标准载荷系数的 P 值进行判断，P 值说明测量变量的显著水平，标准化载荷系数反映测量变量对其潜变量的贡献。本书所有潜变量与测量变量间的测量关系均在 1‰ 的水平上显著，说明各潜变量对相应的测量变量具有较强的解释能力。表中字母分别代表不同变量名称：WTP 溢价支付意愿，MQ 质量安全动机，MV 文化价值认同，TB 品牌信任，OS 市场条件，OG 政府干预，AI 信息识别，AR 主观知识。

为了更好地观察各变量对溢价支付意愿的作用路径和影响程度，在表 4-9 中列出了间接影响溢价支付意愿变量的间接效应标准系数，95% 置信区间上下限之间不包含 0，该作用关系显著。直接效应可从表 4-8 中查看各变量的标准化回归系数。图 4-4 将结构模型和测量模型结合，对各变量间的关系结构和路径系数进行展示。

表 4-9　　　　　　　　　　　修正模型中的间接效应及其显著性

间接路径	标准化		95% 置信区间		P
	间接效应	间接总效应	下限	上限	
$OG \to TB \to WTP$	0.157				
$OG \to MV \to WTP$	0.053	0.347	0.429	0.658	0.000
$OG \to MQ \to WTP$	0.137				
$OS \to TB \to WTP$	0.169				
$OS \to MV \to WTP$	0.068	0.264	0.159	0.246	0.000
$OS \to MQ \to WTP$	0.027				
$AR \to TB \to WTP$	0				
$AR \to MV \to WTP$	0.054	0.144	0.126	0.213	0.000
$AR \to MQ \to WTP$	0.09				
$AI \to TB \to WTP$	0.069				
$AI \to MV \to WTP$	0.082	0.214	0.173	0.291	0.000
$AI \to MQ \to WTP$	0.063				

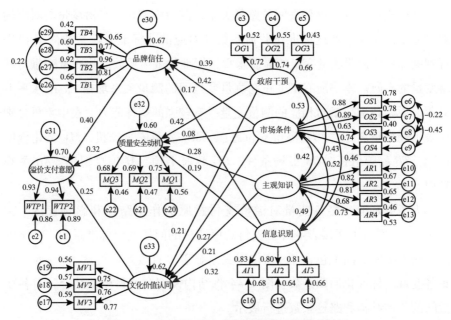

图 4 - 4　修正后 SEM 路径系数及因子载荷结果

4.4.3　模型结果分析

通过以上显示的实证结果，可以探讨农产品区域公用品牌溢价支付意愿的驱动因素，以及各影响因素的作用路径。

（1）质量安全动机对区域品牌溢价支付意愿具有显著正向直接影响。质量安全动机从消费者对羊肉品质、产地环境、饲养方式以及绿色安全认证等方面的态度进行测量，其对区域品牌羊肉溢价支付意愿的标准化回归系数为 0.324，说明质量安全动机每增强 1%，消费者对区域品牌溢价支付的意愿就会提高 0.324 个百分点。在质量安全动机的三个测量变量中，"MQ3 会留意羊肉等食品的绿色有机认证标志"题项的标准载荷系数相对较低，"MQ1 在意羊肉的口感和味道"题项载荷系数相对较高，其次是"MQ2 在意羊的产地生态环境和饲养方式"，表明消费者对于羊肉这类生鲜食品，对口感和产地的要求较高，相较于食品安全属性，更多的是出于前两项动机而形成对区域品牌羊肉的溢价购买意向。除了考虑羊肉本身的食品安全问题，更多的是考虑不同羊肉产地所形成的羊肉品质的差异。

（2）文化价值认同对区域品牌溢价支付意愿具有显著正向直接影响。从区域品牌的文化价值、社会价值等角度测量消费者对区域品牌的认同感，结果显示其对区域品牌溢价支付意愿的标准化回归系数为 0.254，说明消费者对区域品牌的文化价值认同感每增强 1%，溢价支付的意愿就会提高 0.254 个百分点。三个测量变量"MV1 区域品牌代表产地农牧文化和生产特点""MV2 区域品牌礼品更具特色""MV3 建设区域品牌有利于提高农畜产品质量"对文化价值认同感的解释贡献率基本一致。有别于一般企业品牌，区域品牌地域特征突出，独特的产地环境、农牧文化、生产工艺等要素是其品牌核心价值的重要来源。消费者在追求产品质量安全的同时，也会被区域品牌独特的文化价值所吸引。区域品牌将产品竞争扩展为区域间的竞争，各地政府加强对本地优势特色产业扶持与管理，使消费者感知到区域品牌建设对农畜产品质量的提高是一个有利条件。实证检验表明，文化价值认同确实显著正向的影响溢价支付意愿。

（3）品牌信任对区域品牌溢价支付意愿具有显著正向直接影响。研究结果表明，相对于其他因素，品牌信任对提高消费者溢价支付意愿的作用最为显著，品牌信任每增加 1%，溢价支付意愿就会提高 0.401 个百分点。品牌信任的提高，能显著增强品牌忠诚度，在同等条件下增加购买区域品牌产品的购买量，在区域品牌产品提高价格时仍能维持消费。品牌信任从品牌可靠性和品牌行为倾向两个维度构建测量量表。"TB3 区域公用品牌更注重诚信"与"TB4 区域公用品牌营销更加考虑顾客体验和感受，服务更周到"两个代表品牌行为倾向维度的题项载荷系数较低，尤其是 TB4 载荷系数为 0.65，说明其对构建消费者品牌信任的贡献率低，品牌信任对溢价支付意愿的影响强度更多依赖于"TB1 区域品牌羊肉品质都很好""TB2 我愿意向亲朋推荐买过的区域品牌羊肉"两个题项，TB2 的载荷系数达到了 0.96，说明购买过区域品牌产品的消费者对产品本身满意度较高，但区域品牌相关服务对提高品牌信任的作用有待提高。

（4）市场条件对区域品牌溢价支付意愿具有显著正向间接影响。市场条件涵盖了区域品牌建设的市场基础、营销以及市场反应等方面的内涵，体现了消费机会对溢价支付意愿的影响。研究结果验证了其通过品牌信任、消费动机对溢价支付意愿产生的间接影响，即良好的市场条件可以有效增强区域品牌的信任强度，强化消费者的消费动机，进而提高溢价支付意愿。市场条件每改善 1 个百分点，品牌信任就会提高 0.421 个百分点，消费者的质量安全动机就会强化 0.082 个百分点，而对区域品牌文化价值的认同就会提高 0.267 个百分点。通过这三条路径，市场条件对溢价支付意愿形成总的间接效应为 0.264，即通过改善市场条件，每 1 个百分点就会提高 0.264 个百分点的溢价支付意愿。市场条件共设置了 4 个测量题项，"OS1 区域品牌与企业品牌联合知名度更高"与"OS2 周边人对区域品牌羊肉评价都较高"两个测量变量载荷系数较高，说明区域品牌授权企业的品牌知名度和市场口碑对提高市场条件的影响程度贡献较大，"OS4 区域品牌羊肉的广告很有吸引力"载荷系数不低，说明成功的区域品牌广告宣传影响效果明显，但"OS3 各种媒介有大量羊肉区域品牌宣传"的载荷系数相对较低，说明区域品牌的宣传推广力度尚需加强，对市场条件的影响贡献率不高。

（5）政府干预对区域品牌溢价支付意愿具有显著正向间接影响。政府干预变量的设定考虑了区域品牌的公用性特征，结合现实情况，考察消费者对政府背书作用、区域品牌产品行业生产标准制定以及市场监管情况的了解程度和态度，体现了外部消费机会对溢价支付意愿的影响。研究结果验证了政府干预通过品牌信任、消费动机对溢价支付意愿产生的间接影响，即有效的政府干预可以显著增强区域品牌的信任度，强化消费动机，进而提高溢价支付意愿。消费者对政府干预的认可每提高 1 个百分点，品牌信任就会提高 0.392 个百分点，消费者的质量安全动机就会强化 0.421 个百分点，对区域品牌文化价值的认同也会提高 0.209 个百分点。通过这三种作用方式，政府干预对溢价支付意愿总的间接效应为 0.347，即消费者对政府监管的认可和公信力的信任每提高 1 个百分点，就会增加 0.347 个百分点的区域品牌溢价支付意愿。政府干预设置了三个测量变量，"OG1 政府主导建设的区域品牌更有公信力"和"OG2 区域品牌农产品生产加工标准要求高"两个变量载荷系数较高，说明在政府干预产生的影响中，政府公信力和区域品牌产品生产高标准的作用较大。"OG3 区域品牌授权使用和市场监管更严格"的载荷系数相对较低，说明消费者品牌信任的提高和消费动机的强化更多不是源自该变量，这呼应了当前阶段市场"搭便车"现象尚不多见的事实，区域品牌初期发展阶段，品牌知名度和影响力不高，假冒伪劣、以次充好的现象还不严重，还未给消费者造成严重的困扰。

（6）信息识别对区域品牌溢价支付意愿具有显著正向间接影响。信息识别变量考察了消费者信息获取和产品辨别的能力，体现了自身能力对溢价支付意愿的影响。研究结果表明，信息识别通过品牌信任、消费动机对溢价支付意愿产生间接影响，即较好的信息获取、处理和产品识别能力，可以使消费者清晰识别区域品牌与其他品牌的区分度，增强品牌信任的同时强化消费动机，尤其是强化对区域品牌价值的认同，进而提高溢价支付意愿。消费者信息识别能力每提高 1 个百分点，品牌信任提高 0.173 个百分点，质量安全动机会增强 0.193 个百分点，而对区域品牌文化价值的认同会显著提高 0.322 个百分点，最终间接增加 0.214 个百分点的溢价支付意愿。信息识别的 3 个测量变量对其产生影响的贡献率基本一致，"AI1 对各地风土人情和物产感兴趣""AI2 我能辨别不同羊肉的口感和味道""AI3 能通过各种媒体和渠道了解区域品牌相关信息"的载荷系数分别为 0.68、0.64 和 0.66，重要性一致但都不高，说明打造区域品牌应当重视对消费者认知能力的提高，采取适当的外部刺激手段促使消费者主动认知区域品牌及其产品的特点。

（7）主观知识对区域品牌溢价支付意愿具有显著正向间接影响。主观知识变量着重考察消费者对羊肉产品特征和食品安全属性的基本知识，体现自身能力对溢价支付意愿的影响。研究结果证实了主观知识通过影响消费动机间接对溢价支付意愿产生影响，即较清晰和准确的产品判断能力，可以强化消费者消费动机，同时增强对区域品牌价值的认同，进而提高溢价支付意愿。消费者主观认知能力每提高 1 个百分点，质量安全动机会增强 0.279 个百分点，区域品牌文化价值认同会提高 0.21 个百分点，最终间接增加 0.144 个百分点的溢价支付意愿。实证结果拒绝了"主观知识对品牌信任具有正向影响"的假设，说明消费者具备判断产品市场能力，并不一定能增强消费者对品牌的信任度，反而可能会更加谨慎，增强对品牌的批判态度。钱旭潮（2018）曾提出"顾客专业度负向影响其品牌忠诚度"，实证结果显示主观知识负向影响品牌信任，虽未通过显著性检验，但存在这种解释的可能性。实证结果也表明品牌信任的提高更多依赖于外部条件的刺激，相对其他变量，政府干预和市场条件这些外部因素对品牌信任的影响十分显著。主观知识共设置了 4 个测量变量，其中"*AR1* 不同产地环境羊肉品质有所不同"与"*AR2* 不同饲养方式羊肉口感和风味不同"的载荷系数分别为 0.82 和 0.81，相对较高；"*AR4* 通过一般商标或企业品牌不易确定羊肉产地"载荷系数为 0.73，"*AR3* 肉类有绿色有机等不同食品安全等级认证"载荷系数仅为 0.68，相对较低。这说明在主观知识对区域品牌购买意向的影响中，羊肉产地和羊的饲养方式是消费者较为关注的产品属性，而通常食品消费所关注的安全属性对区域品牌产品消费的影响则相对较小。

4.5 本 章 小 结

顾客价值的形成机理，农产品区域公用品牌相对企业品牌存在一定差异。本书结合 ABC 理论和 MOA 模型，构建了农产品区域公用品牌消费者溢价支付意愿的影响因素关系模型，对各因素的量化测量和作用路径进行了探索性研究，经验证，开发的测度量表科学有效，能够较好地反映各因素的作用关系。结果表明，消费者的质量安全动机、文化价值认同以及品牌信任直接且显著影响区域品牌溢价支付意愿，而外部的市场条件、政府干预以及消费者自身的信息识别能力和主观知识水平间接显著影响区域品牌的溢价支付意愿。该结果中，区域品牌的产地识别功能、独特的文化价值以及政府背书作用，在区域品牌顾客价值形成过程中贡献显著。

具体来看，同企业品牌一样，大力的宣传推广、良好的服务与市场口碑以及消费者较高的信息辨识能力，能够有效地降低信息不对称程度，提高消费者的品牌信任，强化消费者购买动机；不同于企业品牌顾客价值的形成过程，区域品牌独特农耕文化和产地识别功能正向强化了消费者的品牌认同感，政府对区域品牌建设的大力扶持与有效监管，对消费者品牌信任度的提高作用显著，区域品牌与企业品牌的联合商标，进一步强化了消费者的产品质量安全动机，诸多特殊因素使消费者愿意为区域品牌产品支付更高的价格。消费者的信息识别能力使其有机会了解或有能力判断区域品牌产品质量与独有特征，显著提高了其对区域品牌文化价值认同和品牌信任度。同企业品牌一样，消费者对产品差异与质量安全的主观知识越丰富，即顾客专业度越高，提高品牌信任就越困难。从现实情况来看，近些年农产品区域品牌不断涌现，但多数处于起步发展阶段，品牌辐射范围有限，尚不具备显著的市场区分度和品牌知名度，产品特征市场辨识度不高，因此顾客专业度的提高，虽可以正向强化自身消费动机，却不一定增强对区域品牌的信任度，尤其在信息不对称程度较高的情况下。

5 农产品区域公用品牌顾客价值转化研究

区域品牌顾客价值形成后，能够顺利转化为市场业绩才能实现品牌价值。顾客价值的转化过程，即为形成购买的过程，在此期间，消费者的产品偏好是影响消费者购买决策的重要因素。研究溢价支付意愿影响因素，能够明确区域品牌顾客价值形成的重要条件，研究消费者偏好，能够评价区域品牌价值转化的潜力。通过联合分析法，可以分析各产品属性对消费者选择的重要程度，具备何种特征的产品能够满足消费者偏好，可本书在效用论的理论框架下，分析消费者对区域品牌产品各属性的偏好程度，评价区域公用品牌产品的市场潜力。

5.1 理论框架与模型构建

联合分析法的核心思想主要基于效用理论。效用论认为，消费者愿意支付的"需求价格"取决于商品消费的边际效用。边际效用越高，需求价格就越高。消费者在购买决策过程中，往往通过对产品价格、品牌、功能等产品属性进行综合评价后形成"需求价格"，该价格体现了产品对消费者需求满足程度，是消费者的支付意愿。如果"需求价格"高于或等于实际价格，会产生消费者剩余，消费者就会购买，如果"需求价格"低于实际价格，消费者则会放弃购买或少买。联合分析通过聚类分析购买偏好相同的消费者，分解产品不同属性水平给消费者带来的效用，再通过计算轮廓综合效用测度消费者对不同产品轮廓的"需求价格"，以此判断消费者对不同产品的偏好程度和购买可能性。

产品一般都由不同的属性构成，如电脑可分解为价格、品牌、配置等多个属性。不同产品属性不同，同一属性也会有不同水平，如价格有高低，品牌有差异，因此同一类产品即使属性相同，属性水平也会不同。在实际消费过程中，消费者要对某一产品的多个属性特征进行综合考虑，往往要在满足主要需求的前提下，牺牲部分其他属性特征，是一种对产品属性特征的权衡与折中。传统调查方法直接询问消费者认为哪个属性比较重要，这种方法若不作条件限制，消费者往往会认为每个属性都很重要。同样，新产品定价若直接询问消费者可接受的价位，消费者往往都会选择越低越好，询问消费者期待的产品性能，消费者一般会选择性能越高越好。分离产品各种属性然后要求消费者对各属性进行评价，消费者往往不容易作出取舍和抉择。

联合分析模拟现实产品，设计包含多种产品属性特征（如质量、品牌、价格等）的产品轮廓，每一个重要属性特征下设不同属性水平，如质量分优等、劣等，品牌分有无，等等。这样就可以组成不同的产品轮廓，然后让消费者根据自己的喜好评价产品轮廓，而非产品的某个属性特征。进而应用统计和计量方法进行数据分析和参数估计，分离这些属性特征与属性水平的效用，评估产品不同属性在消费者决策时所占的权重，衡量不同属性对消费者的相对重要性以及不同属性水平给消费者带来的效用。联合分析基本产品轮廓效用模型可以用下列函数表示：

$$U(X) = \sum_{i=1}^{m} \sum_{j=1}^{k_i} a_{ij} x_{ij} \qquad (5.1)$$

其中，$U(X)$ 为一个产品组合的总效用，产品属性 $i = 1$，2，$\cdots$，m，属性水平 $j = 1$，2，$\cdots$，k；a_{ij} 表示第 i 个属性第 j 个水平的效用值，X_{ij} 为虚拟变量，当属性 i 的水平 j 存在时，x_{ij} 取值为 1，否则为 0。

联合分析通过构建产品每个属性水平与受访者打分之间的方程，估计每一属性水平的效用系数，分离出消费者对每一属性水平的偏好值，通常采用带有哑变量的 OLS 回归得到回归系数。对于 m 个属性并且属性 i 有 k_i 个水平的联合分析，除了截距，我们需要估计共 $\sum_{i=1}^{m} k_i$ 个模型系数，基于正交设计，每个受访者至少需要对 S 个产品组合进行打分，所以每个人有 S 个数据点，对于受访者 h 和产品 s，s = 1，…，S，其线形回归方程可表示为：

$$Y_{ks} = \beta_{0k} + \beta_{1k}X_{1ks} + \beta_{2k}X_{2ks} + \cdots + \beta_{tk}X_{tks} + e_{ks} \tag{5.2}$$

其中，Y_{ks} 为受访者 h 对产品 s 的打分，X_{iks} 至 X_{tks} 为产品 s 不同属性水平的虚拟变量值，β_{0k} 为模型的截距，β_{1k} 至 β_{th} 为不同属性水平的效用系数，e_{ks} 是产品 s 的模型残差。

消费者购买产品，并不认为每个产品属性同样重要，联合分析计算各属性相对重要程度基于如下假定：属性各水平的效用值差值越大，该属性在产品轮廓中就越占据重要地位。第 i 个属性的重要程度 I_i 由贡献最大的与贡献最小的部分效用值的差所得到的效用全距来表示：$I_i = \{\max(a_{ij}) - \min(a_{ij})\}$（对应属性 i 的全部水平），则第 i 个属性的相对重要性为：

$$W_i = I_i / \sum_{i=1}^{m} I_i \tag{5.3}$$

5.2　产品属性及水平确定

联合分析首先需确定产品属性和属性水平，结合文献查阅、专家访谈和市场走访等材料，本书确定了羊肉产品和大米产品的重要属性特征和属性水平，组成消费者购买决策因素矩阵，据此分析消费者的消费偏好，如表 5 – 1 所示。

表 5 – 1　　　　　　　　羊肉、大米产品属性及水平选择

产品品质主要影响因素	产品属性编码	属性水平编码		品类编码
产地环境、品种等	a. 生长环境	Ya1	草原牧区	Y. 肉羊
		Ya2	山区	
		Ya3	农区	
		Da1	东北产区	D. 粳稻
		Da2	华北产区	
		Da3	江浙产区	

续表

产品品质主要影响因素	产品属性编码	属性水平编码	品类编码
种养环节控制、生长周期等	b. 种养方式	Yb1　放牧散养	Y. 肉羊
		Yb2　半牧半舍饲	
		Yb3　舍饲圈养	
		Db1　有机种植	D. 粳稻
		Db2　绿色种植	
		Db3　普通种植	
生产、加工、销售等环节的标准管控	c. 品牌	Yc1　区域品牌	Y. 羊肉
		Yc2　企业品牌	
		Yc3　无品牌	
		Dc1　区域品牌	D. 粳米
		Dc2　企业品牌	
		Dc3　无品牌	
购买意愿	d. 价格	Yd1　56 元/斤	Y. 羊肉
		Yd2　48 元/斤	
		Yd3　40 元/斤	
		Dd1　每斤 10 元以上	D. 粳米
		Dd2　每斤 5～10 元	
		Dd3　每斤 5 元以下	

注：价格设定参考农贸市场、超市等零售价，并参考"商务部全国农产品商务信息公共服务平台"、内蒙古批发市场信息平台等的批发价格。

（1）价格。价格是任何商品都具有的基本属性，体现消费者对产品的购买意愿。参考农产品市场批发和零售价格以及龙头企业品牌产品的定价情况，将羊肉价格设定为40 元/斤、48 元/斤和56 元/斤三档水平，大米产品（粳米）设定为每斤10 元以上、每斤5～10 元和每斤5 元以下三档水平，以评测区域品牌羊肉和大米的溢价空间。

（2）品牌。品牌便于消费者识别与购买，是产品特点、企业形象乃至产地环境的象征，代表厂商信誉和产品质量。农畜产品因产地不同，往往品质、口感等会有差异，农畜产品区域品牌的出现，将企业间的竞争转化为地域间的竞争。选取品牌作为羊肉属性之一，将品牌属性水平设定为区域品牌、企业品牌和无品牌三类，便于分析消费者对产品产地或生产商的关注程度。无品牌可理解为无法直观识别产地和生产厂家的散卖产品。

（3）种植/饲养方式。农畜产品的品种、产地环境及种养方式是影响产品品质的重要因素。农畜产品区域品牌的核心价值在于地域独特的自然环境、品种、种养方式、加工工艺、风味乃至农牧文化等，这使其很难被模仿与复制。随着经济发展、人们生活水平的提高，消费者对饮食品质的要求逐渐提高，向营养、健康、绿色、有机的优质农畜产品倾斜，越发关注农畜产品的种养方式。肉羊养殖通常分为放牧散养、半牧半舍饲和舍饲圈养几种方式，放牧散养的肉羊通常散放以采食天然牧草，生长周期较长；舍饲圈养通常集中圈养并饲喂秸秆、玉米等饲料进行短期育肥。随着现代化养殖技术发展和生态禁牧政策的出台，半牧半舍饲方式也较常见。水稻种植大体可分为绿色、有机和普通种植3种，普通种植指根据作物生长状况需要，为追求产量，不对化肥、农药等的使用量进行严格控制的种植方式；有机种植需要尽可能减少化肥农药的使用，需要人工除草、生物灭虫等技术，种植成本高且产量相对较小；绿色种植也需严控化肥和农药的使用量，种植成本也略高于普通种植。

（4）生长环境。特定环境往往出产特有品种，不同产区生态环境也会有所差别，这都影响农畜产品的口感乃至外观。根据农畜产品的主要产区和自然环境的差异，将肉羊生长环境划分为草原牧区、山区和农区三类；根据中国大米主要产区分布，将粳稻的生长环境划分为东北产区、华北产区和江浙产区，既可以代表农畜产品的产区、自然环境特点，又可涵盖品种信息。

5.3 实验设计与数据采集

本书选定四个属性，每个属性三个水平，理论上消费者需要对 $3 \times 3 \times 3 \times 3 = 81$ 种产品进行评价，数量过大不利于消费者的耐心评价和理性分析。

因此，借助 SPSS 26.0 软件进行正交设计，模拟出九种代表性产品，然后设计实验卡片（详见附录 1 第四部分）进行数据采集。表 5-2 中 L 代表正交表，9 代表实验次数，即模拟出 9 个产品轮廓，3 代表属性水平个数，4 代表属性因子数量。表 5-2 是正交设计后的 9 种羊肉产品。

表 5-2　　　　　　　　　　羊肉产品正交实验 $L_9(3^4)$ 列表

产品序号	品牌	价格	生长环境	饲养方式
1	区域品牌	56 元/斤	草原牧区	放牧散养
2	区域品牌	48 元/斤	农区	半牧半舍饲
3	区域品牌	40 元/斤	山区	舍饲圈养
4	企业品牌	56 元/斤	山区	半牧半舍饲
5	企业品牌	48 元/斤	草原牧区	舍饲圈养
6	企业品牌	40 元/斤	农区	放牧散养
7	无品牌	56 元/斤	农区	舍饲圈养
8	无品牌	48 元/斤	山区	放牧散养
9	无品牌	40 元/斤	草原牧区	半牧半舍饲

联合分析法数据收集主要有三种形式，即权衡矩阵法、两两比较法和全轮廓法。本书采用全轮廓法要求受访者浏览所有产品组合，根据购买意愿强弱，对上述九种产品进行对比并打分。采用 9 级李克特量表，设置 1~9 分，分别代表受访者不同喜好程度，1 代表受访者最不喜欢、最不可能购买，5 代表基本可以接受，9 代表最喜欢、最可能购买，其他分值以此类推，不同产品给出相同分值，代表两种产品喜好程度相同。表 5-3 是正交设计后的 9 种大米产品。

表 5-3　　　　　　　　　　大米产品正交实验 $L_9(3^4)$ 列表

产品序号	品牌	价格	生长环境	种植方式
1	区域品牌	每斤 10 元以上	东北产区	有机种植
2	区域品牌	每斤 5~10 元	华北产区	绿色种植

产品序号	品牌	价格	生长环境	种植方式
3	区域品牌	每斤 5 元以下	江浙产区	普通种植
4	企业品牌	每斤 10 元以上	江浙产区	绿色种植
5	企业品牌	每斤 5～10 元	东北产区	普通种植
6	企业品牌	每斤 5 元以下	华北产区	有机种植
7	无品牌	每斤 10 元以上	华北产区	普通种植
8	无品牌	每斤 5～10 元	江浙产区	有机种植
9	无品牌	每斤 5 元以下	东北产区	绿色种植

内蒙古草原面积广阔，羊肉产量居全国首位。内蒙古东部地区的兴安盟水资源丰富，具有悠久的寒地水稻种植历史，多年为"五常大米"提供稻米原粮。现如今，内蒙古已打造"锡林郭勒羊""天赋河套""兴安盟大米"等多个农畜产品区域公用品牌。以内蒙古本土区域品牌产品特点为参照，考虑品牌知名度、销售、物流辐射范围等影响，按家庭所在地将消费者分为内蒙古和区外两类进行对比分析，可以识别产区消费者与其他地区消费者偏好的差别程度。本部分数据主要采用问卷调查方式进行搜集，共调查了1 200 份，其中有效问卷 1 033 份，受新冠疫情影响，线下仅调研 233 份，主要集中在内蒙古的主要城市。通过问卷星平台进行线上调研 800 份，在全国范围进行随机调研。内蒙古羊肉产量目前居全国首位，人均羊肉消费量全国排名第二位，根据研究需要，结合内蒙古区域品牌产品特点，本书将羊肉消费划分为内蒙古和区外两类消费者，内蒙古消费者问卷共 481 份，占样本量的 46.56%，区外消费者问卷 552 份，占 53.44%。内蒙古"兴安盟大米"是典型的寒地水稻，产品特点与东北三省产出的大米非常相似，本书考察大米消费，将消费者划分为寒地水稻产区消费者（包括内蒙古和黑龙江、吉林、辽宁等省区）和非寒稻产区消费者，其中寒地水稻产区消费者 565 份，占样本量的 54.7%，其他地区消费者 468 份，占 45.3%。两类样本数量相差不大，可以对产区内外消费者进行对比分析。

5.4 结果评价与解释

运用 SPSS 26.0 软件进行运算，得出羊肉、大米产品各属性的相对重要性，以及各属性水平的效用值，结果如表 5 - 4 和表 5 - 5 所示。联合分析所计算的产品效用与实际评价间的关联程度被称为内部效度，内部效度值越接近 1，模型的拟合度和精确性就越好，得出的结论就越可靠，即调研数据对消费者消费偏好的解释力越高。

表 5 - 4　　　　　　　　羊肉产品属性相对重要性及属性水平效用值

产品属性	属性水平	全样本 a_{ij}	全样本 W_i（%）	内蒙古 a_{ij}	内蒙古 W_i（%）	区外 a_{ij}	区外 W_i（%）
品牌	区域品牌	0.463	33.204 (1)	0.499	32.667 (1)	0.432	33.671 (1)
	企业品牌	0.19		0.151		0.223	
	无品牌	− 0.653		− 0.65		− 0.655	
饲养方式	放牧散养	0.522	26.468 (2)	0.641	27.713 (2)	0.418	25.383 (2)
	半牧半舍饲	− 0.106		− 0.055		− 0.151	
	舍饲圈养	− 0.416		− 0.586		− 0.267	
生长环境	草原牧区	0.201	21.122 (3)	0.286	20.763 (3)	0.127	21.435 (3)
	山区	− 0.141		− 0.173		− 0.113	
	农区	− 0.06		− 0.113		− 0.014	
羊肉价格	56 元/斤	0.141	19.207 (4)	0.116	18.857 (4)	0.162	19.511 (4)
	48 元/斤	0.282		0.233		0.324	
	40 元/斤	0.423		0.349		0.486	
常量		5.165		5.217		5.12	
Pearson's R 值		0.999	sig = 0.000	1.000	sig = 0.000	0.998	sig = 0.000
Kendall's tau 值		1.000	sig = 0.000	0.944	sig = 0.000	0.944	sig = 0.000

注：a_{ij} 为属性水平的效用值，W_i 为产品属性的相对重要性，（1）（2）…为属性重要性排序。

表 5 - 5　　　　　　　　大米产品属性相对重要性及属性水平效用值

产品属性	属性水平	全样本 a_{ij}	全样本 W_i（%）	寒稻产区 a_{ij}	寒稻产区 W_i（%）	非寒稻产区 a_{ij}	非寒稻产区 W_i（%）
品牌	区域品牌	0.111	21.016 (4)	0.083	21.239 (3)	0.115	21.440 (4)
	企业品牌	0.054		0.101		0.016	
	无品牌	-0.165		-0.184		-0.132	
种植方式	有机种植	0.145	22.079 (2)	0.154	22.424 (2)	0.106	21.966 (3)
	绿色种植	0.095		0.148		0.072	
	普通种植	-0.240		-0.302		-0.178	
生长环境	东北产区	0.687	35.362 (1)	0.844	36.412 (1)	0.508	33.110 (1)
	华北产区	-0.125		-0.169		-0.125	
	江浙产区	-0.562		-0.675		-0.382	
大米价格	每斤 10 元以上	0.245	21.320 (3)	0.174	19.508 (4)	0.270	23.006 (2)
	每斤 5～10 元	0.490		0.347		0.539	
	每斤 5 元以下	0.736		0.521		0.809	
常量		4.826		5.032		4.577	
Pearson's R 值		0.999	sig = 0.000	1.000	sig = 0.000	0.998	sig = 0.000
Kendall's tau 值		1.000	sig = 0.000	1.000	sig = 0.000	1.000	sig = 0.000

注：a_{ij} 为属性水平的效用值，W_i 为产品属性的相对重要性，（1）（2）…为属性重要性排序。

联合分析可以用 Pearson's R 和 Kendall's tau 的相关系数作为效度检验，本书对各类消费者分别进行联合分析，各模型中 Pearson's R 值和 Kendall's tau 值都非常接近于 1.000，显著性水平皆为 0，两个相关系数的检验都非常显著，模型拟合精度高，所得出的效用值是合理的。

5.4.1　各属性相对重要性

1. 羊肉产品各属性重要程度

对比羊肉产品各属性，对消费者购买选择的影响程度依次为品牌 > 养殖方式 > 生长环境 > 价格。消费者最关注的是羊肉品牌，其次是羊的饲养方式和生长环境，而价格相对重要性最低，对消费者选择的影响较小。饲养方式和生长环境对羊肉的品质、口感乃至安全性有很大影响，结果显示消费者确实比较关注这两种属性。然而，饲养方式和生长环境无法直接被消费者观测到，品牌的创建以及可追溯技术的应用，使羊肉在产地的真实性与品质稳定性等方面有了保障，提高了羊肉的可辨识性，降低了消费者的选择成本，因此消费者在购买羊肉时非常关注品牌。相对而言，消费者对羊肉价格关注度较低，这与羊肉不是主流肉食，占家庭肉类消费比重低有关。羊肉价格对家庭食物消费影响小。受访家庭中，羊肉占肉类消费比重低于30%的占到55.76%，低于50%的占到79.57%，羊肉消费频次每月1~2次甚至更少的占到65.83%，符合中国羊肉人均消费量低的基本情况。

2. 大米产品各属性重要程度

对比大米产品各属性，消费者购买大米时，对其购买选择的影响程度依次为生长环境 > 种植方式 > 价格 > 品牌。消费者最关注的是水稻的生长环境，其次是水稻的种植方式，生长环境和种植方式对大米的品质、口感乃至安全性影响很大，样本中62.5%的消费者在意大米的产地，51.7%的消费者会关注绿色有机认证标志，78.4%的消费者认为种植方式会显著影响大米的口感。相对于生长环境和种植方式，大米的价格和品牌对消费选择的影响较小。不同产区的水稻，产品特征有一定区别，消费者较容易识别，大米属于主粮类产品，价格相对稳定且较低，消费者需求弹性小。因此，消费者在能够识别大米产区的情况下，对大米的价格和品牌的关注度较低。即便如此，样本消费者中82.3%的消费者仍认为有必要打造区域品牌，以更便于识别和保证大米品质。对比寒稻产区消费者和非寒稻产区消费者，发现两类地区的消费者均最关注水稻的产区环境，其他产品属性重要性却有所不同，寒稻产区消费者属性排序为种植方式 > 品牌 > 价格，身处寒地水稻产区，平时购买大米时，不必过多考虑大米的产地来源，而所关注的水稻种植方式和品质，则可通过品牌信誉得以体现，因此对品牌的关注度有所提高。非寒稻产区消费者的属性排序为价格 > 种植方式 > 品牌，对价格的敏感度相对提高。本书针对粳米消费进行调研，不同产区粳米价格和口感有所差异，寒地水稻每年一季，价格相对较高，而南方产区水稻每年可以两季甚至三季，价格相对较低，大米价格发生变化，非寒稻产区消费者的价格敏感度相对较高。

5.4.2 各属性水平效用值

通过观察各属性水平效用值，可以更细致地分析消费者偏好。

（1）羊肉产品各属性水平效用值。消费者对羊肉产品各属性水平的效用偏好依次为：区域品牌＞企业品牌＞无品牌，放牧散养＞半牧半舍饲＞舍饲圈养，草原牧区＞农区＞山区，价格由低到高偏好程度逐渐下降。分析品牌属性各水平效用值，消费者购买羊肉时最关注区域品牌。相比区外消费者（效用值为0.432），内蒙古消费者（效用值为0.499）更为关注羊肉的区域品牌，而区外消费者（0.223）对企业品牌的接受度比内蒙古消费者（0.151）略有提高。消费者看重企业品牌羊肉的生产标准化和质量稳定性，更看重代表产地甚至口感风味等信息的区域品牌，对于无法识别的无品牌羊肉则很不喜欢，效用值降为负。

饲养方式属性中消费者最喜欢放牧散养的羊，内蒙古消费者对此更为偏好，效用值达到0.641。羊被圈养的程度越高，消费者不喜欢的态度越明显。半牧半舍饲和舍饲圈养的羊效用值直接降为负，消费者最不喜欢舍饲圈养的羊。相比内蒙古消费者（-0.586），区外消费者（-0.267）对舍饲圈养羊的接受度略高些。

从生长环境属性看，消费者最喜欢草原牧区的羊，不喜欢农区和山区生长的羊，效用值变为负。草原牧区地域辽阔，放牧散养饲喂青草，利于羊的健康成长，羊肉口感和品质俱佳，消费者更喜欢这种环境下生长的羊。相较于山区，农区在交通、饲草料获取等方面具有一定优势。规模化养殖场常见于农区，对养殖和生产管理相对规范，消费者更倾向于选择农区生长的羊。区外消费者最喜欢的也是草原牧区的羊，然而相比内蒙古消费者，对农区和山区的羊接纳程度有所提高。

价格属性中，消费者最愿意接受的是较低的40元/斤，随着价格不断提高为48元/斤和56元/斤，效用值逐渐下降，符合需求定理。说明随着价格的提高，消费者的购买意愿逐渐降低，但效用值仍为正值，仍可接受较高价格。相比内蒙古消费者，区外消费者对较高价格的接受度略高，但价格敏感度相对提高，羊肉价格的提高使其购买意愿明显下降。

（2）大米产品各属性水平效用值。消费者对大米产品各属性水平的效用偏好依次为：东北产区＞华北产区＞江浙产区，有机种植＞绿色种植＞普通种植，每斤 5 元以下＞每斤 5～10 元＞每斤 10 元以上，区域品牌＞企业品牌＞无品牌。

生长环境是消费者最为关注的产品属性，样本中81.2%的消费者喜欢购买东北产区的大米，对产区的偏好依次为东北产区＞华北产区＞江浙产区。寒地水稻产区昼夜温差大，属于单季稻稻作区，水稻生长周期较长，产出的粳米较为优质。相比非寒稻产区消费者（效用值为 0.508），寒稻产区消费者（效用值为 0.844）对东北产区的大米更为偏好，非寒稻产区消费者对其他产区的大米接受度则略有提高。

种植方式属性中消费者最喜欢有机种植的水稻，随着水稻种植的安全技术标准逐渐下降，消费者的喜好程度逐渐下降，对种植方式的偏好依次为有机种植＞绿色种植＞普通种植。相比非寒稻产区消费者，寒稻产区消费者更关注水稻的种植方式，绿色、有机种植水稻为其带来的满足感更强。而非寒稻产区消费者更关注价格。

价格属性中，随着价格不断提高，消费者的偏好逐渐下降，价格越高，消费者购买意愿越低，然而即使每斤大米价格上涨为 10 元以上，效用值仍为正值，消费者仍可接受。相比寒稻产区消费者，非寒稻产区消费者的价格关注度提高，虽对较高价格的接受度相对较高，但对大米价格的敏感度也高，大米价格的变化对其购买意愿的影响变大。

对品牌的关注度，寒稻产区消费者高于非寒稻产区消费者。具体来看，两类消费者都不喜欢无品牌的产品，然而寒稻产区消费者更关注企业品牌，而非寒稻产区消费者更关注区域品牌，这说明寒稻产区内消费者很少担心大米原产地问题，而是更关注产区内企业的生产标准和信誉，而寒稻产区外消费者更看重代表产地甚至口感风味等信息的区域品牌。

5.4.3　产品轮廓效用

加法模式是计算产品全轮廓效用的最基本的模式，某产品轮廓效用值等于该轮廓下所有不同属性水平的效用值之和。4 属性 3 水平的产品组合共有 81 种，将这 81 种产品按轮廓效用值进行排序，可以对比分析消费者对不同特点产品的偏好。

（1）羊肉产品消费偏好。如表 5 - 6 所示，羊肉消费效用值排名前 14 位的产品具有一定的共同特征，即"放牧散养且有品牌"，消费者特别偏好放牧散养且可辨识（有品牌）的羊肉，当然偏好程度会随生长环境（草原牧区 > 农区 > 山区）或价格由低到高的改变而下降。羊肉产品消费中，消费者最喜欢"40 元/斤草原牧区放牧散养的区域品牌"羊肉，即使价格提高到 48 元/斤甚至 56 元/斤，内蒙古消费者仍会继续购买该类羊肉。区外消费者则对羊肉价格敏感度提高，随价格提高效用值下降较快。当上述羊肉价格提高到 48 元/斤时，区外消费者会降低对"生长环境"的要求，选择"农区放牧散养的区域品牌"羊肉，当"草原牧区放牧散养的区域品牌"羊肉价格上涨到 56 元/斤时，区外消费者将进一步放松对品牌的要求，还会选择"草原牧区放牧散养的企业品牌"羊肉，以保持羊肉 40 元/斤的价格。但可发现，区外消费者在面临价格、生长环境、饲养方式都一样的产品时，会优先选择购买"区域品牌"羊肉。

相比区域品牌，同类的企业品牌羊肉效用值降低，这与区域品牌更能直接凸显羊肉产地有关，消费者非常看重区域品牌的产地识别功能。样本中不太在意羊肉产地的受访者只占 21.9%，78.1% 的受访者在意羊肉产地，其中 30.9% 则特别在意羊肉产地。以内蒙古草原羊肉为例，受访者中少数未购买过内蒙古的草原羊肉，最主要的原因不是不喜欢，而是无法确定羊肉产地或买不到，由此可见打造区域品牌的重要性。

所有 81 个产品组合中，消费者最不喜欢的是"无品牌山区舍饲圈养 56 元/斤"的羊肉。品牌具有标志作用且有一定信誉，消费者对无法识别产地或生产厂家的无品牌羊肉购买意愿非常低。无品牌羊肉共有 27 种产品，最高效用排在第 30 位（全样本），如果提高售价，效用排位明显下降。羊肉无品牌标志，消费者不易判别产地，不愿为此支付高价（见表 5 - 6）。

表 5 - 6　　　　　　　　羊肉产品部分轮廓效用值及其排序

产品轮廓				全样本	排序	内蒙古	排序	区外	排序
品牌	价格	生长环境	饲养方式						
区域品牌	40 元/斤	草原牧区	放牧散养	6.774	1	6.992	1	6.583	1
区域品牌	48 元/斤	草原牧区	放牧散养	6.633	2	6.876	2	6.421	3
区域品牌	40 元/斤	农区	放牧散养	6.513	3	6.593	5	6.442	2
企业品牌	40 元/斤	草原牧区	放牧散养	6.501	4	6.644	4	6.374	4
区域品牌	56 元/斤	草原牧区	放牧散养	6.492	5	6.759	3	6.259	7
区域品牌	40 元/斤	山区	放牧散养	6.432	6	6.533	6	6.343	5
区域品牌	48 元/斤	农区	放牧散养	6.372	7	6.477	8	6.280	6
企业品牌	48 元/斤	草原牧区	放牧散养	6.360	8	6.528	7	6.212	9
区域品牌	48 元/斤	山区	放牧散养	6.291	9	6.417	9	6.181	10
企业品牌	40 元/斤	农区	放牧散养	6.240	10	6.245	14	6.233	8
区域品牌	56 元/斤	农区	放牧散养	6.231	11	6.360	11	6.118	12
企业品牌	56 元/斤	草原牧区	放牧散养	6.219	12	6.411	10	6.050	14
企业品牌	40 元/斤	山区	放牧散养	6.159	13	6.185	15	6.134	11
区域品牌	56 元/斤	山区	放牧散养	6.150	14	6.300	12	6.019	15
区域品牌	40 元/斤	草原牧区	半牧半舍饲	6.146	15	6.296	13	6.014	16
企业品牌	40 元/斤	草原牧区	半牧半舍饲	5.873	22	5.948	22	5.805	23
区域品牌	40 元/斤	草原牧区	舍饲圈养	5.836	24	5.765	28	5.898	19
无品牌	40 元/斤	草原牧区	放牧散养	5.658	30	5.843	24	5.496	41
区域品牌	40 元/斤	农区	舍饲圈养	5.575	34	5.366	44	5.757	25
企业品牌	40 元/斤	草原牧区	舍饲圈养	5.563	35	5.417	41	5.689	29
无品牌	40 元/斤	农区	放牧散养	5.397	44	5.444	39	5.355	50

产品轮廓				全样本	排序	内蒙古	排序	区外	排序
品牌	价格	生长环境	饲养方式						
无品牌	40 元/斤	山区	放牧散养	5.316	49	5.384	42	5.256	55
企业品牌	40 元/斤	农区	舍饲圈养	5.302	50	5.018	60	5.548	38
无品牌	40 元/斤	草原牧区	半牧半舍饲	5.030	62	5.147	56	4.927	64
无品牌	40 元/斤	草原牧区	舍饲圈养	4.720	68	4.616	70	4.811	65
无品牌	40 元/斤	农区	舍饲圈养	4.459	74	4.217	76	4.670	69
无品牌	40 元/斤	山区	舍饲圈养	4.378	77	4.157	77	4.571	73
无品牌	56 元/斤	山区	舍饲圈养	4.096	81	3.924	81	4.247	81

内蒙古消费者因产地优势，可通过熟人介绍或向牧户直接购买来保证羊肉来源的可靠性，因此对"无品牌的草原牧区放牧散养 40 元/斤"羊肉的接受度要高些，效用排位上升为第 24 位，区外消费者因信息不对称，比内蒙古消费者更看重品牌，"无品牌的草原牧区放牧散养 40 元/斤"的羊肉效用排位下降为第 41 位。27 种无品牌产品只有两种排位在中位数（第 41 位）之前，"无品牌农区或山区舍饲圈养"的羊肉即使价格很低，消费者购买意愿也会分别大幅降至第 74 位和第 77 位。

由于牧区禁牧休牧政策的实施，"半牧半舍饲"养殖方式在春秋两季较为常见。全样本分析中"草原牧区半牧半舍饲 40 元/斤的区域品牌羊肉"效用值排在第 15 位，溢价 20%（48 元/斤）甚至 40%（56 元/斤）仍排在第 18 位和第 23 位，同类企业品牌羊肉分别排在第 22、27 和 33 位，同类无品牌羊肉则显著下降为第 62、65 和 67 位。消费者对"舍饲圈养"属性的羊肉购买意愿会明显下降，"草原牧区舍饲圈养的区域品牌"羊肉按价格由低到高效用排名仅为第 24、28 和 36 位，同类企业品牌羊肉排位分别为第 35、43 和 52 位。市场上常见的"农区舍饲圈养企业品牌"羊肉效用排位很低，按较低的 40 元/斤的价格进行出售，已经排在第 50 位，若再提高价格，效用排位则降为第 58 位和第 63 位，即使是"区域品牌的农区舍饲圈养"

羊肉，按价格由低到高效用值也仅排在第 34、42 和 51 位。"舍饲圈养的无品牌"羊肉几乎都排在最后，如表 5-6 所示。

（2）大米产品消费偏好。如表 5-7 所示，"东北产区"相对其他产区的大米，无论价格高低，如何种植，有无品牌，消费者均表现出了较强的购买意愿。效用值前 20 名的大米产品均具有"东北产区"特征，效用值排名前十的产品均是"东北产区的有机、绿色"大米。消费者最喜欢"每斤 5 元以下东北产区有机种植的区域品牌"大米，其次是同价位同产区的区域品牌绿色大米，然后是同价位同产区有机、绿色的企业品牌大米。当价格上涨为每斤 5~10 元，消费者仍会重复这样的选择规律。即使是无品牌标志的东北散装有机、绿色大米，如果具有价格优势，也较易被消费者接受。由此可见，同等价位下，"东北产区有机、绿色"的大米，消费者首选区域品牌，其次是企业品牌。只有当价格上涨为每斤 10 元以上时，"东北产区普通种植"的大米才会被"华北产区有机、绿色种植"的大米替代。消费者对大米生长环境的偏好顺序为东北产区＞华北产区＞江浙产区，相对于江浙产区，消费者更偏好于具有价格优势的"华北产区有机、绿色"大米。只有当价格高于每斤 10 元时，"普通种植的华北产区"大米才会弱势于"江浙产区的有机、绿色"大米。"江浙产区普通种植"的大米效用值都排在最后，即使价格很低，消费者最不喜欢"江浙产区普通种植的每斤 10 元以上的无品牌"大米。

对比寒稻产区和非寒稻产区消费者，二者消费偏好略有区别。寒稻产区消费者绝大多数身处东北产区，即优质粳米产区，因此对区域品牌的关注度略低于非寒稻产区消费者，更关注区域内的企业品牌，东北产区同等价位，首选企业品牌大米，其次是区域品牌大米。"有机、绿色品牌"大米即使价格上涨一倍（每斤 5~10 元）仍会购买，只有价格上升为每斤 10 元以上，才会考虑价格在每斤 5 元以下的"有机、绿色无品牌"大米。非寒稻产区消费者，同等条件下更偏好区域品牌大米，其次是企业品牌和无品牌大米。另外，非寒稻产区消费者价格敏感度有所提高，价格上涨所带来的效用值下降较大。同样的生长环境，当大米价格上升为每斤 5~10 元时，该类消费者会更偏好于每斤 5 元以内的普通种植或无品牌大米，降低对种植方式或品牌的要求，如表5-7所示。

表5-7 大米产品部分轮廓效用值及其排序

产品轮廓				全样本	排序	寒稻产区	排序	非寒稻产区	排序
品牌	价格	生长环境	种植方式						
区域品牌	每斤5元以下	东北产区	有机种植	6.505	1	6.634	3	6.115	1
区域品牌	每斤5元以下	东北产区	绿色种植	6.455	2	6.628	4	6.081	2
企业品牌	每斤5元以下	东北产区	有机种植	6.448	3	6.652	1	6.016	3
企业品牌	每斤5元以下	东北产区	绿色种植	6.398	4	6.646	2	5.982	4
区域品牌	每斤5~10元	东北产区	有机种植	6.259	5	6.460	7	5.845	6
无品牌	每斤5元以下	东北产区	有机种植	6.229	6	6.367	9	5.868	5
区域品牌	每斤5~10元	东北产区	绿色种植	6.209	7	6.454	8	5.811	9
企业品牌	每斤5~10元	东北产区	有机种植	6.202	8	6.478	5	5.746	10
无品牌	每斤5元以下	东北产区	绿色种植	6.179	9	6.361	10	5.834	7
企业品牌	每斤5~10元	东北产区	绿色种植	6.152	10	6.472	6	5.712	12
区域品牌	每斤5元以下	东北产区	普通种植	6.120	11	6.178	18	5.831	8
企业品牌	每斤5元以下	东北产区	普通种植	6.063	12	6.196	15	5.732	11
区域品牌	每斤10元以上	东北产区	有机种植	6.014	13	6.287	13	5.576	15
无品牌	每斤5~10元	东北产区	有机种植	5.983	14	6.193	16	5.598	13
区域品牌	每斤10元以上	东北产区	绿色种植	5.964	15	6.281	14	5.542	18
企业品牌	每斤10元以上	东北产区	有机种植	5.957	16	6.305	11	5.477	20
无品牌	每斤5~10元	东北产区	绿色种植	5.933	17	6.187	17	5.564	16
企业品牌	每斤10元以上	东北产区	绿色种植	5.907	18	6.299	12	5.443	23
区域品牌	每斤5~10元	东北产区	普通种植	5.874	19	6.004	22	5.561	17
无品牌	每斤5元以下	东北产区	普通种植	5.844	20	5.911	23	5.584	14
企业品牌	每斤5~10元	东北产区	普通种植	5.817	21	6.022	19	5.462	21
无品牌	每斤10元以上	东北产区	有机种植	5.738	22	6.020	20	5.329	26
区域品牌	每斤5元以下	华北产区	有机种植	5.693	23	5.621	29	5.482	19
无品牌	每斤10元以上	东北产区	绿色种植	5.688	24	6.014	21	5.295	28
区域品牌	每斤5元以下	华北产区	普通种植	5.308	38	5.165	45	5.198	34

产品轮廓				全样本	排序	寒稻产区	排序	非寒稻产区	排序
品牌	价格	生长环境	种植方式						
区域品牌	每斤5元以下	江浙产区	有机种植	5.256	39	5.115	48	5.225	31
企业品牌	每斤5元以下	华北产区	普通种植	5.251	40	5.183	42	5.099	40
区域品牌	每斤5元以下	江浙产区	绿色种植	5.206	41	5.109	49	5.191	36
区域品牌	每斤10元以上	华北产区	有机种植	5.202	42	5.274	40	4.943	49
区域品牌	每斤10元以上	江浙产区	普通种植	4.380	78	4.312	79	4.402	79
无品牌	每斤5~10元	江浙产区	普通种植	4.349	79	4.218	80	4.424	76
企业品牌	每斤10元以上	江浙产区	普通种植	4.323	80	4.330	78	4.303	80
无品牌	每斤10元以上	江浙产区	普通种植	4.104	81	4.045	81	4.155	81

5.5　本章小结

消费者的偏好是农产品区域公用品牌顾客价值向市场业绩转化的重要条件。不同类型农产品消费者购买选择特点不同。不同于以往的生鲜产品消费偏好研究认为的品牌属性相对重要性低，本书羊肉消费的实证结果显示，相对其他产品特征，品牌成为显著的属性，消费者购买羊肉时最为关注的属性，尤其是区域品牌，区域品牌对消费选择的影响十分显著，消费者对无品牌羊肉的购买意愿普遍很低。羊饲养方式和生长环境这些产品属性受消费者重视，在消费者购买羊肉时却无法直接观测和辨别，消费者通过品牌对产品产地或品质进行判断，在品牌信任机制等作用下，强化了对区域品牌的偏好程度。然而大米产品的品牌属性重要性明显下降，消费者选择大米时，较容易通过大米的外观判断其品质和产区，大米相对羊肉价格较低，消费者试错成本也低，因此对品牌的关注度明显下降，但仍然十分关注大米的产区和种植方式。寒稻产区消费者绝大多数身处东北产区，即优质粳米产区，因此对区域品牌的关注度略低于非寒稻产区消费者，更关注区域内的企业品牌，东北产区同等价位，首选企业品牌大米，其次是区域品牌大米。由此可见，学者研究有必要对品牌属性进行更为细致的刻画，经营者则有必要加强区域品牌产品特征的宣传，同时提高区域品牌信誉，降低信息不对称的影响和消费者的交易成本。

区域品牌存在一定溢价空间，但对不同区域消费者的顾客价值转化潜力不同。同等条件下，消费者首选区域品牌产品，企业品牌只有当价格低于同类区域品牌产品时，才具有竞争力。对于羊肉产品，消费者最喜欢"草原牧区放牧散养40元/斤的区域品牌羊肉"，此类羊肉即使溢价40%，内蒙古消费者仍会首选购买。相对而言，区外消费者对价格的敏感度有所提高，同等价位下，会首选上述羊肉，若存在更低价格的"放牧散养区域品牌"羊肉，区外消费者会为追求低价而降低对"生长环境"的要求，接受农区或山区出产的同类羊肉。对于大米（粳米）产品，"有机、绿色品牌"大米即使价格上涨一倍（每斤5~10元）仍会购买，只有价格上升为每斤10元以上，才会考虑价格在每斤5元以下的"有机、绿色无品牌"大米。非寒稻产区相对于寒稻产区消费者，同等条件下更偏好区域品牌大米，但非寒稻产区消费者价格敏感度有所提高，价格上涨所带来的效用值下降较快。同样的生长环境，当大米价格上升为每斤5~10元时，非寒稻产区消费者会更偏好于每斤5元以内的普通种植或无品牌大米，降低对种植方式或品牌的要求。由此可见，区域品牌产品对产区消费者的溢价空间更大，产区外消费者比产区内消费者价格敏感度高，需求弹性大。加大区域品牌的宣传力度，并提高购买便捷性和信誉度，同时合理定价，科学确定溢价幅度，才能提高市场占有率，顺利实现顾客价值转化。

6 农产品区域公用品牌价值实现效果评价

6.1 评价框架及测算指标

产品溢价是农产品区域公用品牌价值实现的直接体现，然而价格的提高不一定意味着收益增加，还要关注生产成本的变化。本章测度农产品区域公用品牌的溢价水平，并对供应链各环节的成本收益进行核算，以评价区域品牌价值实现的效果。实际上，厘清区域品牌溢价和增收效应是非常困难的事情，主要有以下几方面原因：首先，品牌效应需要多年建设才能显现，而多数农产品区域公用品牌建设时间尚短，增收效应还未显现。其次，区域品牌与企业品牌联合打造，品牌共同发挥作用，不易分离各自的增收效应。再次，农产品区域公用品牌涉及多个利益主体，不仅要关注终端销售溢价情况，还要关注种养、加工等环节溢价情况，从初级产品经过加工转化，形成多种不同形态、不同加工程度的商品，本身就存在附加值递增过程，不易分离出区域品牌的溢价贡献。另外，近些年受新冠疫情以及一些补贴政策的影响，产品价格波动明显，不能很好体现品牌溢价趋势。因此，很难对比品牌建设前后的收益变化，不能采用时间序列数据，只能对同类产品进行横向对比分析：（1）对比同类非区域品牌产品，测度区域品牌产品供应链各环节溢价水平。（2）调查不同区域品牌"种养—加工—销售"三个环节的成本收益情况，核算各环节的增值。

品牌溢价是品牌的附加增值，使该品牌产品比同类竞争性产品价格更高，二者的价差即为品牌溢价。品牌溢价能力是经营者在同等成本下获得更高售价、更高利润率、更好赢利的能力。品牌顾客价值形成后，通过购买行为乃至溢价支付最终实现品牌价值，为经营者带来持续的收益增长。考虑最初的原料经过加工形成多样化的最终产品且价格不等，可将区域品牌溢价率计算公式设定为：

$$ARP = \frac{\sum_{i=1}^{n}\left(\dfrac{RP_i - P_i}{P_i}\right)}{n} \times 100\% \tag{6.1}$$

ARP 为区域品牌产品平均溢价率，RP_i 为区域品牌某单品价格，P_i 为同类产品价格，n 为产品种类。

品牌溢价分为显性与隐性两种类型（彭品志，2012）。显性方式为品牌产品价格高于一般产品。隐性方式为价格未变销售数量的增加。因此本书对区域品牌溢价贡献率也进行了测算。品牌溢价贡献率指区域品牌产品溢价率与其销量占比的乘积，不仅要考虑区域品牌产品的溢价率，还要考虑区域品牌产品的销量占经营者总体销量的比重，用以评价其对经营者收益或区域经济的贡献程度。计算公式可表示为：

$$CT_r = ARP \times \frac{Q_B}{Q} \times 100\% \tag{6.2}$$

CT_r 为区域品牌溢价贡献率，Q_B 为经营者区域品牌产品销量，Q 为经营者总销量。

6.2 区域品牌供应链各环节溢价水平

6.2.1 种养环节溢价水平

1. 肉羊养殖环节溢价情况

锡林郭勒盟 2021 年出栏肉羊 760 万只，其中盟内加工 450 万只左右、活畜出栏 200 万只左右，自产自销 110 万只左右，羊肉年产量 15 万吨。
2021 年是"锡林郭勒羊"区域品牌的起步之年，以草饲羊产品为主要产品，
具有以天然牧草为主要饲料且放牧散养的特点。签约牧户可追溯耳标羊计划
16.98 万只，实际回收屠宰的耳标羊 12.5 万只，共计 1 451.7 吨，占全盟羊
肉产量的 0.97%。3 家授权企业以高于市场价 1 元/公斤的白条价格对签约
牧户进行收购。牧区羔羊出栏体重一般为 15 公斤，按此计算区域品牌带动
签约牧户增收 187.5 万元。签约牧户并不增加额外饲养成本，可追溯耳标的
佩戴和数据采集等成本基本由农牧局和加工企业承担，因此 1 元/公斤可以
视为"锡林郭勒羊"品牌养殖环节溢价，按 2021 年底白条收购价 72 元/公
斤进行计算，溢价率为 1.4%，耳标可追溯羊收购量占全盟羊肉产量的
0.97%，则养殖环节全盟的溢价贡献率仅为 0.014%，养殖环节的增收效应
不显著。[①]

　　"天赋河套"品牌目前主推湖羊产品，以青贮、秸秆和玉米等为饲料，
进行规模化舍饲圈养，出栏前进行快速育肥。"天赋河套"授权企业的 18
种产品可以使用区域品牌商标，占其全部产品种类的 80%。授权加工企业
羊源全部来自集团内的规模化养殖场，养殖场采用"自繁自育自养"模式，
使用集团内饲料公司的配比饲料进行基础母羊繁育和羔羊的育肥，然后按成
本价与加工企业暂时计价，待产品销售后再由集团公司根据需要进行补贴或
分成。养殖环节并未区分企业品牌和区域品牌羊源，因此相比同类湖羊，
"天赋河套"品牌不存在养殖环节溢价。授权企业为保证羊源并缓解养殖环
节资金压力和风险，实行"放母收羔"、"1＋3"托羊所等模式，激励农牧
户或村集体购买养殖湖羊母羊，并签订高于市场价的保底价对湖羊羔羊进行
回收育肥。若将湖羊与本地常见的杂交小尾寒羊相比，以体重为 17.5 公斤
的断奶羊羔（2 月龄公羔）为例，2021 年 12 月当地市场杂交小尾寒羊公羔
收购价为 750 元左右，授权企业则会在年初签订的保底价基础上以 850 元的
价格回收湖羊公羔。相比他养殖户，湖羊养殖户风险低且存在溢价。然而这
部分溢价很大程度上归功于湖羊品种和授权企业自身经营战略，不能将其视

---

① 本章数据来源于内蒙古各地实地调研与访谈资料及问卷．详见 1.5.2 数据与资料来源部分。

为"天赋河套"的品牌溢价。

草饲散养羊与谷饲圈养羊各具优势，草饲散养羊肉质筋道口感好且膻味小，但体形偏小规格不一，受草场条件和生态保护政策约束，集中出栏且羊源有限。谷饲圈养羊进行规模标准化养殖，增重快且体形较统一，四季出栏羊源稳定，适合定制化批量加工。根据调研和"牛羊班"公众号平台的数据进行统计，锡林郭勒盟牧区肉羊一般每年7～9月集中出栏，加工企业在8～10月进行大批量收购屠宰。按一等羔羊收购价统计，2020年白条收购价从最初的56元/公斤上涨至73元/公斤，2021年则在64～76元/公斤之间，72元/公斤价格较为常见。2021年巴彦淖尔市本地谷饲羊白条收购价在54～62元/公斤之间，常见于58元/公斤。对来自山东、河北等外地的羊源，巴彦淖尔市每公斤收购价降低0.6～1元。2021年草饲羊与谷饲羊白条收购价差为14元/公斤左右。相比谷饲羊，草饲羊在养殖环节溢价24%。考虑产量影响，2021年牧业年度锡林郭勒盟羊肉产量为15万吨，巴彦淖尔市为21.21万吨，产量比为0.707，则草饲羊对谷饲羊实际溢价17%。

2. 水稻种植环节溢价情况

兴安盟近几年水稻播种面积稳定在135万亩左右，占内蒙古水稻播种面积的57.93%，其中绿色有机水稻认证面积稳定在100万亩，所有授权使用"兴安盟大米"地理标志产品均要求绿色有机种植。近几年兴安盟水稻产量稳定在70余万吨，占内蒙古水稻产量的59.49%。稻米原粮销售收入稳定在20亿元左右。前些年兴安盟水稻有近60%的原粮外流，被来自五常的厂家收购。近几年由于兴安盟打造本地区域品牌，大米销量增加近30%，本地加工企业与五常的厂商在原粮收购上形成竞争，使得稻米原粮价格也有所上升。稻米原粮价格主要受品种和种植方式的影响，生长周期长、积温要求高的稻米价格较高，有机、绿色种植成本提高，因此加工企业收购价格也会提高。以兴安盟常见的五优稻（稻花香）、龙洋16、和绥粳为例，这些品种由于生产条件、产量和出米率的不同，价格会依次降低。一般五优稻、龙洋16这些较好的品种常见于绿色有机种植，绥粳等品种虽然产量高、出米率高，但大米口感相对差些，往往常规种植且价格较低。原粮按出售时水分不同，秋收季节潮粮价格较低，几个月后的干粮价格较高。以龙洋16为例，

2022 年 12 月普通种植稻米原粮收购价平均 3 元/公斤，与前些年同期相比价格上涨 0.2 元/公斤，上涨了 6.7%；绿色种植稻米收购价平均 3.6 元/公斤，与前几年同期相比价格上涨 0.4 元/公斤，上涨了 12.5%；有机种植稻米收购价平均为 6.4 元/公斤，与前几年同期相比价格上涨 0.7 元/公斤，上涨了 12.2%，此种溢价不排除因为农资上涨、疫情等因素带来的价格变化。种植环节安全标准越高，收购价格越高。目前，绿色有机产品是区域品牌授权的范围，即绿色有机产品均可使用区域品牌标识，也就意味着全盟 74%的绿色有机种植水稻会因此而受惠，按照绿色稻米溢价 12.5% 进行核算，则"兴安盟大米"品牌对本地稻米种植业的溢价贡献率为 9.25%。若将绿色种植与普通种植水稻的销售价格进行对比，则绿色大米价格高出 0.6 元/公斤，溢价 20%。

6.2.2　加工环节溢价水平

1. 羊肉加工环节溢价情况

"锡林郭勒羊"授权企业对收购的耳标追溯羊安排独立批次的屠宰加工，按 1 公斤左右标准每只羊加工 12 ~ 15 份单品，为每份产品附上追溯码，消费者通过扫码鉴别产品真伪，实现区域品牌产品全程质量可追溯。总体来看，2021 年耳标追溯羊屠宰加工了 12.5 万只，共加工区域品牌产品 1 451.7 吨，仅占全盟羊肉产量的 0.97%，"锡林郭勒羊"区域品牌产品产量仍很低。从授权企业角度看，耳标追溯羊产量占 3 家授权企业 2021 年全部产量 1.725 万吨的 8.4%，区域品牌产品占授权企业加工总量的比重低。"锡林郭勒羊"区域品牌产品销售主要有两种方式，一种是依托授权企业原有销售渠道，另一种是通过区域品牌专营的京东线上旗舰店进行销售。从企业原有销售渠道看，主要分为大宗销售和自营终端零售，其中自营零售体系包括直营店、自营餐饮和自营线上旗舰店。2021 年各授权企业大宗销售均未能实现区域品牌产品溢价，与企业其他同类产品同价，平均为 84 元/公斤。通过自营终端销售，区域品牌产品相比企业同类产品，出厂价每公斤高 2 元左右，溢价 2.4%。由此可知，区域品牌对锡林郭勒盟总体溢价贡献率为 0.023%，区域品牌对授权企业溢价贡献率平均为 0.2%，溢价对收益增长的贡献十分有限。

"天赋河套"授权企业实行产业链一体化经营战略，自建可追溯体系，通过全产业链协作，授权企业构建了"6+2"定制服务体系，统一品种、统一标准、统一日龄、统一胴体大小、统一定制生产、统一品质，实现产品供应时间零拖延和产品供应数量零误差。2019 年金草原肉业公司被授权使用"天赋河套"商标，2021 年"天赋河套"产品产量为 4 807 吨，仅占巴彦淖尔市羊肉产量的 2.3%，销售量为 3 793.2 吨，销售额为 1.49 亿元，占企业销售总额的 81%。相比授权企业自有品牌，区域品牌产品并未产生溢价，与企业内同类湖羊产品同质同价。相比其他谷饲羊产品，授权企业因具有品种、定制化加工、企业品牌等方面的优势，出厂价格高于同业 2 元/公斤左右，平均溢价 2.9%，但这部分溢价不能理解为"天赋河套"品牌溢价，事实上在区域品牌授权前，市场状态已然如此。目前，授权企业 90% 的产品仍是大宗销售，为"天赋河套"直营店、线上电商旗舰店和线下体验店供货的部分占比不到 10%。

加工环节各家屠宰加工企业产品多样，价格不一。对比非区域品牌产品，2021 年草饲羊肉比谷饲羊肉出厂价格每公斤高出 16 元左右，溢价率为 23.5%，锡林郭勒盟羊肉产品年产 15 万吨，巴彦淖尔市为 21.21 万吨，产量比值为 0.71，则相对谷饲羊，锡林郭勒盟草饲羊加工环节实际溢价率为 16.7%。实际上农区牧区屠宰加工成本相差不大，出厂价格的差距仍是白条收购价差的延续，溢价归根结底来自养殖环节的差异。

2. 大米加工环节溢价情况

在大米加工阶段，"兴安盟大米"区域品牌商标标志仅建议授权企业使用，但地理标志商标必须使用。已授权企业要求企业自有水稻种植基地不少于 1 500 亩，售价在 10 元/公斤以上的中高端大米产量不低于企业总产量的 35%，而对于新申请用标的企业要求企业自有或完全可控水稻种植基地在 5 000 亩以上，且基地中 10% 以上应认证为有机产品基地，40% 认证为绿色产品基地，年大米销量应达到 2 000 吨以上，销售收入 3 000 万元以上。区域品牌大米要求必须是绿色或有机大米。截至 2022 年，兴安盟 54 家大米生产企业中，"兴安盟大米"授权用标企业 37 家，年加工水稻占全盟水稻总产量的 80% 左右，且产品中 80% 为绿色或有机产品，可以使用区域品牌的地理标志。加工企业主要采用"龙头企业 + 企业种植基地"或者"龙头企业 + 合作社 + 订单农户"的方式控制水稻的种植和收购过程，保证原粮的源头安全。调研发现，授权产品中的有机大米全部来自企业自有的种植基地，绿色大米除来自种植基地外，部分来自合作社的订单农户。整体来看直接带动农户比例并不高，而是通过种植基地等形式流转土地间接带动农户就业。一般普通大米（非绿色有机种植）出厂价平均为 6.4 元/公斤，绿色大米相比普通大米，出厂时价格平均为 8.4 元/公斤，溢价约 2 元/公斤，而有机大米相比普通大米，出厂时至少溢价 4.6 元/公斤。这与水稻品种及收购价、加工时出米率和大米包装有关。一般绿色、有机种植水稻品种较好但产量和出米率低，包装更精细，因此价格上涨。相比 2019 年区域品牌建设前，同种大米出厂价略有上涨，以 10 斤真空包装绿色大米为例，2019 年出厂价平均为 7.8 元/公斤，2022 年约为 8.4 元/公斤，上涨约 7.7%，但这种价格的上涨不排除与原粮收购价和包材成本上涨有一定关联。从产量角度看，各授权企业 80% 的大米均为授权的绿色有机产品，该类大米销量增加了近 30%，因此溢价贡献率约为 8%（7.7% ×80% ×130%）。

6.2.3 销售环节溢价水平

1. 羊肉销售环节溢价情况

总体来看，相比授权企业其他同类产品，2021 年"锡林郭勒羊"区域品牌产品终端销售平均溢价 3.3%。

从销售渠道角度看，企业原有销售渠道中，区域品牌产品通过自营餐饮门店销售综合溢价相对较低为 1.3%；通过线下直营店零售体系，溢价率略高，约为 4%；通过线上门店零售综合溢价率约为 2.6%。截至 2021 年 11 月，能够通过终端销售实现溢价的产品销量只有 754.8 吨，绝大多数区域品牌产品仍是大宗销售，未能实现溢价。通过区域品牌专营的京东旗舰店销售，产品溢价 10% 左右，但在宣传促销活动期间，为了吸引流量，扩大品牌影响力，未实现溢价，且总体销量非常少，2021 年销售额仅为 15.4 万元，转化率 0.94%。

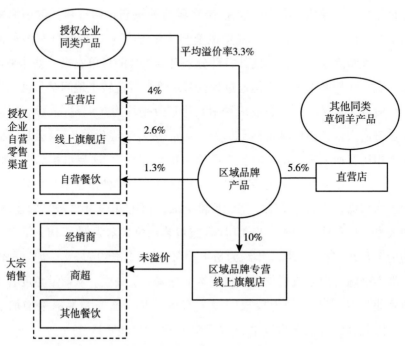

图 6 - 1 2021 年不同销售渠道"锡林郭勒羊"品牌溢价率

实现溢价的区域品牌产品量只占锡林郭勒盟羊肉产量的 0.5%，占三家企业总销量的（总产量 1.725 万吨，按牧业年度均会出清）4.4%，按平均溢价率 3.3% 进行计算，则对全盟的溢价贡献率为 0.02%，对终端销售商溢价贡献率为 0.15%。以上溢率分析是将授权企业内区域品牌与企业品牌同类产品进行比较，若将区域品牌产品与普通草饲羊产品（非授权企业同类产品）相比，区域品牌产品溢价率将由 3.3% 提高至 5.6% 左右。

"天赋河套"区域公用品牌产品销售主要有 3 种方式，一是依托授权企业原有销售渠道；其次是区域品牌专营销售渠道，由巴彦淖尔绿业公司负责经营，以销售礼盒装产品为主。一种是"百城千店万柜"线下直营店模式，在 100 个城市中开设 1 000 个直营店，设置 10 000 个专柜，统一配送和销售

"天赋河套"产品；另一种是开通线上电商渠道。在各大电商平台开办天赋河套官方旗舰店，统一销售区域品牌产品和巴彦淖尔优质农产品。2021年，授权企业尚未开设自营直营店，自营体验店和线上旗舰店刚刚起步，终端零售仍在试运行，因此授权企业90%以上的产品仍通过原有大宗批发模式进行销售，通过"天赋河套"区域品牌专营的零售终端销售量不到10%。相比授权企业同类产品，"天赋河套"产品大宗销售不存在溢价。将区域品牌专营直营店与大宗销售渠道的商超相比，价格相差1元/公斤左右，溢价0.58%，主要是礼盒包装成本带来的价格变化。巴彦淖尔市其他未授权的加工企业，均未开设线下直营店，以大宗销售为主，将直营店区域品牌产品与商超零售的非区域品牌产品相比，"天赋河套"产品价格高出2.5元/公斤，溢价3%左右，仍是出厂时价差的延续以及受礼盒包装成本的影响（见图6-2）。

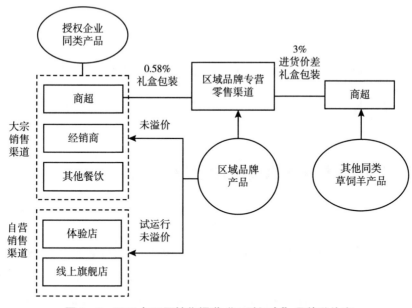

图6-2 2021年不同销售渠道"天赋河套"品牌溢价率

终端销售环节产品多样，谷饲羊肉直营经销非常少见，只能以商超或批发市场为例对比谷饲羊与草饲羊产品。从肉类产品来看，草饲羊肉平均比谷饲羊肉高 15 ~ 16 元/公斤；从羊排类产品看，谷饲羊易于统一胴体标准，更适合大批量标准化定制加工，精细分割的羊排类产品价格明显提高。从全羊角度看，市场上不同品牌价格差异也较大，从 76 ~ 120 元/公斤不等。调研发现，2021 年羊肉类产品平均价格，普通草饲羊肉多数销售价格为 96 ~ 100 元/公斤，区域品牌或知名企业品牌的草饲羊价格为 110 ~ 120 元/公斤，而谷饲羊肉价格为 82 ~ 84 元/公斤。

2. 大米销售环节溢价情况

"兴安盟大米"区域品牌产品的销售，从销售渠道看，主要依托授权企业原有销售渠道进行销售，直营店、各企事业单位订单销售占 70% 左右，商超和电商占比在 30% 左右。从销售区域看，目前北京、呼和浩特的销量最大，约占 60%，其余还有内蒙古其他城市、山东、吉林、上海、陕西等地。品种、种植方式、包装是影响大米价格差异的几个主要因素。以 5 公斤真空包装的长粒香米为例，相比 2019 年企业同类产品，授权后区域品牌大米（绿色、有机大米）价格有所上升。通过线下直营店进行终端零售，绿色大米平均售价在 14 元/公斤，溢价约 1 元/公斤，为 7.6%；将绿色大米与普通大米相对比，溢价 4 元/公斤，约 28.5%；有机大米品种不同、包装不同、田间管理方式也不同，使得价格差异很大，每公斤大米从 20 ~ 200 元不等，溢价水平不一。

6.2.4　区域品牌供应链溢价结构

1. "锡林郭勒羊"品牌溢价结构

仅考虑价格变化，观测溢价结构，对比分析"锡林郭勒羊"与非区域品牌产品供应链，大宗销售模式下，整条供应链仅溢价 1 元/公斤，集中在养殖环节，区域品牌效应无法发挥，不能带来溢价，上游增值亦无法向下游传递，溢价分享结构为 100%、0、0。区域品牌直营相比大宗销售，区域品牌门店售价为 112 元/公斤，大宗批发直至商超价格为 99.5 元/公斤，直营相对大宗销售溢价 12.5 元/公斤，养殖和加工两个环节溢价水平仍是 1 元/公斤和 2 元/公斤，溢价分享结构变为 6.5%、12.9%、80.6%（见图 6-3）。

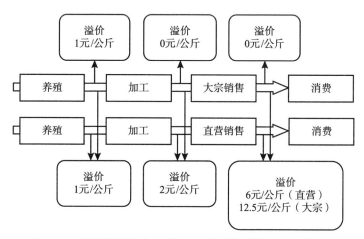

图 6-3 不同销售渠道下"锡林郭勒羊"供应链各环节溢价

直营销售模式下，终端溢价渠道被打通，区域品牌价值得以实现，使供应链养殖环节溢价 1 元/公斤，加工环节溢价 2 元/公斤，终端销售溢价 6 元/公斤，供应链总溢价 9 元/公斤，溢价分享结构为 11.1%、22.2%、66.7%。可见，不同销售模式溢价分享格局不同，区域品牌的溢价能力也会有所差别。企业通过直营加强了对终端销售的控制，通过区域品牌使终端需求弹性变小，提高了产品的溢价能力，增强了加工和销售环节溢价分享能力，尤其是销售环节的溢价实现能力。

2. "天赋河套"品牌溢价结构

严格来讲，"天赋河套"产品相对于授权企业同类产品并未产生溢价，区域品牌与企业品牌并行，授权企业的产品价格并未发生改变。"天赋河套"授权企业产品绝大部分进行大宗销售，授权企业开设的线下体验店和京东旗舰店尚处于起步阶段。极少部分产品通过"天赋河套"专营的终端销售渠道进行销售，产品多为礼盒包装，无同类直营销售进行比较。养殖阶段因无法对比，只对比加工和销售阶段。相比其他谷饲羊大宗销售，授权企业产品在出厂阶段溢价 2 元/公斤，经过批发到商超终端价格仍维持这种溢价水平，但这是企业自身经营策略所致，不可视为区域品牌的溢价；授权企业通过"天赋河套"门店直营销售，相对自身原有大宗销售渠道，在出厂阶段溢价 2 元/

公斤，在销售阶段价格提高了 2.5 元/公斤。则溢价分享比例为 44.4%、55.6%，直营模式是销售环节的溢价和分享能力得以提高（见图 6-4）。

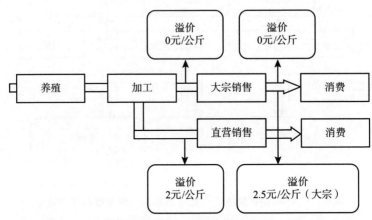

图 6-4　不同销售渠道下"天赋河套"供应链各环节溢价

3. "兴安盟大米"品牌溢价结构

仅考虑价格变化，绿色种植的"兴安盟大米"与普通大米对比，直营销售供应链整体溢价 6.6 元/公斤，溢价分享结构为 9.1%、30.3%、60.6%。相比 2019 年品牌初建期，区域品牌溢价也有所显现，供应链整体溢价 2 元/公斤，溢价分享结构为 20%、30%、50%。无论从哪个角度看，溢价分享比例均是种植环节最低，销售环节最高，但随着区域品牌的发展，农户的溢价分享比例有所上升（见图 6-5）。

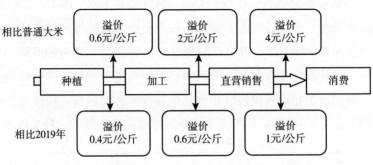

图 6-5　直营销售"兴安盟大米"供应链各环节溢价

通过上述三个案例的溢价分析可以发现：

首先，发展初期的区域品牌存在一定的溢价能力，从种植养殖到加工再到销售溢价空间逐渐增大。但畜产品区域品牌采用选优授权模式控制产品质量和边界，使得区域品牌产品生产规模小，对各类经营主体和区域经济的整体溢价贡献率很低，增收带动作用还不显著。

其次，区域品牌溢价能力受销售渠道影响显著，大宗销售模式模糊了区域品牌与授权企业品牌的边界，使得区域品牌效应难以发挥，溢价能力弱。直营终端零售才能更好地转化顾客价值，扩大溢价空间。

最后，同类产品对比，因区域产品特征不同，市场条件不同，使得供应链各主体市场控制能力不同，各环节溢价能力不同。草饲羊相对谷饲羊，绿色大米相对普通大米，溢价能力增强。

6.3　区域品牌供应链各环节增值分析

事实上，单纯考虑农产品区域公用品牌产品价格的变化（溢价），不足以如实反映区域品牌各经营主体收益增长情况。事实上，区域品牌建设不仅会带来产品价格的变化，还会带来投入和成本的变化。需要对区域品牌各经营主体的成本收益进行核算，通过收益增长率进一步刻画区域品牌价值实现的效果。

6.3.1　种养环节成本收益

1. 肉羊养殖环节增值

在养殖环节，锡林郭勒盟品牌促进中心联合农牧局，组织授权企业实施草原羊追溯工程。三家授权企业根据养殖合作社、牧户的草场环境、养殖规模和以往合作关系密切程度等，各自确定合作牧户/合作社并签订收购订单，同时进行登记报备。农牧局与授权企业相关工作人员为锡林郭勒草原羊佩戴追溯耳标、录入身份信息，授权企业承诺以高于市场价 1 元/公斤的价格收购耳标可追溯羊。在此过程中，养殖户并不承担耳标购买、佩戴和数据录入的成本和工作，因此与同类养殖户相比，并未增加额外成本。如按约定将羊销售给授权企业，白条售价还可高于市场价 1 元/公斤。3 家授权企业签约牧户分别集中在东乌珠穆沁旗、阿巴嘎旗和苏尼特右旗，覆盖乌珠穆沁羊、乌冉克羊和苏尼特羊等地理标志产品。

"天赋河套"授权企业仅有金草原肉业科技有限公司，其羊源全部来自本公司饲养的湖羊品种，80% 的主要产品均被授权使用"天赋河套"品牌商标。集团企业实行产业链一体化经营模式，养殖公司饲料来自集团内饲料公司，自繁自育或通过"放母收羔"等模式出售母羊回收羔羊，集中进行谷饲育肥后，按成本价与加工企业结算。目前，集团内养殖企业能繁母羊存栏 12.35 万只，年出栏可达 40 万只。

肉羊饲养模式一般可分为自繁自育、自繁不育和短期育肥三种模式。"自繁自育"指饲养能繁母羊，生产的羔羊小部分留作种羊，大部分饲养到一定体重后进行屠宰，一般饲养期为 6~6.5 个月；"自繁不育"主要指饲养能繁母羊，生产的羔羊小部分留作种羊，大部分羔羊断奶后出售活羊，一般从出生到出售饲养期为 2~2.5 个月，不自行育肥；"短期育肥"主要指不饲养能繁母羊，购买体重在 15~17.5 公斤的羔羊进行快速育肥，一般育肥期为 4~4.5 个月。饲养期长短视肉羊膘情和市场行情而定。牧区除休牧期少量补饲外，草饲羊基本放牧散养采食天然牧草，而农区养殖大多"种养结合"，对谷饲羊进行舍饲圈养集中育肥。

肉羊养殖成本具体反映了肉羊生长过程中所耗费掉的各种生产要素的价值。依据《全国农产品成本收益资料汇编》，将肉羊养殖总成本分为生产成本和土地成本。其中，生产成本包括物质与服务费用、人工成本等。物质与服务费用又分为直接费用和间接费用，直接费用包括仔畜购入费、饲草料费、燃料动力费、水费、修理维护工具材料费、死亡损失费、医疗防疫以及技术服务费等；间接费用主要包括固定资产折旧、保险费、管理销售费、财务费等。根据调研实际情况，本书将自产牧草（含收割、运输等费用）、秸秆按购入饲草平均价格进行折算计入饲草料费；将燃料动力费、水费合并为燃料动力水电费，将技术服务、修理维护、固定资产折旧等相关费用合并为生产维护费；将死亡损失费、保险费、管理费、财务费、销售费等合并计为其他费用。管理销售费一般包括差旅费、运输装卸费、资料费等。死亡损失费是按调查期内平均死亡率乘以相应成本。人工成本分为家庭用工折价和雇工费等。本书将家庭用工按雇工费用平均水平进行折算。土地成本包括流转地租金或自营地折租，自营地折租参照当地中等水平土地承包费净额计算。

区域品牌的肉羊基本自繁自育，一般不考虑仔畜购入费，本书在此不对短期育肥和自繁不育养殖模式进行成本收益对比。如表 6 - 1 所示，普通草饲羊与"锡林郭勒羊"的养殖成本并无差异，参与区域品牌建设，养殖户并未产生新增养殖成本，"锡林郭勒羊"授权企业与可追溯牧户签订订单，白条收购价每公斤提高 1 元，因此相比普通草饲羊，耳标可追溯羊每公斤收益增长了 3.6%。"天赋河套"授权企业一体化经营，饲喂成本明显降低，相比其他谷饲羊养殖成本大幅下降，因与下游屠宰加工企业暂以成本价结算，暂时只获得皮毛的收益。2021 年末，农区自繁自育的非区域品牌谷饲羊收益高于短期育肥的谷饲羊，短期育肥模式购买仔畜的成本占整个育肥成本的 50%，利润空间更小，每公斤白条净收益仅有 4.04 元，加上皮毛收入，每只羊收益只有 136 元，且受羊价波动影响大，利润不稳定。草饲羊养殖成本低，每公斤羊白条收益却高于谷饲羊，即使是非区域品牌草饲羊，每公斤白条收益是谷饲羊的 2.53 倍。实际上牧区养殖户只有在扩大养殖规模的情况下才会产生草场租金和雇工费用，多数利用自有草场放牧，以家庭成员为主要劳动力，土地成本和人工成本将会更低，若草场质量好，饲喂成本也会节省很多，利润空间更大。

表 6 - 1　　　　2021 年肉羊自繁自育养殖模式成本收益核算

成本收益 （元/只）	草饲羊		谷饲羊	
	锡林 郭勒羊	其他 草饲	天赋 河套	其他 谷饲
①生产成本				
物质与服务费用	407	407	886	1 212
购入仔畜	—	—	—	—

成本收益 （元/只）	草饲羊		谷饲羊	
	锡林 郭勒羊	其他 草饲	天赋 河套	其他 谷饲
饲草料	360	360	810	1 150
燃料动力水电费	12	12	15	12
防疫兽药费	10	10	20	20
生产维护费	8	8	15	12
其他费用	18	18	26	23
人工成本	150	150	60	65
②土地租金	105	105	11	10
（1）总成本	663	663	957	1 292
元/公斤	44.2	44.2	34.8	47
①皮毛	5	5	25	25
②胴体	1 095	1 080	957	1 595
（2）胴体售价				
元/公斤	73	72	34.8	58
（3）胴体收益				
元/公斤	28.8	27.8	0	11

注：草饲羊胴体平均重量按 15 公斤/只计算，平均收购价按 72 元/公斤计算。
谷饲羊胴体平均重量按 27.5 公斤/只计算，平均收购价按 58 元/公斤计算。

饲喂成本是肉羊养殖的主要成本之一。牧区因气候和休牧等因素，一般在每年 12 月至次年 5 月进行补饲干草和精饲料，若自家草场不具备打草条件，需要购买干草，视草场情况而定，其余时间采食天然牧草。2021 年底，锡林郭勒盟牧区干草价格上涨到 1 200 元/吨左右，根据草的情况价格不等，精饲料一般是 3 000～3 200 元/吨。农区粗饲料全年以秸秆和青贮为主。精饲料一般由玉米和豆粕等制成的，需要额外购买。母羊需全年饲喂，一年一胎居多，羔羊一般 6 个月出栏。牧区一只羊一天吃 1～1.5 公斤干草，精饲料一般一天 0.15～0.25 公斤/只，最多需要补饲 6 个月。巴彦淖尔市农区青贮 500 元/吨左右，玉米秸秆 650~700 元/吨，葵花头和花生秧在 1 600 元/吨左右，玉米 2 700 元/吨，苜蓿 1 500~1 800 元/吨，精饲料 2 850~3 000 元/吨，一只羊每天吃干草、秸秆、玉米和精饲料一般在 2 公斤左右，能繁母羊每天精饲料占 30%，草料秸秆占 70%，羔羊进入育肥阶段精饲料占 70%，草料秸秆占 30%。农区羔羊从出生到屠宰饲喂天数可按 180~200 天计算，成本在 930 元左右，母羊按 365 天计算，一般 4 至 5 年淘汰，两年 3 胎，每胎 2 羔，平均每年产 3 个羊羔，每年养殖成本一般在 1 050 元左右。饲盐主要是天然硝盐，每袋 15 元左右，一袋 25 公斤，或者是 40 元/件的盐砖，一只羊一般 1 年平均舔舐 0.5 公斤。"天赋河套"授权企业自主研发生产不同日龄阶段的饲料，在饲喂成本上明显具有优势。

人工成本在饲养成本中占比也较大，且在逐年上涨。牧区冬季放牧、春季接羔一般每月 4 500 元/人，工作 6 个月。或者常年雇佣，放牧之外兼顾接羔、剪羊毛等工作，一般 5 万元/人/年，夫妻二人 9 万元/年。两个人经营 300 只母羊和 400 只左右的羔羊基本满负荷工作。农区规模化养殖场 1 人可照管 2 000~2 500 只羊左右，雇工一般 6 万元/人/年左右。

土地成本按中等水平的流转价格折算。锡林郭勒盟牧区草场质量不一，草场流转价格各地差异较大，从 6 元/亩到 35 元/亩不等。锡林郭勒盟西乌旗一般 15~20 元/亩，中部阿巴嘎旗一般 6~12 元/亩，西部地区草场价格更低。正常 5 000 亩草场饲养 500 只基础母羊（全年），加算羔羊（6 个月）实际上是 750 只，因此一般每只占用 7 亩左右草场，若按草畜平衡规定折算，一只羊占用的草场面积则更大。因不同地区不同草场情况养殖成本差异较大，本书以典型草原地区的数据为主要参考进行计算。农区常见规模化养殖场，若按养殖场租用场地费用给养殖户的价格计算，4 000 平方米的圈舍（6 亩）租金在 5 000 元/年左右，可以容纳 1 500~1 600 只羊。一般圈养谷饲育肥羊和能繁母羊棚圈占用 1.5~2 平方米/只，活动场地 4~10 平方米/只。自繁自育出栏羔羊需要分摊基础母羊成本，养殖成本明显高于短期育肥，但短期育肥需要购入仔畜，因此总成本更高，每只羊的收益不到自繁自育模式的一半。

羊出栏时，养殖户常有两种销售途径，一种是向中间商或合作社出售活羊，另一种是卖给屠宰加工企业，按白条进行结算。为便于与区域品牌供应链进行对比，本书仅考虑养殖户与屠宰加工企业直接交易白条的价格来核算。草饲羊和谷饲羊体重相差较大，本书均按当年出栏羔羊一等羊的平均体重进行折算收益。一般草饲羊胴体平均重量在 14～16 公斤/只，2021 年平均收购价 72 元/公斤。谷饲羊胴体平均重量基本在 25～30 公斤/只，平均收购价 58 元/公斤。2018 年后取消屠宰费，通常白条收购价格包含头蹄下货的价钱，因此养殖户羊的收益基本上只包含羊毛、羊皮和胴体的销售收入，头蹄下货归屠宰加工企业。目前，牧区羊毛在 4～6 元/公斤，一只羊能产 1～1.5 公斤羊毛，由于剪羊毛需要更高的人工费用，一般牧户会将羊毛收益抵补给雇工。牧区 7～8 月出栏的羊皮上常带有狼针或草刺，基本上 1 元/张甚至没人买。农区羊毛一只羊能产生 5 元左右的净收益，羊皮均价基本在 20 元/张。

2. 水稻种植环节增值

水稻种植方式一般可分为普通（常规）种植、绿色种植和有机种植三种方式。绿色有机种植可以有效降低化肥农药的使用量，尤其是有机种植，大量使用有机肥料和生物防治技术，可更好地保护生态环境，提高农产品的品质和安全。但绿色有机种植成本要高于普通种植，且产量往往低于普通种植。仅考虑水稻价格，不考虑成本变化，无法准确核算产品的实际溢价水平。

表 6 - 2   2022 年水稻种植成本收益核算

成本收益	普通种植	绿色种植 （区域品牌大米原粮）	有机种植 （区域品牌大米原粮）
育秧/购秧盘	200	200	200
插秧	70	70	70
翻地	40	40	40
耙地	70	70	70
肥料	160	180	300
飞防/人工除草	40	70	200

成本收益	普通种植	绿色种植（区域品牌大米原粮）	有机种植（区域品牌大米原粮）
水费	50	50	50
收割	90	90	90
地租	600	600	600
每亩种植成本合计（元/亩）	1 320	1 370	1 620
水稻亩产（公斤）	550	500	400
（1）每公斤种植成本（元/公斤）	2.4	2.74	4.05
水稻售价	3	3.6	6
秸秆售价	0.2	0.2	0.2
（2）销售收入合计（元/公斤）	3.2	3.8	6.2
（3）直接收益（元/公斤）	0.8	1.06	2.15

6.3.2 屠宰加工环节成本收益

1. 肉羊屠宰加工环节增值

屠宰加工环节的成本分成直接成本和间接成本，直接成本包括收购费、屠宰加工费、检验检疫费、维修物杂费和固定资产折旧费等。其中，屠宰加工费是直接成本中最主要的构成，包括人工费用、包装费用、水电费用、排污费和加工损耗等，储存冷藏一部分费用计入电费，一部分计入固定资产折旧。排污费主要包含污水和胃容物处理等费用。加工损耗一般在二次加工会产生 6%～8%，但二次加工只占总量的 5%～10%，加之处理中会有些水分的增加，加工损耗可以忽略不计。检验检疫费主要包括日常检验消耗和检疫标签费用，检疫免费。间接成本主要指日常管理费，包括办公耗材、管理人员工资、财务费、招待费、差旅费、广告费等。收购费用占直接成本的90%，随市场波动较大，牧区肉羊集中出栏。一般情况下，羊源较多的时候收购价格下降，后期羊源减少价格上涨。近几年常常出现企业抬价抢收的情况，只有达到一定的屠宰加工量，企业才能弥补运营成本，一般年屠宰加工能力 30 万只的企业，运营成本在 1 500 万元以上，屠宰量达不到 10 万只以上往往面临亏损。牧区受气候、草畜平衡政策和牛市价格上涨等因素的影响，草饲羊出栏量满足不了所有企业的屠宰能力，且有近 30% 的羊源外流，导致很多加工企业羊源不足。目前，牧区多数屠宰加工企业肉羊实际屠宰量在 12 ~ 15 万只，只占其屠宰能力的 30% ~ 40%。农区肉羊可以四季出栏，羊源比较充足稳定，较大规模企业年屠宰量能达到 40 万只左右。屠宰加工费一般会随着屠宰量的增加而增加，而折旧和管理费等会随着屠宰量的增加而降低。在管理费中，屠宰加工企业财务费占比很大，需要大量的流动资金收购羊，尤其是牧区企业，出栏季收购资金需求骤增，企业资金压力大，利息费用高。因各个企业规模和经营状况存在很大差异，管理费和资金成本等差异较大，本书只考虑屠宰加工的直接成本和收益，不核算管理费用。区域品牌新增成本指因参与品牌建设、使用品牌所带来的额外成本。因牧区草饲羊和农区谷饲羊白条平均重量不同，且白条收购时按重量划分等级，不同等级收购价格和销售价格有差异，为便于对比，本书屠宰加工环节按公斤计算成本收益。

核算屠宰加工环节收益时，由于加工分割后产品种类众多，尤其是农区谷饲羊，体形匀称，便于精细分割加工。如肉类产品包括卷肉、后腿肉、元宝肉、带骨羊肉、羊肉串、羊肉馅、雪花羊肉等，带骨产品包括战斧羊排、法式羊排、蝴蝶排、寸排、羊脊骨、羊前腿、前腱后腱等。各种产品价格差距较大，一般肉类产品价格居中（部分精选羊肉价格较高），腿类、脊骨类产品价格较低，部分排类产品制作高端产品，价格较高。另外，羔羊产品价格往往高于淘汰母羊产品价格。本书将其归为肉类产品、带骨产品和头蹄下货三大类进行核算。

表 6 - 3 中，区域品牌新增成本主要指企业为经营区域品牌产品额外增加的成本。"锡林郭勒羊"新增成本主要来自建设可追溯体系，包括羊耳标佩戴、信息采集与维护、第三方数据平台追溯数据转化费用、扫码设备以及相关差旅等费用，3 元/只的耳标成本目前暂由农牧局承担，还有 15 万余只耳标可供授权企业免费使用。"天赋河套"产品相对于授权企业其他产品的生产并未新增成本，但精细加工定制化生产，使其在人工、包装和损耗上的

成本相比其他同类企业略有增加。2021 年末牧区白条收购价平均为 1 080 元/只（15 公斤标重，72 元/公斤），农区平均为 1 595 元/只（27.5 公斤标重，58 元/公斤）。牧区因羊源有限，季节性出栏，多数企业只有每年 8~10 月满负荷生产，多数时间处于半停产状态，年实际屠宰量在 10~15 万只，成本不易分摊，维修物杂、固定资产折旧等费用略高。而农区谷饲羊四季出栏，羊源充足，多数企业年屠宰量在 40 万只左右，全年生产，能够有效分摊运营成本。另外牧区工业用水每吨水费也略高于农区，水电费和排污费略高于农区。农区谷饲羊体型较大，分割相对精细，因此包装费用略高。虽然各项明细费用略有调整，但农区和牧区总体上每公斤羊的屠宰加工直接费用相差不大，在 6 元/公斤左右。固定资产受各家企业投资规模、回收期、实际屠宰量等诸多因素影响，情况各异。本书以与区域品牌授权企业同等规模和建设期的企业数据为标准进行核算，牧区因屠宰量普遍低于农区，每公斤折旧分摊略高。

表 6-3　　　　　　　　　2021 年肉羊屠宰加工环节成本收益核算

成本收益（元/公斤）	锡林郭勒羊	其他草饲	天赋河套	其他谷饲
收购白条	73	72	34.8	58
屠宰加工成本	4.14	4.14	4.5	4.15
人工费	3	3	3.15	3
包装费	0.7	0.7	1	0.8
水电费	0.37	0.37	0.3	0.3
排污费	0.07	0.07	0.05	0.05
检验检疫费	0.03	0.03	0.05	0.03
维修物杂费	0.33	0.33	0.3	0.3
固定资产折旧	1.5	1.5	1	1
区域品牌新增成本	0.18	0	0	0
（1）直接成本 元/公斤	79.18	78	40.65	63.48
元/只	1 188	1 170	1 118	1 746

续表

成本收益（元/公斤）	锡林郭勒羊	其他草饲	天赋河套	其他谷饲
肉类产品	345	336	710	688
带骨产品	805	784	1 065	1 032
头蹄下货	140	140	150	150
（2）销售收入				
元/只	1 290	1 260	1 925	1 870
元/公斤	86	84	70	68
（3）直接收益				
元/只	102	90	809	124
元/公斤	6.8	6	29.4	4.52

注：①草饲羊平均重量15公斤/只，谷饲羊平均体重27.5公斤/只。
②销售收入中，草饲羊带骨产品占70%，谷饲带骨产品占60%。

近些年随着白条收购价的不断上涨，以大宗销售为主的屠宰加工企业毛利率不断下降，由2016年17%~18%下降到2018年的10%，2021年即使经营较好的企业毛利率也只在7%~8%，再加上管理费和财务费等间接成本，净利润率只有2%~3%。若通过直营、电商等途径进行销售，毛利率一般在10%~15%，净利在3%~5%。受肉羊收购、市场零售价格波动以及企业资金状况和屠宰量等的影响，以大宗销售为主的企业有些年份甚至会亏损。一般年屠宰加工能力30万只的企业，屠宰量达到10万只才能实现盈亏平衡。从大宗销售来看，草饲羊一般肉类产品占30%，带骨产品占70%；谷饲羊一般肉类产品占40%，带骨产品占到60%。带骨产品中排类产品一般高于成本价6~8元/公斤出厂，肉类高出3~4元/公斤，而羊腿和脊骨类产品一般会平价出厂。收购白条时，头蹄下货归属加工企业，不另外付费。在大宗销售产品薄利的情况下，头蹄下货的销售收入很大一部分弥补了企业的管理费用、资金费用等运营成本。

2. 大米加工环节增值

大米加工首先涉及的是原粮收购，秋季潮粮和春季干粮的收购价会有所不同，差价在0.4元/公斤不等，本书按两季的均价进行核算。一般绿色有机种植的稻米品种较好且加工精细，出米率低，绿色稻米60%左右，有机

55%左右，常规种植稻米出米率可达65%，需要按不同出米率折算每公斤大米原粮的成本价。不同大米车间加工费用没有区别，但在出厂时包装会有明显不同，有机大米包装一般采用礼盒，而绿色大米常见真空包装，每袋或每箱的重量小且包装规格高，因此成本会增加（见表6-4）。

表6-4　　　　　　　　2022年大米加工成本收益核算

成本收益 （元/公斤）	普通大米 （常规种植）	区域品牌大米 （绿色种植）	区域品牌大米 （有机种植）
收购水稻原粮	3	3.6	6
出米率（%）	65%	60%	55%
原粮成本价	4.62	6	10.91
人工费	0.08	0.08	0.08
电费	0.16	0.16	0.16
机械磨损维修	0.06	0.06	0.06
包装费	0.14	0.7	2
（1）大米出厂成本	5.06	7	13.21
大米售价	6	9	17
副料售价	0.42	0.5	0.56
（2）销售收入合计 （元/公斤）	6.42	9.5	17.56
（3）直接收益	1.36	2.5	4.35

　　注：①一般绿色有机大米常见于真空和礼盒包装，包装成本明显上升。绿色大米以5公斤真空包装为例；常规种植大米常见于10~25公斤塑料袋包装。
　　②原粮成本价=原粮收购价格÷出米率。

6.3.3　销售环节成本收益

1. 羊肉销售环节增值

"锡林郭勒羊"区域公用品牌产品销售主要有两种方式，一是依托授权企业原有销售渠道，二是通过京东线上旗舰店进行销售。2021年三家授权企业累计销售区域品牌产品 1 175.5 吨，其中，只有一家企业的区域品牌产品全部通过自营终端销售，其他两家企业 98% 以上的区域品牌产品仍进行大宗销售。"锡林郭勒羊"品牌专营的京东旗舰店共上架 7 款产品，截至 2021 年 10 月，销售额 15.4 万元，销量非常有限。"天赋河套"区域公用品牌是综合产业品牌，涉及多个产业多种产品，产品销售主要有三种方式，一是依托授权企业原有销售渠道，二是通过巴彦淖尔市国有企业绿业公司开设"天赋河套"线下直营店和专柜统一配送销售，三是通过区域品牌专营的线上官方旗舰店统一销售所有品类的授权产品及巴彦淖尔优质农产品。肉羊产业唯一的授权企业 90% 以上的产品进行大宗销售，只有少量产品通过"天赋河套"直营店、线上旗舰店销售，占总销量的比重不到 10%。2021 年，授权企业自营的线下体验店及京东线上旗舰店尚处于试运行阶段。截至 2021 年 11 月授权企业屠宰加工量为 3 362.27 吨，销售量为 2 722.85 吨，销售额已完成 1.36 亿元，其中"天赋河套"产品销售额 1.03 亿元。

不同的销售渠道，成本收益状况差异很大。目前，内蒙古羊肉区域品牌产品仍多数进行大宗销售。这种 B2B 销售方式，未能使区域品牌产品很好地实现溢价。区域品牌授权企业延伸产业链，自营餐饮、直营店或开设线上旗舰店，直接面向消费者进行 B2C 终端销售，使区域品牌产品实现了一定程度的溢价。线下直营店销售，使得羊肉这类冷鲜产品较易获取消费者信赖，提高品牌效应，但运营成本相对较高。"锡林郭勒羊"授权企业目前都开设了线下直营店，"天赋河套"授权企业通过区域品牌统一的直营门店进行销售。开设直营店，一般涉及房屋租赁、水电、网络、包装、维修等营运费、雇工费、储藏、运输装卸费以及固定资产折旧等直接成本。商品经过批发进入商超进行零售，房屋租赁、雇工费则相应变为摊位费和管理费。实际上，若厂家直接与商超谈判，商品进驻商超一般需要进场费、端头费、堆垛费、DM 费、年底返利、毛利补偿费等。有些商超还需要年节费、店庆费、提前结账费等，生鲜产品还需补损费等。另外也可以按销售额扣点进行费用结算，一般大型超市羊肉扣点在 13% 左右。京东旗舰店生鲜牛羊肉类产品一般平台扣点是 3%，按销售额扣费，外加平台使用费 1.2 万元/年和 5 万元的保证金。因餐饮企业成本收益数据获取不易，且羊肉产品相对于所有菜品的成本分摊及核算比较困难，本书并未分析大宗销售餐饮渠道，仅对线下直营模式进行成本收益分析，谷饲羊产品直营门店几乎没有，本书用商超销售渠道进行替代。

如表6-5所示，直营门店草饲羊的销售成本为3元/公斤，"锡林郭勒羊"品牌产品与授权企业其他同类产品同店销售，销售成本无差别，但采购和销售价格均高于同类产品。巴彦淖尔绿业公司负责经营"天赋河套"线下直营店和线上旗舰店，因"天赋河套"是综合产业品牌，直营店产品品类众多，包含12家企业53款产品的销售，羊肉产品仅占所有产品的5%~10%，占比很低，尤其是在内蒙古本地市场，因此每1公斤羊肉分摊的房租、雇工管理和折旧等费用略低于"锡林郭勒羊"直营店。目前加工谷饲羊的企业以大宗销售为主，几乎没有企业开设直营店，经过2~3级批发，进入商超的采购价就已经提高了10元/公斤左右，其中成本在5元/公斤左右。商超销售成本低于直营店，但利润空间也较低，一般在扣掉成本后收益4元/公斤。考虑各级批发商收益，则整个销售过程收益为9元/公斤左右。

表6-5　　　　　　2021年区域品牌羊肉销售环节成本收益核算

成本收益 （元/公斤）	锡林郭勒羊 直营店	其他草饲 直营店	大宗商超	天赋河套 直营店
进货价格	86	84	Pt + 10	70
房屋/摊位租赁	1.1	1.1	0.4	0.5
水电、储藏、包装	0.4	0.4	0.35	0.4
雇工/管理费	1.2	1.2	0.5	0.6
运输装卸费	0.2	0.2	0.2	0.2
装修、固定资产分摊	0.1	0.1	0.05	0.1
（1）直接成本				
元/公斤	89	87	Pt + 11.5	71.8
元/只	1 335	1 305	—	1 975

续表

成本收益 （元/公斤）	锡林郭勒羊 直营店	其他草饲 直营店	大宗商超	天赋河套 直营店
（2）销售收入				
元/公斤	112	106	Pt + 15.5	86
元/只	1 680	1 590	—	2 365
其中：肉类产品	756	716	—	1 064
带骨产品	924	874	—	1 301
（3）直接收益				
元/公斤	23	19	4	14.2
元/只	345	285	—	391

注：①每只羊平均重量草饲羊按 15 公斤核算，谷饲羊按 27.5 公斤核算。
②Pt 为加工企业出厂价格。
③零售阶段肉类产品占 45%，骨类产品占 55%。

2. 大米销售环节增值

"兴安盟大米"区域品牌的打造，使得当地大米的销量增加了近 30%，尤其是绿色有机的中高端产品。截至目前，"兴安盟大米"并未开设专门的区域品牌旗舰店在线上销售，基本通过企业原有的销售渠道销售，如直营店、与企事业单位签订采购订单等，这两种销售渠道占到所有大米销量的近 80%。

目前，部分授权企业合资开设"兴安盟大米"直营店，以区域品牌统一身份进行展销，同时销售几家企业的产品。少部分区域品牌大米通过企业自营的线上网店以及代理商或批发商进入商超，这部分不到 20%。以直达终端零售的直营店和商超为例，对比普通大米和区域品牌大米的成本收益，分析区域品牌大米的溢价情况。实际调研发现，有机大米出厂时会有各种不同规格档次的包装，使得有机大米的市场价格差异非常大，每公斤大米价格从 20~200 元价格不一，难以进行对比。因此在此环节，仅对比普通大米和区域品牌绿色大米。另外，距离销售地的距离不同，运费也会有所差异，本书以运销到呼和浩特为例，作成本收益分析，见表 6-6。

表 6 - 6　　　　　　　　　　2022 年大米销售成本收益核算

成本收益 （元/公斤）	直营店		商超	
	普通大米	区域品牌大米 （绿色种植）	普通大米	区域品牌大米 （绿色种植）
进货价格	5.06	7	7.06	9
房屋/摊位租赁	1.06	1.06	0.4	0.4
水电	0.08	0.08	0.06	0.06
雇工/管理费	0.8	0.8	0.5	0.5
运输装卸费	0.3	0.3	0.2	0.2
仓储	0.2	0.2	0.2	0.2
店面装修与维护	0.2	0.2	0.05	0.05
（1）直接成本	7.7	9.64	8.47	10.41
（2）销售收入	9	14	9	14
（3）直接收益	1.3	4.36	0.53	3.59

注：Pt 为加工企业出厂价格。

6.4　本章小结

　　品牌价值实现，表现为产品附加收益的提高和市场份额的增加。研究通过溢价率、溢价贡献率和收益增长来考量区域品牌价值实现的效果。研究分别分析了各区域品牌"养殖/种植—加工—销售"环节的溢价水平和收益增值情况。

6.4.1　区域品牌供应链各环节溢价情况

　　1. 养殖/种植环节

　　2021 年"锡林郭勒羊"溢价 1.4%，对区域产业的溢价贡献率仅为

0.014%，增收效应受限于区域品牌产品规模。"天赋河套"不存在养殖环节溢价。对比不同产区或不同养殖方式的肉羊，相比谷饲羊，草饲羊溢价24%，但全年羊肉产量仅是谷饲羊的70.7%，则实际溢价应为17%，草饲羊区域品牌具有一定竞争优势。兴安盟绿色有机大米均可使用区域品牌标志，绿色稻米平均溢价12.5%，"兴安盟大米"品牌对本地稻米种植业的溢价贡献率为9.25%。若将绿色种植与普通种植水稻的销售价格进行对比，则绿色大米价格高出0.6元/公斤，溢价20%。有机种植稻米与前几年同期相比价格上涨0.7元/公斤，上涨了12.2%，此种溢价不排除因为农资上涨、新冠疫情等因素带来的价格变化。

2. 加工环节

2021年"锡林郭勒羊"溢价2.4%，但对区域产业溢价贡献率仅为0.023%，对授权企业溢价贡献率为0.2%，收益增长作用十分有限。"天赋河套"比同行业其他谷饲羊溢价2.9%左右，但这是企业原有的市场优势，不能视为"天赋河套"品牌溢价。草饲羊肉比谷饲羊肉出厂价格高，实际上农区牧区屠宰加工成本相差不大，出厂价格的差距仍是养殖环节价差的延续。兴安盟水稻品种、收购季节、加工时出米率和大米包装不同，价格差异较大。绿色大米相比普通大米溢价约2元/公斤，而有机大米相比普通大米，溢价4.6元/公斤。相比2019年区域品牌建设前，同种大米出厂价略有上涨，以10斤真空包装绿色大米为例，2022年比2019年出厂价上涨约7.7%，但这种价格的上涨不排除与原粮收购价和包材成本上涨有一定关联。从产量角度看，各授权企业80%的大米均为授权的绿色有机产品，该类大米销量增加了近30%，因此溢价贡献率约为8%。

3. 销售环节

将区域品牌产品与授权企业同类产品进行比较，2021年"锡林郭勒羊"平均溢价3.3%，各种销售渠道中线下直营零售溢价率最高，对区域产业的溢价贡献率为0.02%，对终端销售商溢价贡献率为0.15%。将区域品牌产品与行业内其他非授权企业同类产品（草饲羊）相比，区域品牌产品溢价率将提高至 5.6% 左右。"天赋河套"相比授权企业同类产品,"天赋河套"产品大宗销售不存在溢价,将区域品牌专营门店销售与大宗商超销售相比,溢价 0.58%,且主要是包装成本带来的价格变化。将区域品牌直营门店销售与非区域品牌产品商超零售相比,"天赋河套"溢价 3% 左右,仍是收购差价及包装差异带来的价格变化。草饲羊相比谷饲羊的肉类产品价格较高。兴安盟大米以 5 公斤真空包装的长粒香米为例,相比 2019 年企业同类产品,授权后区域品牌大米通过线下直营店进行终端零售,绿色大米平均溢价 7.6%;将绿色大米与普通大米相对比,溢价约 28.5%;有机大米品种、包装、田间管理等不同,使得价格差异很大,每斤大米从 10~150 元不等,溢价水平不一。

总体来看,处于成长期的农产品区域公用品牌溢价能力有限,受较为严格的授权使用范围限制,区域品牌产品规模小,目前对区域产业和供应链各利益主体的增收效应不显著。从供应链角度看,销售终端溢价水平高于加工和养殖环节,但这取决于销售方式,直营终端销售,直接连通消费者,则可创造更大溢价空间,传统大宗销售方式抑制区域品牌溢价能力。对比不同特征的产品,草饲羊、绿色有机大米溢价能力较强,这种优势主要来源于种养方式和生长环境的差异,使得不同产品的需求强度不同。

6.4.2 区域品牌供应链各环节收益增值情况

分析收益增长,不能仅考虑品牌溢价,还需核算各利益主体成本收益变化。表 6-7 和表 6-8 汇总了产品供应链各环节的直接成本、销售收入和收益增值。通过三个案例的供应链各环节收益核算发现,建设区域品牌后,供应链各利益主体一定程度上协同共建区域品牌,构建了一些新的合作机制,如"锡林郭勒羊"加工企业承诺高于市场价收购,"天赋河套"品牌设立专营门店等,"兴安盟大米"的授权企业 + 合作社/种植基地模式,使得供应链总体收益增加,同时增加了各利益主体的收益。

表6-7 羊肉供应链各环节成本收益汇总

成本收益（元/公斤）		锡林郭勒羊（直营）	其他草饲（直营）	天赋河套（直营）	其他谷饲（大宗）
养殖	成本	44.2	44.2	34.8	47
	收入	73	72	34.8	58
	增值	28.8	27.8	0	11
加工	成本	79.18	78	40.65	63.48
	收入	86	84	70	68
	增值	6.8	6	29.4	4.52
销售	成本	89	87	71.8	74.5
	收入	112	106	86	83.5
	增值	23	19	14.2	9
供应链总增值		58.6	52.8	43.6	24.52

注："其他草饲"指非区域品牌产品直营门店销售，"其他谷饲"指非区域品牌产品大宗销售，区域品牌产品销售均按直营门店销售核算成本收益。

表6-8 大米供应链各环节成本收益汇总

成本收益（元/公斤）		直营		商超	
		普通大米	区域品牌大米（绿色种植）	普通大米	区域品牌大米（绿色种植）
种植	成本	2.4	2.74	2.4	2.74
	收入	3.2	3.8	3.2	3.8
	增值	0.8	1.06	0.8	1.06
加工	成本	5.06	7	5.06	7
	收入	6.42	9.5	6.42	9.5
	增值	1.36	2.5	1.36	2.5
销售	成本	7.7	9.64	8.47	10.41
	收入	9	14	9	14
	增值	1.3	4.36	0.53	3.59
供应链总增值		3.46	7.92	2.69	7.15

从收益增值来看，羊肉和大米供应链各环节增值不同，畜产品养殖环节增值较多，农产品销售环节增值加大。然而从收益增长幅度看，相比非区域品牌产品，区域品牌羊肉和大米都是销售环节增值幅度最大。草饲羊相对谷饲羊供应链各环节收益更多，绿色、有机大米相对普通大米供应链各环节收益更多，产品特征影响区域品牌的溢价能力。

区域品牌销售终端溢价能力较强，但受产品销售方式影响较大。销售终端溢价能否有效向供应链上游传递，则取决于供应链协作模式，传统契约合同式的合作模式，实际上限制了上游环节进一步分享供应链终端收益的能力。实行前向或后向一体化经营，将上游的成本进行压缩，使得加工环节收益增长十分显著，开设直营门店，以便更好地分享终端溢价，其销售环节收益增长也很显著。不同的经营策略和供应链协作模式，可打破原有利益格局，拓展利润空间。

7 农产品区域公用品牌
增值分享结构及优化

农产品区域公用品牌价值的有效传递，直接体现为供应链各利益主体收益增长和增值的合理分享，是稳固农产品区域公用品牌协同共建关系、推动区域品牌稳步发展的重要条件。

7.1 区域品牌供应链纵向协作模式

通过以上对各区域品牌成本收益的分析，可以总结各品牌供应链协同共建的基本模式，以授权企业为中心，将区域品牌供应链纵向协作模式归纳为以下几种，为后面增值分享结构的分析作基础铺垫。

1. 两端订单

主要指"养殖户+加工企业+大宗销售"的合作模式。"锡林郭勒羊"授权企业与上游养殖户和下游销售商仍以订单方式进行合作，养殖户常有违约现象，下游与经销商、餐饮企业或商超等签订订单，进行大宗销售，销量虽大，但利润空间小，且区域品牌产品未能实现溢价。目前"锡林郭勒羊"授权企业与牧户之间仅是简单的合同订单关系，2021 年签订了 16.98 万只可追溯草原羊的订单，实际收购回 12.5 万只，仅占原订单总量的 73.6%。究其原因，主要是因为订单牧户未完全履约，考虑市场价格和饲喂成本的变化，部分牧户在 5 月就提前出栏，出售了活畜，也有牧户因人情关系、其他企业提价竞争或订单溢价吸引力不足等原因另卖他家的现象，契约关系脆弱。另一端，企业接受经销商、餐饮企业或商超等的订单，进行大宗销售，销量虽大，但利润空间小。牧区肉羊 7~9 月集中出栏，企业 8~10 月常常满负荷屠宰，而 11 月至次年 6 月加工量很小。为提高屠宰量完成订单并有效分摊运营成本，企业短期内资金需求量骤增，需要快速回笼资金，却因此时市场供给量增多常常遭遇订单客户压价，加工企业面临两端利润挤压。一端要保证牧户利益以稳定羊源，另一端受客户企业压价，自身增值困难。此种模式下加工企业维持区域品牌合作关系的动力不足。"兴安盟大米"授权企业也存在"两端订单"合作模式，一方面，向农户收购一部分稻米原粮，每年在播种前与农户签订收购和种植标准合同，承诺收购价格比市场价格高 0.2 元/公斤左右，当然在秋季收购时会根据水稻的含水量和出米率调整收购价。另一方面，与企事业单位洽谈订单，按订单进行加工包装，以销定产。水稻收购相比草饲羊收购季节约束不那么强，可以晚一些收购干粮，收购成本也相对较低，因此大米加工企业短期流动资金压力相对小一些，在销售议价时被动性也就小一些。

2. 前向一体化

主要指"养殖户 + 加工企业 + 直营终端销售"的合作模式。这种模式通过控制供应链下游的销售环节，将终端销售溢价内化为企业利润，可免于被合作客户挤压利润，又充分发挥区域品牌效应，提高本企业产品知名度。但前向延伸产业链，考验企业的管理能力和经济实力，企业面临带来新的风险和投资压力。"锡林郭勒羊"授权企业主要经营草饲羊产品，面临牧区活羊卖方市场的状况，羊源不稳定，牧区大规模流转草场很难，即使企业可以大规模租用草场进行养殖，养殖土地成本过高，因此无法通过自建养殖场将供应链上游利润内化。草饲羊较高的市场认可度和溢价空间，使企业向下游延伸产业链的动力较强。一方面，区域公用品牌的创建和政府的扶持，一定程度上改善了上游养殖环节联结关系的脆弱；另一方面，通过自营终端销售，既可免于被合作客户挤压利润，获取终端销售溢价，又可通过区域品牌"搭便车"，提高产品知名度。但向下延伸产业链，考验企业的基础和实力，给企业带来了新的风险和投资压力。

3. 后向一体化

主要指"养殖场/基地 + 加工企业 + 销售商"的合作模式。"天赋河套"

授权企业向上延伸产业链，控制上游成本，内化上游收益，在加工环节实现利润并由企业集团进行再分配。与下游销售商仍采用订单合同方式合作。后向一体化经营可保证加工企业不受上游羊源供应的制约，规模化养殖也可节约大量成本，但企业投资压力和经营风险加大，需要较顺畅的市场出口，获取终端溢价能力较弱。"天赋河套"授权企业所在集团公司，围绕湖羊品种提高规模化养殖的标准和集约化程度，进行羊肉产品的定制化加工，为加工环节创造了更大的利润空间。但企业一体化经营投资压力和经营风险加大，重资产运营需要较高的管理水平、销售能力和较高的利润，才能对上游环节进行有效的利润补偿。

4. 供应链一体化

主要指"养殖场/种植基地＋加工企业＋直营店"的合作模式。"兴安盟大米"授权企业同时向上和向下延伸产业链，通过土地流转形成企业种植基地，按照企业种植标准，主要采用机械来种植和收割，雇佣当地农户进行田间管理，控制上游种植标准和成本，同时开设直营店，内化下游收益，基本控制了水稻的种植和大米加工、销售环节，加工企业则成为供应链的核心。

7.2　区域品牌增值分享结构

本书中的增值分享结构是指区域公用品牌带来的收益增值在供应链种植养殖、加工、销售各环节的分配比例。

7.2.1　羊肉区域品牌增值分享结构

1. "锡林郭勒羊"品牌增值分享结构

依照上述羊肉区域品牌产品供应链纵向协作模式，厘清各条供应链总增值的分配结构。表7－1中，按照供应链不同协作模式，区分区域品牌和非区域品牌，对比分析草饲羊供应链各环节增值分配结构。

表 7 - 1　　　　　　　2021 年草饲羊供应链收益增长及其分配结构

供应链增值	非区域品牌				锡林郭勒羊			
	独立经营		前向一体化		两端订单		前向一体化	
	大宗 (元/公斤)	占比 (%)	直营店 (元/公斤)	占比 (%)	大宗 (元/公斤)	占比 (%)	直营店 (元/公斤)	占比 (%)
养殖	27.8	65	27.8	52.6	28.8	67.6	28.8	49.2
加工	6	14	6	11.4	4.82	11.3	6.8	11.6
销售	9	21	19	36	9	21.1	23	39.2
合计	42.8	100	52.8	100	42.62	100	58.6	100

受季节性出栏和羊源不足影响，牧区屠宰加工企业短期流动资金需求骤增，以大宗销售为主急需快速回笼资金，受制于养殖和销售两端，利润空间有限，养殖、加工、销售各环节每公斤纯收益分别为27.8元、6元和9元，供应链增值最终形成养殖65%、加工14%、销售21%的分享结构。若加工企业直营终端销售，养殖、加工、销售各环节每公斤纯收益分别为27.8元、6元和19元，供应链总体收益提高，各环节分享结构调整为52.6%、11.4%、36%，此时养殖和加工环节收益未变，但增值分享比例下降，不能分享终端增加的收益，供应链增值全部集中在销售环节。"前向一体化"经营模式可以创新的增值，并将销售收益增值内化，使加工、销售两个环节整体的分享比例由原来的35%扩展为47.4%，但不能向养殖环节进一步传递增值。

打造区域品牌，"锡林郭勒羊"授权企业谋求与上下游合作，为稳定羊源，与养殖户签订收购订单，提高收购价格，直接提高了养殖户的收益。若下游销售仍进行大宗销售，品牌增值向上传递渠道不畅，区域品牌效应发挥将受阻，不能实现溢价，加工企业区域品牌产品成本却在提高，养殖、加工、销售各环节每公斤纯收益分别为28.8元、4.82元和9元，增值分享比例为67.6%、11.3%、21.1%。这种"两端订单"的合作模式使加工环节增值分享比例进一步降低，整条供应链的增值减少，企业参与区域品牌建设的动力不足。向下延伸产业链，采取"前向一体化"的合作模式，打通品牌溢价向上传递的渠道，成为区域品牌成功打造的必然出路，不但可以使供应链总体收益进一步增加，还可使每个环节利益主体的获益增加，养殖、加工、销售各环节每公斤纯收益分别为 28.8 元、6.8 元和 23 元，供应链增值分享结构变为 49.2%、11.6%、39.2%。养殖环节分享比例虽有所下降，但收益在增加，加工环节分享比例变化不大，但加工与销售分享比例之和进一步提高为 50.8%。

2. "天赋河套"品牌增值分享结构

表 7-2 中，区分非区域品牌和区域品牌，对比谷饲羊产品供应链各环节增值，核算了供应链不同协作状态下增值分配结构。"自繁自育"养殖模式下，谷饲羊供应链各环节独立经营，不进行合作。企业收购活羊屠宰加工后，加工企业大宗销售增值空间小，养殖、加工、销售各环节每公斤纯收益分别为 11 元、4.52 元和 9 元，形成 44.9%、18.4%、36.7% 的增值分享结构。

表 7-2   2021 年谷饲羊供应链收益分配结构

供应链增值	非区域品牌		天赋河套			
	独立经营		后向一体化			
	大宗（元/公斤）	占比（%）	大宗（元/公斤）	占比（%）	直营店（元/公斤）	占比（%）
养殖	11	44.9	0	0	0	0
加工	4.52	18.4	29.4	76.6	29.4	67.4
销售	9	36.7	9	23.4	14.2	32.6
合计	24.52	100	38.4	100	43.6	100

"天赋河套"授权企业经营养殖基地，使企业上游成本明显下降。通过标准化养殖，控制品种，在加工出厂环节实现增值，即使进行大宗销售，仍可将养殖和加工环节的整体收益由 15.52 元/公斤提高至 29.4 元/公斤，分享比例由其他谷饲羊的 63.3% 提高到 76.6%，且供应链整体收益提高。若

通过"天赋河套"区域品牌专营的销售体系进行终端销售,"养殖 + 加工"和销售环节每公斤纯收益分别为29.4元和14.2元,供应链总体收益得以继续提高。因授权企业与专营门店仍是独立运营关系,终端产品溢价仍不能顺畅地向授权企业传递,增值分享结构由76.6%、23.4%变为67.4%、32.6%,授权企业不能分享终端销售利润的增长。

7.2.2 大米区域品牌增值分享结构

根据非授权企业的普通大米和区域品牌大米两种供应链协作模式分析供应链增值情况,普通大米供应链协作可分为两种情况,一种是独立经营,指非授权的大米加工企业生产普通大米时,向农户(非订单)收购水稻原粮,加工后向商超或其他粮店销售大米的模式;另一种是前向一体化,加工企业从农户/合作社收购水稻原粮进行加工后,通过企业自己的直营店进行大米销售。同样,区域品牌大米供应链协作也可分为两种情况,一种是两端订单模式,授权企业从订单农户/合作社收购水稻加工后,通过批发商进入商超销售;另一种是前向一体化,订单农户/合作社收购水稻加工成大米后,通过直营店进行销售。实际上,大多数区域品牌大米产自授权企业的种植基地,然后进行直营销售,基本符合供应链一体化模式。为便于对比,研究采用农户/合作社订单直营销售的情况进行供应链增值分析。

如表7-3所示,普通大米商超销售,种植、加工、销售各环节每公斤纯收益分别为0.8元、1.36元和0.53元,供应链最终形成种植29.7%、加工50.6%、销售19.7%的增值分享结构。若加工企业"前向一体化",直营终端销售,种植、加工、销售各环节每公斤纯收益分别为0.8元、1.36元和1.3元,供应链总体收益提高为3.46元/公斤,各环节分享结构调整为23.1%、39.3%、37.6%,此时种植和加工环节收益未变,但增值分享比例下降,供应链增值全部集中在销售环节。直营终端销售可以创造更多的增值,将销售收益增值内化,使加工、销售两个环节整体的分享比例由原来的70.3%提升为76.9%,但不能向种植环节进一步传递增值。

表7－3 2022年大米供应链收益增长及其分配结构

供应链增值	普通大米				兴安盟大米			
	独立经营		前向一体化		两端订单		前向一体化	
	商超 (元/公斤)	占比 (%)	直营店 (元/公斤)	占比 (%)	商超 (元/公斤)	占比 (%)	直营店 (元/公斤)	占比 (%)
种植	0.8	29.7	0.8	23.1	1.06	14.8	1.06	13.4
加工	1.36	50.6	1.36	39.3	2.5	35	2.5	31.6
销售	0.53	19.7	1.3	37.6	3.59	50.2	4.36	55
合计	2.69	100	3.46	100	7.15	100	7.92	100

打造区域品牌，"兴安盟大米"授权企业谋求产业链协作，与上游农户/合作社签订收购订单，若下游销售仍是商超销售，种植、加工、销售各环节每公斤纯收益分别为1.06元、2.5元和3.59元，增值分享比例为14.8%、35%、50.2%。若向下延伸产业链，采取"前向一体化"的合作模式，可以使供应链总体收益由7.15元/公斤进一步增加为7.92元/公斤；种植、加工、销售各环节每公斤纯收益分别为1.06元、2.5元和4.36元，供应链增值分享结构变为1.34%、31.6%、55%。相比商超销售，直营店销售使加工、销售两个环节整体的分享比例由85.2%上升为86.6%。

相比普通大米，从收益绝对值角度看，区域品牌绿色大米生产成本增加，但收益也随之增加，供应链总体增值提高，且各经营主体直接收益也实现了增长。从增值分享结构角度看，区域品牌大米相比普通大米供应链，种植和加工环节的分享比例反而明显下降，销售环节的分享比例显著提高。通过商超进行销售时，普通大米销售环节供应链增值分享比例为19.7%，区域品牌大米销售环节分享比例提升为50.2%；通过直营店进行销售，普通大米销售环节分享比例为37.6%，区域品牌大米则提升为55%。可见，创建区域品牌，提升产品质量标准，有利于增加供应链各利益主体收益，促进整个供应链增值，但品牌溢价更多实现于销售环节，加工企业延伸产业链，直营终端销售，可以使加工和销售两个环节分享更多的供应链增值，但种植环节很难分享更多的品牌溢价，需要进一步挖掘更紧密科学的供应链协作机制，打通品牌溢价向上传递的渠道，以提高种植环节品牌溢价分享能力。

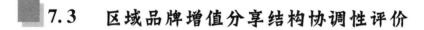

7.3　区域品牌增值分享结构协调性评价

7.3.1　供应链各环节重要性分析

供应链各环节功能和分工不同，各环节收益分配存在差异是合理的。如果收益差异明显不协调，说明供应链收益分配不合理，供应链协作关系将不稳定，各利益主体参与区域品牌建设的积极性会下降，甚至退出合作。合理进行供应链各环节的收益分配，应考虑各自成本投入、承担的风险、对供应链的重要程度等各方面。从资金投入角度看，一般屠宰加工环节成本最高，然后是销售环节，养殖环节相对较低。从风险承担角度看，养殖环节养殖周期长，牧区较农区受天气等自然环境影响更大，牲畜自繁自育疫病和耗损风险高，短期育肥需要购买仔畜，受市场价格波动影响大。总体而言，养殖环节抵御风险能力低。屠宰加工企业上游面临牲畜收购、下游面临产品销售，受两端价格变化影响，在激烈的市场竞争中经营风险也很大，若不能提高产量，往往无法弥补运营成本，面临亏损。销售环节面临市场终端，市场信息传导迅速，进入退出或转而销售替代品较容易，价格变化对其影响小，承担的风险较小。从区域品牌核心价值角度看，养殖环节凭借资源优势，在产品生产环境、品种、质量安全、风味口感等方面有重要影响，往往是区域品牌的主要核心价值来源。屠宰加工企业对产品形态转化、包装、品质标准化、使用便捷性等方面的控制有重要作用，是产品和声誉控制的重要环节，因此区域品牌授权使用基本集中在加工环节，是区域品牌建设重要的投入和参与主体。销售环节在保证品牌产品的顺畅流通、展示产品形象、实现品牌顾客价值等方面具有重要作用。

7.3.2 供应链各环节综合成本利润率比较

综合成本利润率不但要考虑经营主体的经济成本和收益，还要考虑其经营周转的时间成本，因此，供应链各利益主体综合成本利润率 Z_i 计算公式如下：

$$Z_i = \frac{R_i - C_i}{C_i(T_i/T_0)} \times 100\% \qquad (7.1)$$

其中，R_i 表示各主体销售收入；C_i 表示供应链各利益主体成本投入；T_i 表示各主体经营时间，T_0 表示供应链协作单位时间投入或设定的基期；$i = 1$，2，3，…分别表示种植养殖、加工、销售等环节。

1. 羊肉产品供应链综合成本利润率

仅从区域品牌供应链各环节增值多少来看，养殖户获得的利润最多，其次是零售商，屠宰加工企业获利最少。由于肉羊的养殖、屠宰加工和销售都有一定的周期，各环节经营时间不同，交易的产品形态也不尽相同，因此，不能仅从供应链各环节产生的收益大小角度来评价其获利能力。考虑各环节生产周期，可计算综合成本利润率，以对比供应链各利益主体在相同时间内的收益情况。

养殖环节经营周期较长，一般自繁自育从羔羊出生到屠宰需要 6~6.5 个月，而短期育肥从购买仔畜到出栏需要 4~4.5 个月，农区基本可实现一只母羊两年 3 胎，每胎 2 羔，牧区母羊一般一年 1 胎居多，一胎 1~2 羔不等，综合考量下，本书确定一只羊养殖周期为 120 天。屠宰加工企业平均每天屠宰量为 1 000~1 200 只，部分授权企业屠宰量也在 300~500 只/天，一只羊从进厂到屠宰加工再到冷冻排酸一般不超过两天，但考虑收益实现期限，本书采用屠宰加工企业的平均回账期进行核算，一般库存周转和回账在 30 天左右。销售环节直营店、餐饮企业、经销商、商超情况各不相同，一般直营店和超市受地理位置等的影响，销量也有差异。一般直营店每天销售量在 4~7 只羊不等，超市每天销量也在 90~120 公斤不等。本书研究的羊肉产品属于冷藏食品，并不是热鲜肉，直营店和商超的库存周转期和补货期一般为 5~10 天，综合考虑结算时间，本书确定销售环节周期为 7 天，设 $T_0 = 7$，则 $T_1/T_0 = 17.14$，$T_2/T_0 = 4.29$，$T_3/T_0 = 1$。

如表 7-4 所示，"锡林郭勒羊"区域品牌供应链收益分配格局中，销售环节获得的综合成本利润率最高，即使采用大宗销售。其次是养殖环节，屠宰加工企业综合成本利润率最低，尤其是大宗销售没有溢价的情况下。之前按供应链增值占比和成本收益率计算的收益分配格局中，各环节收益养殖户 > 销售商 > 屠宰加工企业，并没有考虑时间因素，引入经营周期后，各环节收益格局变为销售商 > 养殖户 > 屠宰加工企业。养殖环节虽然养殖周期长，但牧区拥有的天然草场，放牧散养使牧户养殖成本明显降低，草饲羊市场需求旺盛，价格高，使得草饲羊养殖利润空间大，成本收益率非常高，综合成本利润率虽显著下降，仍高于屠宰加工企业。牧区肉羊卖方市场现状，虽不能使养殖户具有价格决定权，但因草饲羊数量有限，养殖户有权决定出售给哪个买家，加之牧区草饲羊外流现象普遍，因市价高，许多外地商贩前来收购活畜，使得牧区羊源更为紧张，进而使得买家往往不得不竞相提价抢购羊源。处于区域品牌供应链核心的屠宰加工企业，综合成本利润率是最低的。屠宰加工企业作为产品生产和销售的重要纽带，是实现产品转化必不可少的环节，其运营成本高且经营风险大，其重要地位未能在收益分配上得到充分体现，将会严重影响屠宰加工企业参与区域品牌建设的积极性。销售环节尤其是零售商，最接近终端消费者，品牌效应最易发挥，收益提升空间大。这一环节产品流通速度快，库存周转和账期短，所承担的经营风险小，收益实现速度最快，因此综合成本利润率最高，明显高于屠宰加工企业和养殖户。相比大宗销售渠道，直营销售综合成本利润率更高，但目前销量占比较小，亟待进一步拓展。

表 7-4　　　　　2021 年区域品牌供应链各环节综合成本利润率　　　　　单位：%

供应链环节	锡林郭勒羊		天赋河套	
	成本收益率	综合成本利润率	成本收益率	综合成本利润率
养殖	65.2	3.8	0	0

续表

供应链环节		锡林郭勒羊		天赋河套	
		成本收益率	综合成本利润率	成本收益率	综合成本利润率
加工	直营店	8.6	2	72.3	16.85
	大宗批发	6.1	1.42	72.3	16.85
销售	直营店	25.8	25.8	19.8	19.8
	大宗批发	9.94	9.94	11.8	11.8

"天赋河套"区域品牌供应链收益分配格局较为特殊，养殖与加工环节使用成本价进行结算，应将两个环节的综合成本利润率结合起来分析。若销售环节采用直营终端方式销售，则销售环节获得的综合成本利润率最高，为19.8%；养殖和屠宰加工环节加起来实现了16.85%的综合成本利润率，低于直营销售环节。若采用大宗销售，则屠宰加工环节最高，销售环节综合成本利润率明显下降为11.8%。直营终端销售，经营成本虽有所提高，但缩短了产品流通环节，企业品牌和区域品牌效应得以发挥，可获得更多收益，商品流转显著快于上游两个环节，收益实现速度快且风险小，因此综合成本利润率较高。但与屠宰加工环节的差距较之草饲羊区域品牌明显缩小。这与授权企业一体化经营有关，在肉羊的饲料和养殖方面节省了大量成本，为屠宰加工环节创造了更大的利润空间。另外，农区羊源充足，四季出栏，屠宰加工企业收购时并不被动，企业可以扩大屠宰量分摊运营成本，并因湖羊品种和标准化养殖的控制使产品差异化明显，较之普通谷饲羊能够开拓一定的溢价空间。普通谷饲羊大宗销售各环节综合成本利润率为1.37%、1.66%、12.1%，区域品牌产品大宗销售该比率变为0、16.85%、11.8%，明显提高了前两个环节的综合成本利润率。目前"天赋河套"授权企业和其他谷饲羊加工企业大宗销售是主要方式，之前按供应链增值占比和成本收益率计算的收益分配格局中，普通谷饲羊各环节收益养殖户 > 销售商 > 屠宰加工企业，引入经营周期后，各环节收益格局变为销售商 > 屠宰加工企业 > 养殖户，养殖环节因养殖周期长，综合成本利润率最低。区域品牌授权企业一体

化经营后，将养殖和加工环节的收益占比大幅度提高，始终是养殖＋加工＞销售，引入经营周期后，养殖＋加工＞大宗销售，养殖＋加工＜直营销售，收益分配格局有所改变。

2. 大米产品供应链综合成本利润率

在大米产品供应链上，水稻种植环节经营周期较长，兴安盟水稻属于寒地晚熟水稻，从育秧到营养生长再到生殖生长阶段，整个生长周期一般在210 ~ 240 天。不同种植方式、不同品种的水稻生长周期也会有所不同，本书选取 225 天为水稻种植周期。加工企业按大米订单进行生产，不同规模企业日加工能力达 30 ~ 100 吨，稻米从原粮收购进厂到晾晒仓储，再到加工车间经筛选、脱粒、研磨等一系列程序，然后经包装、仓储、运输、销售等一系列过程，考虑收益实现期限，采用加工企业的平均回账期进行核算，一般库存周转和回账期为 30 ~ 60 天不等。本书采用平均 45 天为周转周期。销售环节直营店、餐饮企业、经销商、商超情况各不相同，一般直营店和超市受地理位置等的影响，销量也有差异。大米可以较长时间储藏，直营店和商超的库存周转期和补货期一般为 10 ~ 20 天，综合考虑结算时间，本书确定销售环节周期为 15 天，设 $T_0 = 15$，则 $T_1/T_0 = 15$，$T_2/T_0 = 3$，$T_3/T_0 = 1$。

如表 7 - 5 所示，"兴安盟大米"区域品牌供应链收益分配格局中，销售环节获得的综合成本利润率明显高于其他两个环节，其次是加工环节，种植环节综合成本利润率最低。按供应链增值占比计算的收益分配格局中，各环节收益为销售商＞加工企业＞种植户，按成本收益率计算，商超销售模式下，收益格局为种植户＞加工企业＞销售商，然而直营销售时，各环节收益变为销售商＞种植户＞加工企业，说明销售模式对加工企业的品牌增值分享能力影响较大，区域品牌效应受销售模式影响。以上分析并没有考虑时间因素，引入经营周期后，各环节收益格局变为销售商＞加工企业＞种植户。种植环节生产周期长，综合成本利润率最低，区域品牌市场效应主要显现于销售环节，并未提高种植环节的品牌溢价分享能力。农户收入虽有所提高，但品牌增值分享比例仍是最低的。

表 7-5　　　　2022 年兴安盟大米供应链各环节综合成本利润率　　　单位：%

供应链各环节		成本收益率	综合成本利润率
种植		38.7	2.58
加工	直营店	35.7	11.9
	商超	35.7	11.9
销售	直营店	45.2	45.2
	商超	34.5	34.5

7.3.3　供应链增值分享公平协调度

本书采用公平协调度法来评价供应链收益分配协调程度，将收益分配公平协调度分为五个等级，如表 7-6 所示，包括强协调、较强协调、中等协调、弱协调和不协调，强协调代表收益分配机制非常合理，利益分配公平性、协调性强，各利益主体表现出非常强的合作意愿。设定公平协调度通过变异系数来体现，不同的取值范围代表不同的协调强度，取值越大，说明产品供应链主体所获收益与平均收益之间的差距越大，协调程度越不好，收益分配结构缺乏公平性和合理性，不利于各环节之间以及整个供应链的稳定发展。

表 7-6　　　　　供应链收益分配公平协调度衡量标准

等级序号	取值范围	协调强度
1	0~0.2	强协调
2	0.2~0.4	较强协调
3	0.4~0.6	中等协调
4	0.6~0.8	弱协调
5	≥0.8	不协调

公平协调度法首先需要计算供应链各主要环节的综合成本利润率，再计算各利益主体综合成本利润率的平均值和标准差，然后利用公平协调度公式

计算出变异系数。已有许多学者使用此方法进行农业产业链的利益分配分析，以此反映利益分配的协调程度。

根据各环节的综合成本利润率计算平均综合成本利润率 $\bar{Z}_j$ 和综合成本利润率的标准差 σ_j，进一步计算出公平协调度变异系数 ν_j，即离散系数，表示各利益主体的综合成本利润率与供应链平均综合成本利润率的离散程度，取值范围见表 7-6。

$$\nu_j = \frac{\sigma_j}{\bar{Z}_j} \qquad j = 1, 2, 3 \qquad (7.2)$$

经过核算，如表 7-7 所示，羊肉区域品牌供应链当前的收益分配结构并不协调，变异系数均大于 0.8，供应链各环节所获收益与平均收益之间的离散程度较大，这会影响区域品牌供应链各利益主体协作的稳定性，需要对各环节收益分配结构作进一步优化。

表 7-7 　　　　　　　羊肉区域品牌供应链收益分配公平协调度

不同渠道	锡林郭勒羊		天赋河套	
	直营店	大宗销售	直营店	大宗销售
标准差	13.25	4.4	10.68	8.65
平均值	10.53	5.05	12.21	9.55
变异系数	1.26	0.87	0.87	0.91
协调度	不协调	不协调	不协调	不协调

如表 7-8 所示，大米区域品牌供应链当前的收益分配结构并不协调，变异系数均大于 0.8，供应链各环节所获收益与平均收益之间的离散程度较大，这会影响区域品牌供应链各利益主体协作的稳定性，也需要对各环节收益分配结构作进一步优化。

表 7-8 　　　　　大米区域品牌供应链收益分配公平协调度

销售方式	直营店	商超
标准差	22.41	16.41

销售方式	直营店	商超
平均值	19.89	16.33
变异系数	1.13	1.01
协调度	不协调	不协调

7.4　区域品牌增值分享结构优化

通常情况下，农产品供应链各利益主体独立经营，进一步创造供应链增值和产品溢价乏力，收益分配结构往往也是不均衡的。社会普遍认为，农产品区域公用品牌建设意义重大，它能够实现农产品溢价，带来供应链增值，同时使利益相关主体均受益，进而调整供应链收益分配结构。农产品区域公用品牌建设需要供应链各环节保持积极稳定的协作关系，这种稳定的前提是供应链合作剩余的合理分配。通过以上分析发现，区域品牌增值分享结构的协调性有待提高。本书采用 Shapley 值法，考虑供应链各环节对区域公用品牌发展的重要程度，求解区域品牌供应链收益分配的最佳方案，优化品牌溢价或增值分享结构。

7.4.1　区域品牌增值分享模型构建

Shapley 值法是一种解决多人合作问题的数学方法，由美国洛杉矶加州大学教授 Shapley L. S. 1953 年提出，强调联盟成员的所得与贡献相匹配，即联盟中的成员应按各自对联盟总体收益的贡献率来分配收益。Shapley 值法常被用于解决供应链的收益分配问题。该方法假设联盟参与者的集合为 $I = \{1, 2, 3, \cdots, n\}$，从事经济活动的个体 i，独立经营时收益为 $v(i)$，参与任一合作形式都会得到一定的收益 X_i。当他们的合作目标一致非对抗，合作中人数的增加不会引起收益的减少，这样全体的合作将会带来最大收益 $v(I)$，I 中 n 个成员任何组合都可以形成联盟子集 S，$V(S)$ 表示联盟 S 获得的最大收益。Shapley 值法分配收益应该满足三个条件：

第一，合作整体的最大收益等于各参与者获得的收益之和，体现整体合理性，即 $\sum_{i=1}^{n} X_i = \nu(I)$，$i = 1$，$2$，$\cdots$，$n$；

第二，对于合作整体的内部，存在着帕累托最优的分配规则，每个参与成员从合作整体利益中分配到的收益要大于或者等于不合作时单独经营能够获得的收益，也就是说参与者要在合作中得到好处，即个体合理性，即 $X_i \geq \nu(i)$；

第三，整体合作联盟下合作成员获得的收益之和要优于其在子联盟中获得的收益，这样才能保持合作的稳定性。即 $\sum_{i \in s} X_i \geq \nu(s)$。

一般来说，n 个人的合作博弈有很多解，如何获得一个更合理的唯一解是解决收益分配问题的关键。在 Shapley 值法中，合作各方所获得的收益分配值记作：

$$\varphi(\nu) = \left[\varphi_1(\nu), \varphi_2(\nu) \cdots, \varphi_n(\nu) \right]$$

$$\varphi_i(\nu) = \sum_{s \in S_i} W(|s|) \left[\nu(s) - \nu(s/i) \right], \ i = 1, 2, \cdots, n \quad (7.3)$$

$$W(|s|) = \frac{(n - |s|)! \ (|s| - 1)!}{n!} \quad (7.4)$$

其中，$|s|$ 为子集 s 中的元素个数，n 为集合 I 中的元素个数，$W(|s|)$ 为加权因子。$\nu(s)$ 为子集 s 的效益，$\nu(s/i)$ 为子集 s 不包含成员 i 的效益，$\nu(s) - \nu(s/i)$ 为成员 i 在他参与的合作 s 中作出的贡献。总计有 $(|s| - 1)!$ $(n - |s|)!$ 种合作方式，因此每一种出现的概率就是 $W(|s|)$，存在唯一的 Shapley 值 $\varphi_i(\nu)$。

本书调查了羊肉和大米供应链的农牧户、加工企业和销售商三个主体的成本收益状况，对比分析了区域品牌和非区域品牌产品供应链的收益分配结构。设供应链各利益主体独立经营时成本为 C_i，销售收入为 R_i，净收益为 $V(i)$，$i = 1$，2，3 分别代表农牧户、加工企业和销售商。打造区域品牌后，供应链利益主体谋求合作，相应指标设为 JC_i、JR_i 和 X_i，$\nu(S_1)$ 为种养环节与加工环节合作收益，$\nu(S_2)$ 为种养环节和销售环节合作收益，$\nu(S_3)$ 为加工环节与销售环节合作收益，$\nu(I)$ 为种养、加工、销售环节全部参与合作收益。当种养环节与加工环节进行合作，而销售环节仍处于非合作状态（大宗或商超销售）时，$\nu(S_1) = JR_2 - (JC_2 - JR_1) - JC_1 = X_1 + X_2$；因缺少加工环节的产品转化，种养环节与销售环节无法真正实现合作，"种植养殖 + 销售"模式获得的收益总和仍为各自收益之和，$\nu(S_2) = \nu(1) + \nu(3)$；当加工环节与销售环节合作，种养环节仍处于非合作状态时，$\nu(S_3) = JR_3 - (JC_2 - JR_1) - JC_2 = X_2 + X_3$；当供应链各环节均参与合作时，$\nu(I) = JR_3 - (JC_3 - JR_2) - (JC_2 - JR_1) - JC_1 = X_2 + X_3$。

7.4.2 "锡林郭勒羊"品牌增值分享结构优化

1. 独立经营草饲羊供应链收益

牧区草原面积广阔，放牧散养具有天然优势，养殖户基本上进行自繁自育，养殖成本相对谷饲羊要低很多，平均662元/只，一只羊按15公斤胴体进行折算，每公斤养殖成本为44.2元。不参与区域品牌建设，2021年底，白条平均售价为72元/公斤，包含头蹄下货，直接收益27.8元/公斤；屠宰加工企业直接生产成本为6元/公斤，对外销售84元/公斤，直接收益6元/公斤。加工企业大部分产品进行大宗销售，销售对象一般为餐饮企业和经销商，经销商批发至商超零售成本为6.5元/公斤，售价为99.5元/公斤，直接收益9元/公斤。企业开设直营店，进货价仍然是84元/公斤，运营成本3元/公斤，对外销售106元/公斤，直接收益19元/公斤。因此，参与区域品牌建设前，养殖户、加工企业、直营店收益分别为27.8元/公斤、6元/公斤、19元/公斤，收益分配比例为52.6%、11.4%、36%。若大宗销售，则养殖户、加工企业、经销商收益分别为27.8元/公斤、6元/公斤、9元/公斤，收益分配比例为65%、14%、21%。

2. 区域品牌合作草饲羊供应链增值

参与区域品牌建设，草饲羊养殖户与加工企业签订订单，按照一定规范进行散养、使用兽药等，但目前并未产生额外成本，可追溯耳标、佩戴、数据录入等成本基本由当地农牧局和授权企业承担，养殖成本仍为44.2元/公斤，销售时白条售价却可增加1元/公斤，即73元/公斤，收益提升为28.8

元/公斤；授权加工企业以73元/公斤进行可追溯羊收购。在加工过程中，虽然需要独立批次生产区域品牌产品，但在人工、包材等屠宰加工成本上并没有增加，与企业其他产品成本基本一致，但在建设可追溯系统时，加工企业成本增加了0.18元/公斤，同时向直营店供货时，区域品牌产品出厂价提高到86元/公斤，收益为6.8元/公斤。仍进行大宗销售的区域品牌产品，出厂价未能提高，仍是84元/公斤，成本却是79.18元/公斤，收益进一步缩小为4.82元/公斤；大宗批发销售阶段成本仍为6.5元/公斤，售价为99.5元/公斤，基本销往各单位食堂和合作的餐饮企业，直接收益仍为9元/公斤，均未实现溢价。然而，通过直营店销售区域品牌产品收益进一步增加到23元/公斤，产品平均售价提高到112元/公斤，成本未变。由此，参与区域品牌建设，养殖户、加工企业、直营店收益分别为28.8元/公斤、6.8元/公斤、23元/公斤，收益分配比例为49.2%、11.6%、39.2%。若大宗销售区域品牌产品，则养殖户、加工企业、经销商收益分别为28.8元/公斤、4.82元/公斤、9元/公斤，收益分配比例为67.6%、11.3%、21.1%。

3. Shapley值求解及结果分析

为更好地对比区域品牌与非区域品牌供应链的收益分配结构，进行Shapley值计算时，区域品牌供应链合作按直营销售进行计算，各自独立经营的草饲羊供应链按大宗销售进行计算，符合现实情况。将实地调查数据代入相应公式，计算各主体独立经营的收益，同时计算两两合作、三者合作时的收益。这一部分不重复计算成本，将供应链各主体合作视为一体化经营，用合作组合终止环节的销售收入减去总成本计算不同组合的合作收益，养殖环节与销售环节不能脱离加工环节进行两两合作，这种组合的收益可将各自参与合作所获的收益加总。计算结果如表7-9所示。

表7-9　　　草饲羊供应链独立经营与区域品牌合作收益情况

合作收益（元/公斤）	养殖	加工	销售
养殖	27.8	35.62	51.8
加工	35.62	6	29.82
销售	51.8	29.82	9

三者合作时的收益是区域品牌供应链各环节的收益之和。通过以上计算可以发现，任何两个主体合作的收益都大于他们单独经营的收益，而供应链共同合作的收益比任何单独主体或任意两个主体合作得到的收益都高，区域品牌供应链具有一定的稳定性。建设区域品牌，各主体加强协作产生了合作剩余，使供应链总增值进一步提高，由区域品牌建设前的52.8元/公斤增加为58.62元/公斤。

将表7-10~表7-12的最后一行分别相加，可得到：

养殖环节收益：$\varphi_1(v) = 9.27 + 4.94 + 7.13 + 9.6 = 30.94$（元/公斤）

加工环节收益：$\varphi_2(v) = 2 + 1.3 + 3.47 + 2.27 = 9.04$（元/公斤）

销售环节收益：$\varphi_3(v) = 3 + 4 + 3.97 + 7.67 = 18.64$（元/公斤）

表7-10　　　　　　　　"锡林郭勒羊"养殖环节收益分配

收益分配（元/公斤）	养殖	养殖 + 加工	养殖 + 销售	养殖 + 加工 + 销售
$v(s)$	27.8	35.62	51.8	58.62
$v(s/i)$	0	6	9	29.82
$v(s) - v(s/i)$	27.8	29.62	42.8	28.8
$\|s\|$	1	2	2	3
$w(\|s\|)$	1/3	1/6	1/6	1/3
$w(\|s\|)[v(s) - v(s/i)]$	9.27	4.94	7.13	9.6

表7-11　　　　　　　　"锡林郭勒羊"加工环节收益分配

收益分配（元/公斤）	加工	养殖 + 加工	加工 + 销售	养殖 + 加工 + 销售
$v(s)$	6	35.62	29.82	58.62
$v(s/i)$	0	27.8	9	51.8
$v(s) - v(s/i)$	6	7.82	20.82	6.82
$\|s\|$	1	2	2	3
$w(\|s\|)$	1/3	1/6	1/6	1/3
$w(\|s\|)[v(s) - v(s/i)]$	2	1.3	3.47	2.27

表7－12   "锡林郭勒羊"销售环节收益分配

收益分配（元/公斤）	销售	养殖＋销售	加工＋销售	养殖＋加工＋销售
$\nu(s)$	9	51.8	29.82	58.62
$\nu(s/i)$	0	27.8	6	35.62
$\nu(s)-\nu(s/i)$	9	24	23.82	23
$\lvert s\rvert$	1	2	2	3
$w(\lvert s\rvert)$	1/3	1/6	1/6	1/3
$w(\lvert s\rvert)[\nu(s)-\nu(s/i)]$	3	4	3.97	7.67

如图7－1所示，草饲羊供应链各主体独立经营时，收益分配结构为65%、14%、21%，区域品牌合作经营后增值分享结构为49.2%、11.6%、39.2%，加工环节增值分享比例明显低于供应链上下游环节，呈现两端高、中间低的"U"形收益分配格局。使用Shapley值法进行优化后，养殖、加工、销售各环节每公斤收益分别为30.94元、9.04元和18.64元，分配比例进一步调整为52.8%、15.4%、31.8%。

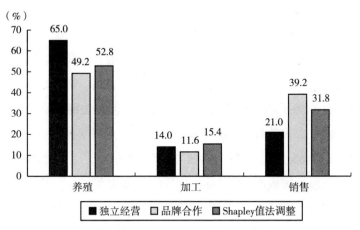

图7－1 "锡林郭勒羊"供应链各环节收益分配结构变化

建设农产品区域公用品牌，促进农牧民增收是主要目标之一。"锡林郭勒羊"区域品牌建设，未增加养殖成本，鼓励企业以高于市场价进行收购，促进了农牧民增收，养殖环节收益由独立经营时的 27.8 元/公斤提高到 28.8 元/公斤。经 Shapley 值法优化后，养殖环节收益进一步提高到 30.94 元/公斤，增值分享比例稳定在 52.8%。草饲羊养殖周期长，草原放牧散养是消费者最为偏好的产品属性，是区域品牌核心价值的重要体现，优化后的收益分享比例体现了草饲羊养殖环节对于区域品牌的重要性。加工企业是实现农畜产品转化的关键环节，为保证区域品牌产品品质的标准化和产品边界，区域品牌的使用授权聚焦在屠宰加工环节，是区域品牌建设的关键支撑。经过 Shapley 值法优化，适当提高了该环节的分享比例，考虑了该环节的重要作用。但牧区羊源有限，加工企业供给弹性小，需求弹性却相对较大，向上游压价向下游提价的能力弱，增值分享比例必然较小。谋求前向一体化经营是拓展利润空间最有效的路径。销售环节最接近终端市场，区域品牌效应得以有效发挥，增值分享能力较强。经过 Shapley 值法调整后，销售环节增值适当向供应链上游传递。

7.4.3 "天赋河套"品牌增值分享结构优化

1. 独立经营谷饲羊供应链收益

农区的环境适合肉羊舍饲圈养，种养结合具有一定优势。按自繁自育养殖模式进行核算，当未参与区域品牌建设独立经营时，养殖成本为 47 元/公斤，2021 年底白条平均收购价为 58 元/公斤，包含头蹄下货，则直接收益为 11 元/公斤，每只羊收益 303 元左右；加工企业屠宰加工成本为 5.48 元/公斤，对外销售 68 元/公斤，直接收益 4.52 元/公斤；大宗销售方式下，经销批发直至商超销售成本为 6.5 元/公斤，售价为 83.5 元/公斤，直接收益 9 元/公斤。因此，参与区域品牌建设前，养殖户、加工企业、经销商收益分别为 11 元/公斤、4.52 元/公斤、9 元/公斤，收益分配比例为 44.9%、18.4% 和 36.7%。

2. 区域品牌合作谷饲羊供应链增值

授权企业后向一体化经营，因饲喂成本的节省和标准化养殖的流程控制，肉羊养殖成本明显下降为 34.8 元/公斤，加工企业为客户进行精细定制化生产，加工成本稍有上升，为 5.85 元/公斤，但对外销售价格提高到 70 元/公斤，则加工环节可实现 29.35 元/公斤的收益（包含养殖环节收益）。大宗销售，成本依旧是 6.5 元/公斤，售价为 85.5 元/公斤，则养殖户、加工企业、经销商收益分别为 0 元/公斤、29.35 元/公斤、9 元/公斤，收益分配比例暂且为 0%、76.6%、23.4%。"天赋河套"直营店销售，因产品种类多样，平摊至羊肉产品的成本为 1.8 元/公斤，售价为 86 元/公斤，直接收益提高到 14.2 元/公斤。因此，可视为区域品牌合作养殖户、加工企业、直营店收益分别为 0 元/公斤、29.35 元/公斤、14.2 元/公斤，收益分配比例暂且为 0、67.4%、32.6%。

3. Shapley 值求解及结果分析

将实地调查数据代入相应公式，计算各主体独立经营和区域品牌合作经营时的收益。计算结果如表 7-13~表 7-16 所示：

表 7-13　　　　谷饲羊供应链独立经营与区域品牌合作收益情况

（元/公斤）	养殖	加工	销售
养殖	11	29.35	14.2
加工	29.35	4.52	43.55
销售	14.2	43.55	9

表 7-14　　　　"天赋河套"养殖环节收益分配

收益分配（元/公斤）	养殖	养殖 + 加工	养殖 + 销售	养殖 + 加工 + 销售
$v(s)$	11	29.35	14.2	43.55
$v(s/i)$	0	4.52	9	43.55
$v(s) - v(s/i)$	11	24.83	5.2	0
$|s|$	1	2	2	3
$w(|s|)$	1/3	1/6	1/6	1/3
$w(|s|)[v(s) - v(s/i)]$	3.67	4.14	0.87	0

表 7 – 15　　　　　　　　"天赋河套"加工环节收益分配

收益分配（元/公斤）	加工	养殖 + 加工	加工 + 销售	养殖 + 加工 + 销售
$v(s)$	4.52	29.35	43.55	43.55
$v(s/i)$	0	11	9	14.2
$v(s) - v(s/i)$	4.52	18.35	34.55	29.35
$|s|$	1	2	2	3
$w(|s|)$	1/3	1/6	1/6	1/3
$w(|s|)[v(s) - v(s/i)]$	1.51	3.06	5.76	9.78

表 7 – 16　　　　　　　　"天赋河套"销售环节收益分配

收益分配（元/公斤）	销售	养殖 + 销售	加工 + 销售	养殖 + 加工 + 销售
$v(s)$	9	14.2	43.55	43.55
$v(s/i)$	0	11	4.52	29.35
$v(s) - v(s/i)$	9	3.2	39.03	14.2
$|s|$	1	2	2	3
$w(|s|)$	1/3	1/6	1/6	1/3
$w(|s|)[v(s) - v(s/i)]$	3	0.53	6.505	4.73

将表 7 – 14 ~ 表 7 – 16 的最后一行分别相加，可以得到：

养殖环节收益：$\varphi_1(v) = 3.67 + 4.14 + 0.87 + 0 = 8.68$（元/公斤）

加工环节收益：$\varphi_2(v) = 1.51 + 3.06 + 5.76 + 9.78 = 20.11$（元/公斤）

销售环节收益：$\varphi_3(v) = 3 + 0.53 + 6.51 + 4.73 = 14.77$（元/公斤）

建设"天赋河套"区域品牌，供应链各环节收益分配结构由独立经营时的 44.9%、18.4%、36.7%，调整为 0、67.4%、32.6%，养殖与加工两环节的收益比例由 63.3% 上升为 67.4%，收益分配比例有所扩大。使用 Shapley 值法对区域品牌供应链收益分配结构进行优化后，分配比例进一步调整为 19.9%、46.2%、33.9%，相比独立经营，降低了养殖环节的收益分配比例，相比原有区域品牌供应链，提高了销售环节的分配比例（见图 7 – 2）。

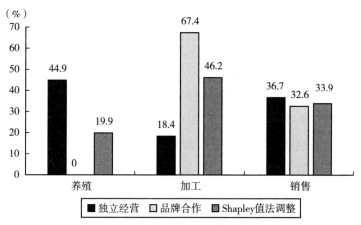

图 7 – 2　"天赋河套"供应链各环节收益分配结构变化

当谷饲羊供应链各环节独立经营时，增值分享结构为 44.9%、18.4%、36.7%，加工企业后向一体化经营后调整为 0、67.4%、32.6%，使养殖与加工两环节分享比例之和由 63.3% 上升为 67.4%，分享能力有所扩大。建设"天赋河套"区域品牌，供应链总增值有所提高，由区域品牌建设前的24.52 元/公斤增加为 43.6 元/公斤。这部分增值一部分来源于直营终端销售，更多的来自授权企业养殖成本的降低、养殖品种控制以及定制化加工战略的实施。

相比草饲羊，舍饲圈养谷饲羊产品消费者支付意愿较低。但谷饲羊繁育能力强，舍饲圈养便于扩大养殖规模，容易实现标准化养殖，羊源供给充足，便于进行精细化分割和批量加工，更易满足客户的标准化大批量需求，加工环节的产品转化功能显得尤为重要。经过 Shapley 值法优化后，养殖、加工、销售各环节每公斤收益分别为 8.68 元、20.11 元和 14.77 元，分享比例调整为 19.9%、46.2%、33.9%，养殖环节分享比例由 44.9% 下降为 19.9%，加工环节分享比例由 18.4% 显著提高为 46.2%，两环节比例之和保持在 66.1%，一体化经营优势仍很显著，符合谷饲羊区域品牌供应链现实情况。销售环节分享比例变化不大，说明谷饲羊区域品牌效应不显著。

7.4.4 "兴安盟大米"品牌增值分享结构优化

1. 独立经营大米供应链收益

农户常规种植水稻，加工企业收购后进行加工，再通过商超进行销售，可被视为大米供应链各环节独立经营的状况。不参与区域品牌建设，2022年水稻种植成本为2.4元/公斤，平均售价为3.2元/公斤，每公斤收益0.8元；加工企业直接收购成本为5.06元/公斤，对外销售6.42元/公斤，直接收益1.36元/公斤。加工企业通过经销商批发至商超零售成本为8.47元/公斤，售价为9元/公斤，直接收益0.53元/公斤。加工企业开设直营店，运输及销售成本为7.7元/公斤，对外销售仍是9元/公斤，直接收益增加到1.3元/公斤。因此，不参与区域品牌建设，种植户/合作社、加工企业、直营店收益分别为0.8元/公斤、1.36元/公斤、1.3元/公斤，收益分配比例为23.1%、39.3%、37.6%。若商超销售，则种植户/合作社、加工企业、销售商收益分别为0.8元/公斤、1.36元/公斤、0.53元/公斤，收益分配比例为29.7%、50.6%、19.7%。

2. 区域品牌合作大米供应链增值

参与区域品牌建设，种植户/合作社与加工企业签订订单，按照一定规范进行绿色种植，种植成本上升为2.74元/公斤，销售水稻价格为3.8元/公斤，收益提升为1.06元/公斤；授权加工企业按订单需求独立批次生产区域品牌产品，一般包装也会区别于普通大米，成本上升为7元/公斤，区域品牌产品出厂价平均为9.5元/公斤，每公斤收益增加为2.5元。若通过批发进行商超销售，平均售价为14元/公斤，成本为10.41元/公斤，收益为3.59元/公斤。通过直营店销售区域品牌产品，收益进一步增加到4.36元/公斤，产品平均售价提高到14元/公斤，成本为9.64元/公斤。由此，参与区域品牌建设，种植户/合作社、加工企业、直营店收益分别为1.06元/公斤、2.5元/公斤、4.36元/公斤，收益分配比例为13.4%、31.6%、55%。若通过商超销售区域品牌大米，则种植户/合作社、加工企业、经销商收益分别为 1.06 元/公斤、2.5 元/公斤、3.59 元/公斤，收益分配比例为 14.8%、35%、50.2%。

3. Shapley 值求解及结果分析

为更好地对比区域品牌与非区域品牌供应链的收益分配结构，进行 Shapley 值计算时，区域品牌大米供应链按绿色种植直营销售进行计算，各自独立经营的大米供应链按普通种植商超销售进行核算，符合现实情况。将实地调查数据代入相应公式，计算各主体独立经营的收益，同时计算两两合作、三者合作时的收益，该部分不重复计算成本，将一体化经营视为供应链各主体合作，用合作组合终止环节的销售收入减去总成本计算不同组合的合作收益，种植环节与销售环节不能脱离加工环节进行两两合作，这种组合的收益可将各自参与合作所获的收益加总。计算结果如表 7-17 所示：

表 7-17　　　　　大米供应链独立经营与区域品牌合作收益矩阵

合作收益（元/公斤）	种植	加工	销售
种植	0.8	3.56	5.42
加工	3.56	1.36	6.86
销售	5.42	6.86	0.53

表 7-18　　　　　"兴安盟大米"种植环节收益分配

收益分配（元/公斤）	种植	种植+加工	种植+销售	种植+加工+销售
$v(s)$	0.8	3.56	5.42	7.92
$v(s/i)$	0	1.36	1.3	6.86
$v(s)-v(s/i)$	0.8	2.2	4.12	1.06
$|s|$	1	2	2	3
$w(|s|)$	1/3	1/6	1/6	1/3
$w(|s|)[v(s)-v(s/i)]$	0.27	0.37	0.69	0.35

表 7 – 19   "兴安盟大米" 加工环节收益分配

收益分配（元/公斤）	加工	种植 + 加工	加工 + 销售	种植 + 加工 + 销售
$v(s)$	1.36	3.56	5.42	7.92
$v(s/i)$	0	0.8	1.3	5.42
$v(s) - v(s/i)$	1.36	2.76	4.12	2.5
$\|s\|$	1	2	2	3
$w(\|s\|)$	1/3	1/6	1/6	1/3
$w(\|s\|)[v(s) - v(s/i)]$	0.45	0.46	0.69	0.83

表 7 – 20   "兴安盟大米" 销售环节收益分配

收益分配（元/公斤）	销售	种植 + 销售	加工 + 销售	种植 + 加工 + 销售
$v(s)$	1.3	5.42	6.86	7.92
$v(s/i)$	0	0.8	1.36	3.56
$v(s) - v(s/i)$	1.3	4.62	5.5	4.36
$\|s\|$	1	2	2	3
$w(\|s\|)$	1/3	1/6	1/6	1/3
$w(\|s\|)[v(s) - v(s/i)]$	0.43	0.77	0.92	1.45

三者合作时的收益是区域品牌供应链各环节的收益之和。通过表 7 – 18 ~ 表 7 – 20 的计算结果可以发现，任何两个主体合作的收益都大于他们单独经营的收益，而供应链共同合作的收益比任何单独主体或任意两个主体合作得到的收益都高，区域品牌供应链具有一定的稳定性。建设区域品牌，各主体加强协作产生了合作剩余，使供应链总增值进一步提高，由独立经营时的 2.69 元/公斤增加为 7.92 元/公斤。

将表 7 ~ 18 ~ 表 7 – 20 的最后一行分别相加，可得到：

种植环节收益：$\varphi_1(v) = 0.27 + 0.37 + 0.69 + 0.35 = 1.68$（元/公斤）

加工环节收益：$\varphi_2(v) = 0.45 + 0.46 + 0.69 + 0.83 = 2.43$（元/公斤）

销售环节收益：$\varphi_3(v) = 0.43 + 0.77 + 0.92 + 1.45 = 3.57$（元/公斤）

如图 7 – 3 所示，当大米供应链各主体独立经营（普通种植商超销售）

时，收益分配结构为 29.7%、50.6%、19.7%，加工环节增值分享比例明显高于供应链上下游环节，呈现中间高、两端低的倒"U"形收益分配格局；区域品牌合作经营（绿色种植直营销售）后，增值分享结构为 13.4%、31.6%、55%，逐级增加，产业链下游分享比例明显增加；使用 Shapley 值法进行优化后，种植、加工、销售各环节每公斤收益分别为 1.68 元、2.43 元和 3.57 元，分配比例进一步调整为 21.9%、31.6%、46.5%，虽仍是逐级递增，但增长趋势明显放缓。加工环节保持了分享比例，分享比例主要调整于种植环节和销售环节，将销售环节的品牌增值向种植环节进行传递。

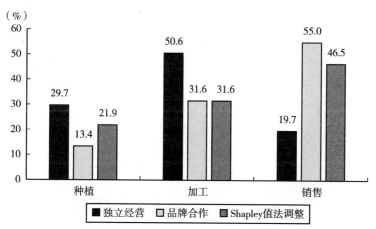

图 7-3 "兴安盟大米"供应链各环节收益分配结构变化

打造区域品牌前，水稻种植环节供应链增值分享比例低于加工环节，却高于销售环节。大米属于主粮产品，需求弹性小，销售环节追求薄利多销，利润较低。粮食加工设备、人工投入等加工成本相对较低，但其产品转化功能必不可少，产品储藏期限长，相对羊肉这种冷鲜产品，更易向上游压低进价抬高下游售价，利润空间较大。"兴安盟大米"区域品牌建设，促使农户/合作社进行绿色种植，虽然成本有所增加，但种植环节收益由独立经营时的 0.8 元/公斤提高到 1.06 元/公斤，农户收益稳步提升。然而区域品牌效应的发挥，明显增强了最接近市场的销售环节的增值分享能力，销售环节品牌溢价较其他环节更明显。在这种情况下，加工企业可以通过直营销售共享品牌增值，种植户如果不能有效融入以区域品牌为核心的供应链，仍分散小规模经营，将不能更多地分享品牌增值。事实上，"兴安盟大米"授权企业大部分的区域品牌产品均产自企业自有的种植基地，极少部分以订单形式向种植大户或合作社成员采购，这样才能够控制水稻的种植过程与标准，普通小规模散户种植的水稻不易监控产品质量，不容易融入区域品牌建设。

经过 Shapley 值法优化后，种植环节收益进一步提高到 1.68 元/公斤，增值分享比例有所提高。水稻种植周期长，种植方式和生长环境是区域品牌核心价值的重要体现，优化后的收益分享比例体现了水稻种植环节对于区域品牌的重要性。区域品牌的使用授权集中于加工环节，加工企业实现农产品转化，是保证区域品牌产品品质和产品边界的关键，产品包装和品牌标志在加工环节得以实现，是区域品牌建设的关键支撑。经过 Shapley 值法优化，这一环节保持了分享比例。销售环节接近终端市场，区域品牌效应使其增值分享能力较强，但建设区域品牌，促进农民增收，提高种植环节的增值分享能力是重要目的，经过 Shapley 值法调整后，销售环节增值适当向供应链上游传递，提高了种植环节的分享比例。

7.5 本 章 小 结

区域品牌产品供应链存在不同协作模式，且品牌产品的销售渠道也不同，由此带来的区域品牌溢价能力和增值分享结构也不同。"两端订单"模式下进行大宗销售，供应链各主体间利益竞争关系未发生根本改变，授权企业不能控制上游成本，亦不能左右下游价格，不能直面终端消费，区域品牌增值效应难以发挥，溢价能力受限。授权企业前向或后向延伸产业链，实行一体化经营策略，通过改变供应链协作模式，可以打通区域品牌价值传递渠道，使其创造更大的增值空间，同时将上游节约的成本或下游的溢价增值内化为集团利润，提高区域品牌增值分享能力，甚至改变原有利益分配格局。区域品牌的创建，使整个供应链整体收益增加，也增加了供应链各利益主体收益，实现了合作博弈的目标。与此同时，通过区域品牌，还调整了供应链各主体增值分享的结构，然而当前区域品牌尚处于成长期，在其影响下所形成的供应链增值分享结构不一定合理。

供应链各环节的生产周期不同，对区域品牌协作的重要性不同，对品牌产品价值形成的贡献程度也不同，应在确定区域品牌增值分享结构时予以充分考虑。研究进一步核算了两个区域品牌各利益主体的成本收益率和综合成本利润率，引入经营周期后，收益分配格局有所改变。运用公平协调度法评价供应链收益分配的协调程度，发现当前区域品牌增值的分享结构并不协调，需要进行优化和调整。

考虑供应链各利益主体的重要性和贡献程度，运用 Shapley 值法分别对三个区域品牌增值分享结构进行优化，不同性质的区域品牌，分配结构的优化也各具特点。"锡林郭勒羊"品牌收益分配考虑草饲羊养殖环节的独特优势，结构优化后仍保证了养殖环节的增值和收益分配比例最高，但适当降低了销售环节的分配比例，提高了加工环节的分配比例，凸显了授权企业对区域品牌合作关系构建的重要性。即便如此，鉴于加工企业面临的市场环境，仍然保持两头高中间低的"U"形分配结构，以体现终端销售的溢价优势。"天赋河套"品牌收益分配调整后，适当降低了加工环节的分配比例，向养殖和销售两个环节增加分享份额，但仍保持养殖和加工一体化经营对收益分配的绝对优势。Shapley 值法优化后的"兴安盟大米"供应链收益分享结构适当提高了种植环节的比例，降低了销售环节的比例。种植方式和生长环境是区域品牌核心价值的重要体现，体现了水稻种植环节对于区域品牌的重要性。加工环节实现农产品转化，是保证区域品牌产品品质和产品边界的关键，产品包装和品牌标志实现于该环节，经过调整，该环节保持了分享比例。销售环节接近终端市场，区域品牌效应使其增值分享能力较强，但建设区域品牌，促进农民增收，提高种植环节的增值分享能力是重要目的，经过调整后，销售环节增值适当向供应链上游传递，提高了种植环节的分享比例。

8 结论与对策建议

8.1 研究的主要结论

8.1.1 区域品牌建设初期面临诸多问题与困境

农产品区域公用品牌建设是一项系统的长期工程。当前，内蒙古多数区域品牌尚处于初级发展阶段，地方政府推动，人力、物力、财力十分有限，品牌建设市场机制尚未成熟，主要存在以下问题与困境。首先，区域品牌影响力有限，供应链协作关系不稳定，各利益主体普遍存在"搭便车""等靠要"的心理，区域公用品牌建设投入动力不足，品牌创建更多依靠政府推动和财政资金投入，部分地区扶持政策连续性差。区域公用品牌、企业品牌、产品品牌之间协同发展机制尚不清晰，区域品牌伞作用十分有限。其次，区域品牌溢价及溢价贡献率低，增收效应不显著。多数区域品牌产品仍以大宗销售为主，难以实现溢价，部分直营销售产品存在溢价，但销售量较少，溢价销售贡献率低。部分区域品牌产品定价过高，并非市场自发形成，在区域品牌辨识度和知名度较低阶段，人为定高价，会面临销售不畅的窘境。再次，区域品牌使用边界严格限制，品牌辐射范围窄，中小企业和普通农户无法有效参与区域品牌建设。品牌建设初期不得不"扶强"，尚不能"带弱"。最后，实施高端高价高标准发展战略，严格限制产品边界，实行差异化竞争，区域品牌产品供给有限，对区域产业发展是否会产生棘轮效应或是马太效应，尚待深入研究。

8.1.2 区域品牌顾客价值形成呈现新特征

相较企业品牌，农产品区域公用品牌顾客价值的形成呈现一些新的特征。质量安全动机、文化价值认同以及品牌信任直接且显著影响消费者的区域品牌溢价支付意愿，而市场条件、政府干预以及消费者信息识别能力则间接显著影响区域品牌的溢价支付意愿。不同于企业品牌，区域品牌的产地识别功能、独特的文化价值以及政府背书作用等，在顾客价值形成过程中贡献显著。区域品牌独特农耕文化和产地识别功能正向强化了消费者的品牌认同感，政府对区域品牌建设的大力扶持与有效监管，对消费者品牌信任度的提高作用显著，区域品牌与企业品牌的联合商标，进一步强化了消费者的产品质量安全动机，诸多特殊因素使消费者愿意为区域品牌产品支付更高的价格。消费者的信息识别能力使其有机会了解或有能力判断区域品牌产品质量与独特特征，显著提高了其对区域品牌文化价值认同和品牌的信任度。

8.1.3 产品和消费者性质影响区域品牌消费者关注度

研究发现，消费者购买生鲜肉类时非常关注区域品牌，而购买主粮类产品时，对品牌的关注度明显下降。无法通过产品本身直观判断产地的生鲜肉类产品，消费者通过区域品牌规避信息不对称问题，降低交易成本。而产品本身特征明显，可以判断产区的，消费者则更关注其安全性等属性。如消费者更关注羊肉的区域品牌，而更关注大米的生产方式。种养方式和环境差异带来不同的顾客需求强度，草饲羊区域品牌产品溢价能力高于谷饲羊区域品牌，绿色、有机区域品牌大米溢价能力高于普通大米。另外，品牌产区外消费者相比产区内消费者，对价格的敏感度有所提高，价格变化对其偏好影响大；产区外消费者需求弹性变大，说明不同区域的消费者对同一区域品牌产品溢价支付意愿不同。

8.1.4 区域品牌溢价能力受限于销售方式与协作模式

相比同类非区域品牌产品，区域品牌产品无论价格还是净收益都不同程度实现了增长，但终端市场区域品牌溢价能力受产品销售方式影响大，传统大宗订单或商超销售弱化了区域品牌影响力，降低了生产商的谈判能力，抑制区域品牌溢价能力，直营终端零售模式使品牌价值更易实现。另外，销售终端溢价能否有效向供应链上游传递，受制于供应链协作模式。区域品牌供应链协作若仍采取传统契约式合作模式，上下游之间仍是竞争关系，各环节售价通过契约固化，不利于销售终端品牌溢价进一步向供应链上游传递。若采取更紧密的一体化经营等协作模式，控制源头和生产标准并集中统一做好终端推广，则可提高溢价能力并有效向上传递收益。

8.1.5 不同区域品牌供应链各环节增收能力不同

不同区域品牌，供应链各环节产品的需求弹性有所差别，各环节经营主体市场地位也不同，因此供应链各环节的增值能力不同。从净收益来看，肉类产品养殖环节增值多，粮食类产品则是销售环节增值多，但从收益增长幅度看，创建区域品牌后，均是终端销售环节收益增长幅度最大。销售环节最接近终端市场，区域品牌效应最易发挥，增值幅度较大。草饲羊相比谷饲羊，放牧散养和草原环境对区域品牌核心价值形成贡献大，牧区集中出栏且羊源少，牧户处于卖方市场，因此草饲羊养殖环节增值多。消费者对谷饲羊产品的消费偏好低，但谷饲羊更容易实现标准化养殖且四季出栏，更适合批量标准化、定制化加工，因此产品加工转化环节增值能力提高。大米消费需求相对稳定，且农户处于买方市场，种植环节增值能力下降。

8.1.6 农牧户增收却未增强利益分享能力

区域品牌的创建，使区域品牌供应链在整体收益增加的同时也增加了各利益主体收益，一定程度上直接或间接地促进了农牧民增收。规模较大的合作社/种养基地因容易控制生产标准，成为品牌授权企业的首选，更容易被纳入区域品牌供应链，更有机会分享品牌溢价。而小规模农牧户被纳入区域品牌供应链的可能性很小，直接分享品牌溢价的机会很少，只能因区域品牌效应的辐射，间接受益于整体市场价格的提高。然而，从增值分享结构看，建设区域品牌后，种养环节的增值分享比例反而有所下降，销售环节增值分享比例明显提高，农牧户在品牌供应链上的增值分享能力并未提高。

8.2　农产品区域公用品牌价值提升对策建议

当前，中国农产品区域公用品牌数量迅速增长，如何成功创建区域品牌，实现区域品牌价值，提升区域产业竞争力，是各地政府最为关心的问题。有效提升农产品区域公用品牌价值，应做好以下几方面工作：

8.2.1　依托资源优势和政府公信力，提升顾客价值

随着消费结构升级，消费者愈加追求农产品的品质和特色，对农产品区域品牌的关注度日益提高。农产品区域品牌核心价值来自产区环境的优越以及农牧文化、产品风味的独特。各地应在夯实优势特色产业基础的同时，加大区域品牌的宣传力度，降低消费者信息不对称的程度，发挥区域品牌的产地识别功能，重视对消费者认知的积极、正向引导，提升产品辨识度和品牌知名度。其路径可借力企业品牌实现双赢，亦可依靠政府背书公信力提升品牌信任度。在此过程中要注重稳定产品品质，提高服务水平，注重维护消费者利益，维护品牌声誉，提升区域公用品牌的顾客价值，这是实现品牌溢价的基础和根本。

8.2.2　加强市场监管和原产地认证，维护区域品牌声誉

要做好区域公用品牌的使用管理，明确区域边界和品牌授权对象，保持

区域公用品牌的辨识度和专用性、垄断性，加强区域公用品牌的维护。通过区域行业协会、会员制、企业联盟、许可证、协作网等途径，强化行业自律，确保品质、特色和风味的一致性和标准化。农产品区域公用品牌有公共性、外部性特征，尽管"搭便车"现象难以避免，但品牌保护相关立法要尽快完善，执法工作要跟上品牌建设的步伐，营造有序竞争的市场环境，加强市场监管和原产地认证，维护区域公用品牌声誉，避免由于"搭便车"和假冒对区域公用品牌的声望产生损害。

8.2.3　聚焦目标消费者，找准不同区域品牌市场定位

区域品牌产品特征不同，消费者偏好不同，不同区域品牌产品在不同细分市场上的业绩转化潜力存在差异。因信息不对称程度和消费环境不同，产区消费者相比产区外消费者顾客专业度更高，对产品差异辨识度能力更强，但需求弹性相对变小，溢价接受度提高，这与收入水平无关。因此应细分市场，挖掘不同区域品牌产品的顾客价值，根据不同市场的需求弹性，对品牌市场进行科学定位，聚焦自身竞争优势，集中发力，提高市场占有率和溢价水平。

8.2.4　扩大品牌辐射范围，提高终端销售控制力

农产品区域公用品牌的辐射力、影响力直接影响品牌产品的需求弹性和溢价接受度，应多形式、多渠道立体打造品牌推介体系，构建通达的销售物流网络，扩大区域品牌的辐射范围，提高区域品牌的知名度。农产品区域公用品牌建设要立足全产业链，建立统一且恰当的产品和服务标准体系，辐射带动区域内更多的农牧户和企业参与品牌建设，构建新的合作机制，创新销售方式，集中服务于终端消费者，提高终端销售控制能力，提升区域品牌价值。在此期间，要结合区域公用品牌发展阶段和产业发展实际，构建动态可调整的品牌标准，建立完善合理的准入退出机制，引导产业链升级。

8.2.5 创新供应链协作方式，提高供应链利益联结紧密度

农产品区域公用品牌建设需要聚合要素资源，加强供应链各利益主体间的利益联结。传统的契约关系稳定性差，容易受市场环境、价格等变化的影响而出现违约现象。只有形成利益共同体，使供应链各利益主体以入股、合并等形式形成一体化经营局面，共生互助，保持一致的利益目标，才能发挥正向协同效应，实现收益最大化。发展基于产权联结的利益机制，完善基于长期合同的利益机制（长协机制），扩大基于服务连接的利益机制，增加纵向一体化的利益机制，发展"保险＋期货"价格指数的利益机制，探索政府指导价（行业主体价格协商）的利益机制等。加工业集中度较高，供应链上的核心企业的市场力量强大，对整个价值链的影响较大，一般处于有利地位。分散的小规模农户的市场力量较弱，在供应链增值分享中处于不利地位。推进合作社和集体经济的带动机制，提高合作社和集体经济的经营与产品转化能力，强化其在供应链上的分工和作用，加强农牧民与商业资本的合作，调整利益分配格局，提高农牧民供应链利益分享能力，有效促进农牧民收入增收。

8.2.6 依据不同区域品牌供应链特征，优化利益分配格局

不同区域品牌核心价值来源不同，供应链各环节经营主体对区域品牌的重要性和贡献程度不同，要根据品牌供应链自身特征，确定调整优化利益分配结构的侧重点，理顺各利益主体间关系。考虑生产周期，当前区域品牌增值分享结构的公平协调度不够理想，对增值分享结构进行优化，不同区域品牌倾向不同。如草饲羊养殖环节对区域品牌核心价值形成贡献大，结构优化仍要保证养殖环节的收益分享优势，增值分享比例最大。消费者对谷饲羊偏好较低，其产品加工转化环节尤为重要，因此要使加工环节分享比例增大。大米区域品牌增值分享结构优化时，也考虑了种植环境和方式的重要性，终端增值向种植环节传递比例提高。

8.2.7 品牌发展关键阶段，政府适当介入利益分配

一般认为，在农产品区域公用品牌建设初期，政府的引导与推动具有显著先发优势，使区域品牌快速发展起来。在产业和品牌的发展关键阶段，政府通过协商、指导等适当方式，干预区域品牌的运营管理乃至利益分配，既可避免区域公用品牌过冷或过热，又可适当提高农牧民的品牌溢价分享比例，保证产品源头的生产安全。当区域品牌具有一定市场影响力，品牌效应得以有效发挥，品牌行为约束力得以形成，则更多依靠市场调节区域品牌利益关系。通过产业链一体化或互相参股等市场化手段，共同出资、共担成本及风险，形成利益共同体，合理分享品牌收益。

8.3　研 究 展 望

本书的研究还可以从以下方面拓展。例如，农产品区域公用品牌建设中农户参与意愿如何，农户以何种形式更好地参与等内容值得进一步研究。再如，除了从顾客角度评价品牌价值实现的能力，还可尝试从生态价值、社会价值等多角度，对标乡村振兴相关评价指标，构建农产品区域公用品牌价值的综合评价体系。这将在品牌成长期或成熟期更具方向性的指导作用。另外，农产品区域公用品牌价值在供应链上的有效传递，受很多因素的影响，使用科学的方法对品牌价值传递的机制及影响因素进行深入研究，也值得深入研究。若有条件搜集到时间序列数据，可尝试构建更科学的动态利益分配结构，指导并激励区域品牌供应链协同共建。

附　　录

附录1　区域品牌羊肉消费偏好调查问卷（2021）

受访者：

您好！此问卷旨在了解您的家庭对区域品牌羊肉的消费情况及支付意愿。问卷数据仅用于学术研究和政策参考，我们对您个人信息严格保密，请放心并如实作答！感谢您的参与，衷心祝愿您家庭幸福！工作顺利！

一、受访者基本信息

个人信息

家庭所在地	性别	年龄	民族	学历	职业
_____省（自治区） _____盟（市） _____旗（县、区）	①男 ②女	 （周岁）	①汉族 ②蒙古族 ③回族 ④其他_____		

职业：①公司职员/企业管理人员　②机关、事业单位工作人员

　　　③教师　④个体户/自由职业　⑤医生　⑥律师　⑦工人

　　　⑧农牧民　⑨学生　⑩军人　⑪服务人员　⑫退休　⑬其他

学历：①小学　②初中　③中职中专　④高中　⑤专科（大专）

　　　⑥大学　⑦硕士　⑧博士及以上

家庭成员信息

婚姻状况	配偶职业	家庭年收入	共同生活家庭人数	18 岁以下孩子人数	60 岁以上同住老人
①已婚 ②未婚 ③其他		（万元）	（人）	（人）	（人）

二、受访者家庭羊肉消费情况

13. 您和家人吃羊肉的频率是？ _____ 。

①每周 3~4 次　　②每周 1~2 次　　③每月 1~2 次

④每半年 1~2 次　　⑤每年 1~2 次　　⑥从不吃（跳转至 17 题）

14. 平均每月您和家人消费的羊肉数量？ _____ 。

①5 斤以内　　②5~10 斤　　③11~15 斤　　④16~20 斤

⑤21~30 斤　　⑥30 斤以上

15. 羊肉占您家所有肉类消费的比重？ _____ 。

①90% 以上　　②70%~90%　　③50%~70%　　④30%~50%

⑤30% 及以下

16. 您或家人通常在哪里购买羊肉？（可多选） _____ 。

①超市　②社区菜市场　③肉铺或直营店　④大型农贸市场

⑤网上购买　⑥农牧户家　⑦家里没买过只在饭店吃　⑧其他_____

17. 近期羊肉的价格通常是？ _____ 。

①38~39 元/斤　②40~41 元/斤　③42~44 元/斤　④45~47 元/斤

⑤48~49 元/斤　⑥50~51 元/斤　⑦52~54 元/斤　⑧55~57 元/斤

⑨58~60 元/斤　⑩不清楚/其他_____

18. 您觉得当前羊肉价格如何？ _____ 。

①非常高　②比较高　③合理　④比较低　⑤非常低　⑥不清楚

19. 羊肉价格上涨到多少您会减少吃羊肉？ _____ 。

①35~39 元/斤　②40~44 元/斤　③45~49 元/斤　④50~54 元/斤

⑤55～60元/斤　⑥61～65元/斤　⑦65元以上/斤　⑧其他_____

三、受访者对羊肉区域品牌的认知与态度

20. 您对各地风土人情和物产很感兴趣？_____。
①非常同意　②同意　③不一定/一般　④不同意　⑤完全不同意

21. 不同产地环境羊肉品质会有所不同？_____。
①非常同意　②同意　③不一定/一般　④不同意　⑤完全不同意

22. 不同饲养方式羊肉口感和风味不同？_____。
①非常同意　②同意　③不一定/一般　④不同意　⑤完全不同意

23. 您和家人很在意羊肉的口感和味道？_____。
①特别在意　②在意　③不一定/一般　④不在意　⑤很不在意

24. 您和家人很在意羊的产地生态环境和饲养方式？_____。
①特别在意　②在意　③不一定/一般　④不在意　⑤很不在意

25. 您能辨别不同羊肉的口感和味道？_____。
①非常同意　②同意　③不一定/一般　④不同意　⑤完全不同意

26. 通过一般商标或企业品牌不易确定羊肉产地？_____。
①非常同意　②同意　③不一定/一般　④不同意　⑤完全不同意

27. 买羊肉或外出就餐时您一般怎么判断羊肉的产地？_____。（最多选3项）
①看品牌/地理标志商标　②看饭店/直营门店招牌　③熟人口碑
④听商家介绍　⑤多次购买经验判断　⑥直接联系农牧户
⑦不在意产地/其他_____

28. 您能通过各种媒体和渠道了解区域品牌相关信息？_____。
①非常同意　②同意　③不一定/一般　④不同意　⑤完全不同意

29. 各种媒介有大量羊肉区域品牌宣传？_____。
①非常同意　②同意　③不一定/一般　④不同意　⑤完全不同意

30. 区域品牌羊肉的广告很有吸引力？_____。
①非常同意　②同意　③不一定/一般　④不同意　⑤完全不同意

31. 周边人对区域品牌羊肉评价都较高？_____。
①非常同意　②同意　③不一定/一般　④不同意　⑤完全不同意

32. 您认为打造羊肉区域品牌能给消费者带来哪些好处？_____。
（可多选）
①便于识别和购买　②羊肉品质有保证　③可追溯产地更放心
④生产控制更绿色安全　⑤提高礼品特色和档次　⑥服务水平提高
⑦其他_____

33. 区域品牌代表产地农牧文化和生产加工工艺等特点？_____。
①非常同意　②同意　③不一定/一般　④不同意　⑤完全不同意

34. 带有区域品牌商标的礼品更能凸显特色与档次？_____。
①非常同意　②同意　③不一定/一般　④不同意　⑤完全不同意

35. 农产品区域公用品牌更注重诚信？_____。
①非常同意　②同意　③不一定/一般　④不同意　⑤完全不同意

36. 区域品牌营销更加考虑顾客体验和感受，服务更周到？_____。
①非常同意　②同意　③不一定/一般　④不同意　⑤完全不同意

37. 区域品牌与企业品牌联合知名度更高？_____。
①非常同意　②同意　③不一定/一般　④不同意　⑤完全不同意

38. 区域品牌农产品生产加工标准要求高？_____。
①非常同意　②同意　③不一定/一般　④不同意　⑤完全不同意

39. 肉类有绿色有机等不同食品安全等级？_____。
①非常同意　②同意　③不一定/一般　④不同意　⑤完全不同意

40. 您和家人会留意羊肉等食品的绿色有机认证标志？_____。
①特别在意　②在意　③不一定/一般　④不在意　⑤很不在意

41. 区域品牌授权使用和市场监管更严格？_____。
①非常同意　②同意　③不一定/一般　④不同意　⑤完全不同意

42. 政府主导建设的区域品牌更有公信力？_____。
①非常同意　②同意　③不一定/一般　④不同意　⑤完全不同意

43. 建设区域品牌有利于提高农畜产品质量？_____。
①非常同意　②同意　③不一定/一般　④不同意　⑤完全不同意

44. 同样条件下您定会选择区域品牌羊肉？_____。

①非常同意　②同意　③不一定/一般　④不同意　⑤完全不同意

45. 您愿意为区域品牌羊肉支付更高的价格？_____。

①非常同意　②同意　③不一定/一般　④不同意　⑤完全不同意

46. 区域品牌羊肉比一般羊肉贵多少您会拒绝购买？_____。

①贵 2~3 元/斤　　②贵 4~5 元/斤　　③贵 6~8 元/斤

④贵 9~10 元/斤　　⑤贵 11~12 元/斤　　⑥贵 13~15 元/斤

⑦贵 16~20 元/斤　　⑧贵 20~25 元以上　　⑨贵 25 元以上/斤

⑩价格应一样

47. 区域品牌羊肉品质都很好？_____。

①非常同意　②同意　③不一定/一般　④不同意　⑤完全不同意

48. 您愿意向亲朋推荐买过的区域品牌羊肉？_____。

①非常同意　②同意　③不一定/一般　④不同意　⑤完全不同意

四、消费者羊肉消费偏好

设想您到超市或门店购买羊肉片或羊肉卷，假设只有九种羊肉产品。请对比九种产品，为每种产品打分，分值为 1~9 分，分值越高喜爱程度越高。9 分代表喜欢，5 分代表还可以，1 分代表最不喜欢，其余分值含义依次类推。在确定了这三种喜好程度的产品后，其余产品依次打分排序，分值可以相同，请在每种产品相应的分值上打"√"。

区域品牌：政府主导建设，多在地理标志产品基础上创建品牌，农产品依赖特定的自然环境、气候条件、种养方式、加工工艺等，形成独特的口感和风味。区域品牌一般由某地区内相关经营者共用（如锡林郭勒羊、呼伦贝尔草原羊肉、达茂草原羊等）。

企业品牌：由企业组织或个人独占并经营的品牌（如额尔敦、蒙羊、锡林之星、草原兴发、小肥羊等）。

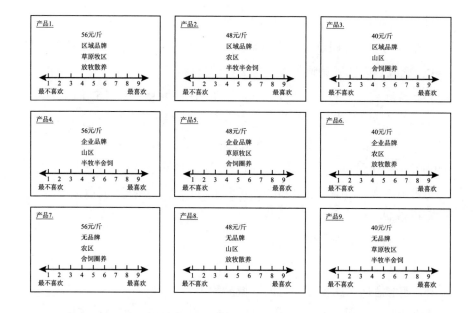

五、消费者大米消费偏好

设想您到超市或门店购买大米，假设只有九种大米产品。请对比九种产品，为每种产品打分，分值为 1~9 分，分值越高喜爱程度越高。9 分代表喜欢，5 分代表还可以，1 分代表最不喜欢，其余分值含义依次类推。在确定了这三种喜好程度的产品后，其余产品依次打分排序，分值可以相同，请在每种产品相应的分值上打"√"。

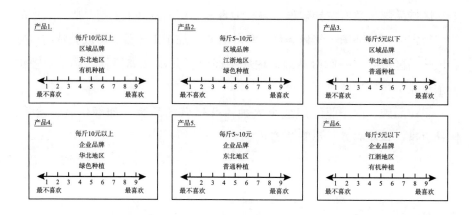

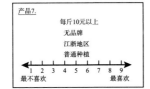

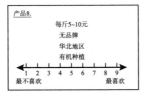

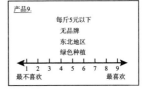

附录2 羊肉区域品牌运营及供应链
经营情况调查问卷（2021）

第一部分 半结构式访谈提纲

一、政府相关部门

（一）农牧局、工信局等：1. 肉羊产业发展基本数据与资料

2. 肉羊产业发展相关扶持政策

3. 近几年肉羊、羊肉产品产量变化趋势、价格走势

（二）区域品牌相关管理部门

1. 管理机构名称：＿＿＿＿＿＿＿＿＿＿＿＿＿

   成立时间：＿＿＿＿＿＿＿＿＿＿＿＿＿＿

   机构性质：＿＿＿＿＿＿＿＿＿＿＿＿＿＿

2. 部门主要工作内容：

（1）品牌资金投入与扶持政策：

（2）品牌授权企业或养殖户的筛选与管理（品牌使用方式、各主体利益联结关系、标准化体系建设等）：

（3）品牌宣传与推广主要做法：

（4）其他品牌相关工作：

3. 区域品牌建设取得的成效

4. 区域品牌建设面临的困难

二、访谈人主观认知

1. 您对目前区域公用品牌建设的看法（为什么要建设区域公用品牌？建设区域公用品牌具备哪些条件？）。

2. 您认为政府、农牧户、加工企业、销售商在区域公用品牌建设中应该起什么作用？哪个主体更重要？为什么？

3. 您认为以上经营主体是否应该合作？怎么合作（合作方式、投资力度、定价、结算方式等）？

4. 您认为以上主体不愿意合作或违约的原因是什么？

第二部分　成本收益核算

一、加工企业

企业名称：＿＿＿＿＿＿＿＿＿＿＿＿＿＿＿＿＿＿

企业所在地：＿＿＿＿＿＿＿＿＿＿＿＿＿＿＿＿

访谈对象：＿＿＿＿＿＿＿＿＿＿＿＿＿＿＿＿＿

联系方式：＿＿＿＿＿＿＿＿＿＿＿＿＿＿＿＿＿

1. 企业基本情况：企业成立于＿＿＿＿＿年；注册资本：＿＿＿＿＿万元，占地：＿＿＿＿＿平方米（亩）

企业性质：＿＿＿＿＿＿＿＿＿＿＿（国有企业或央企、股份制企业、合伙企业、独资企业等）

2. 企业通过哪种方式收购羊？

①随机收购，占比＿＿＿　②口头协议，占比＿＿＿　③年度订单，占比＿＿＿

④中长期合同，占比＿＿＿　⑤客商，占比＿＿＿　⑥网上交易，占比＿＿＿

⑦其他＿＿＿＿＿＿＿＿占比＿＿＿

3. 企业收购结算方式？

①活羊，占比＿＿＿　价格＿＿＿＿　②白条，占比＿＿＿价格＿＿＿＿

③其他＿＿＿＿占比＿＿＿　价格＿＿＿＿

4. 一般羊的标准体重为：羔羊＿＿＿＿斤，出肉率：＿＿＿＿％；母羊＿＿＿＿斤，出肉率：＿＿＿＿％

5. 企业收购羊额外开支？

①客商或朋友提成＿＿＿＿＿＿＿＿＿＿＿＿＿＿＿＿＿＿＿

②赊销利息_____

③运输油费等开销_____

④养殖基地或贫困户分红_____

⑤其他_____

6. 企业初级加工产品占比_____，种类有_____

①羊肉卷　②羊肉片　③白条　④羊排　⑤羊蝎子　⑥羊腿

⑦头蹄下货　⑧羊皮　⑨其他_____

7. 企业精深加工产品占比_____，种类有_____

①_____数量_____价格_____　②_____数量_____价格_____

③_____数量_____价格_____　④_____数量_____价格_____

⑤_____数量_____价格_____

8. 企业产品销售途径

①批发市场占比_____　②商超占比_____　③农贸市场占比_____

④餐饮企业占比_____　⑤直营店占比_____　⑥电商占比_____

⑦网红带货占比_____　⑧其他_____占比_____

9. 企业产品主要销售地

①本地市场占比_____　②内蒙古其他城市占比_____

③内蒙古周边省市占比_____　④一线城市占比_____

⑤南方省市占比_____　⑥西部省市占比_____

⑦东部省市占比_____

10. 加工企业参与区域品牌建设方式、优惠性政策_____

_____

11. 企业被授权使用区域公用品牌商标和包装范围_____

_____

区域品牌产品主要销售地：

①本地市场占比_____　②内蒙古其他城市占比_____

③内蒙古周边省市占比_____　④一线城市占比_____

⑤南方省市占比_____　⑥西部省市占比_____

⑦东部省市占比_____

区域品牌产品主要销售途径：

①批发市场占比_____　②商超占比_____　③农贸市场占比_____

④餐饮企业占比_____　⑤直营店占比_____　⑥电商占比_____

⑦网红带货占比_____　⑧其他_____占比_____

12. 加工企业是否有自己标准的养殖基地或签约牧户，如何管理?_____

_____

13. 加工企业成本收益核算表

成本	2021 年		2020 年		2019 年		收益	2021 年		2020 年		2019 年	
	数量	价格/金额	数量	价格/金额	数量	价格/金额		数量	价格	数量	价格	数量	价格
收购成本							羊白条						
活羊							羊肉卷						
白条							羊排						
其他费用							羊脊骨						
屠宰加工成本							羊腿						
雇工费							头蹄下货						
包装费							羊腱子						
水电费							其他						
修理维护费							合计						
检疫卫生费							销售途径	数量/占比	价格	数量/占比	价格	数量/占比	价格
加工损耗							批发市场						
固定资产折旧							商超、农贸市场						
管理费、财务费							餐饮企业						
其他							直营店						
							电商、直播						
							其他						

14. 加工成本收益总结表

年份	调查对象	羊肉加工平均成本（元/斤）	羊肉平均批发价格（元/斤）	羊肉年批发总量（斤）	平均收益（元/斤）	备注
2021 年	普通企业/产品					
	区域品牌授权企业					
	区域品牌授权的产品					
2020 年	普通企业/产品					
	区域品牌授权企业					
	区域品牌授权的产品					
2019 年	普通企业/产品					
	区域品牌授权企业					
	区域品牌授权的产品					

二、养殖户/场

调研对象所在地：_____

访谈对象姓名及身份：_____

联系方式：_____

1. 调研对象性质：_____ （①普通农牧户　②合作社成员　③家庭农牧场　④养殖场　⑤企业基地签约农牧户　⑥其他）

2. 调研对象或养殖场名称：_____　年龄：_____或建场时间_____

3. 家庭人数（主要劳动力）：_____或工人人数_____

4. 养殖规模：羊_____牛_____马_____其他_____　养殖收入：羊_____牛_____马_____其他_____

5. 自有草场/养殖场占地面积_____亩，租用草场/土地面积_____亩，棚圈占地面积_____平方米

6. 养殖方式_____ （①放牧散养　②舍饲圈养　③半牧半舍饲）

7. 是否为区域品牌订单户：＿＿＿＿＿＿

8. 养殖主要成本收益核算表

养殖成本	2021 年		2020 年		2019 年		养殖收益	2021 年		2020 年		2019 年	
	数量	价格	数量	价格	数量	价格		数量	价格	数量	价格	数量	价格
购入或租入活羊							年底存栏						
基础母羊							出栏						
仔畜							羔羊						
配种费							活羊						
饲草							白条						
自家打草							母羊						
打草雇工费							活羊						
燃油费、运输费							白条						
其他							羊毛绒						
购入饲草							出租母羊						
饲料、饲盐等							配种收入						
年租入草场/土地							其他						
牧业生产雇工费							合计						
棚圈器械等折旧费													
修理维护费							销售途径	数量	占比	数量	占比	数量	占比
燃油电力等动力费							二道贩子/客商						
水电费							屠宰加工企业						
牧业保险							合作社统销						
防疫兽药及服务费							网红亲朋直销						
交易费用/办公费							品牌合作企业						
其他							其他						
合计													

9. 养殖成本收益总结表

年份	调查对象	平均养殖成本（元/斤）	活羊平均售价（元/斤）	白条平均售价（元/斤）	年平均出栏（斤）	年收益（元）	备注
2021 年	普通牧户						
	订单牧户						
	合作社						
	区域品牌签约农牧户或合作社						
2020 年	普通牧户						
	订单牧户						
	合作社						
	区域品牌签约农牧户或合作社						
2019 年	普通牧户						
	订单牧户						
	合作社						
	区域品牌签约农牧户或合作社						

三、销售商

经销商名称：＿＿＿＿＿＿＿＿＿＿＿＿＿＿

经销商所在地：＿＿＿＿＿＿＿＿＿＿＿＿＿

访谈对象：＿＿＿＿＿＿＿＿＿＿＿＿＿＿＿

联系方式：＿＿＿＿＿＿＿＿＿＿＿＿＿＿＿

1. 经销商基本情况：成立于＿＿＿＿＿＿年；注册资本：＿＿＿＿＿＿万元，占地：＿＿＿＿＿平方米（亩）

经销商性质：＿＿＿＿＿＿＿＿＿＿

①批发商　②商超　③农贸市场摊主　④餐饮企业　⑤直营店　⑥网店　⑦网红带货　⑧其他＿＿＿＿＿＿

2. 采购对象：＿＿＿＿＿＿＿＿＿＿

①农牧户或客商，占比＿＿＿　②加工企业，占比＿＿＿

③上级代理商、批发商，占比＿＿＿　④直营，占比＿＿＿

⑤其他＿＿＿占比＿＿＿

3. 通过哪种方式采购?

①随机收购、屠宰加工，占比＿＿＿　②口头协议，占比＿＿＿

③年度订单，占比＿＿＿　④中长期合同，占比＿＿＿

⑤集团内企业直供，占比＿＿＿　⑥加盟店中央厨房，占比＿＿＿

⑦其他＿＿＿＿＿占比＿＿＿

4. 经销产品加工程度

①初级加工占比＿＿＿＿＿＿＿　②精深加工占比＿＿＿＿＿＿＿

5. 经销产品种类

①羊肉卷，数量＿＿＿　②羊肉片，数量＿＿＿　③冷鲜肉，数量＿＿＿

④白条，数量＿＿＿　⑤羊排、羊蝎子，数量＿＿＿　⑥羊腿，数量＿＿＿

⑦头蹄，数量＿＿＿　⑧羊杂，数量＿＿＿　⑨其他＿＿＿＿＿，数量＿＿＿

6. 经销羊肉是否具有品牌

①无品牌产品数量/占比＿＿＿＿＿＿＿＿＿　②企业品牌产品数量/占比＿＿＿＿＿＿＿＿＿　③区域品牌产品数量/占比＿＿＿＿＿＿＿＿＿

7. 经销商参与区域品牌建设方式＿＿＿＿＿＿＿＿＿＿＿＿

＿＿＿＿＿＿＿＿＿＿＿＿＿＿＿＿＿＿＿＿＿＿＿＿＿＿＿＿＿＿

8. 与无品牌、企业品牌产品相比，区域公用品牌产品市场状态、销量及溢价情况＿＿＿＿＿＿＿＿＿＿＿＿＿＿＿＿＿＿＿＿＿＿＿＿＿

＿＿＿＿＿＿＿＿＿＿＿＿＿＿＿＿＿＿＿＿＿＿＿＿＿＿＿＿＿＿

9. 销售成本收益核算表

成本	2021 年		2020 年		2019 年		非品牌产品	2021 年		2020 年		2019 年	
	数量	金额	数量	金额	数量	金额		数量	金额	数量	金额	数量	金额
进货成本							销售收入						

续表

成本	2021 年		2020 年		2019 年		非品牌产品	2021 年		2020 年		2019 年	
	数量	金额	数量	金额	数量	金额		数量	金额	数量	金额	数量	金额
运输装卸费							品牌产品	数量	金额	数量	金额	数量	金额
人工费							销售收入						
摊位费/房租													
分割、包装费							附产品价位表						
水电费、库存费													
固定资产折旧													
修理维护费													
管理费、财务费													
其他													

10. 销售成本收益总结表

年份	调查对象	羊肉平均销售成本（元/斤）	羊肉平均售价（元/斤）	羊肉年销售总量（斤）	平均收益（元/斤）	备注
2021 年	无品牌产品					
	企业品牌产品					
	区域品牌产品					
2020 年	无品牌产品					
	企业品牌产品					
	区域品牌产品					
2019 年	无品牌产品					
	企业品牌产品					
	区域品牌产品					

附录3　大米区域品牌运营及供应链
经营情况调查问卷（2022）

第一部分　半结构式访谈提纲

一、调研对象：

1. 区域公用品牌运营管理机构，政府相关部门
2. 区域品牌订单农户、非订单农户（合作社、种植大户、普通农户等）
3. 加工企业（区域公用品牌授权企业、未授权企业）
4. 经销商（直营店、商超、电商、粮店等）

二、调研内容：

（1）品牌运营管理：区域公用品牌发展历程、现状、运营和管理模式。区域公用品牌发展相关资料（历程、现状、管理机构设置、投资方式及规模、主要工作内容），区域公用品牌运营与管理模式（各主体关系）；农户、加工企业、经销商等参与公用品牌建设的方式、利益联结方式等。公用品牌对当地农业经济高质量发展的促进作用和农户的增收效应。

（2）生产情况：合作社/农户成本收益，经营、销售状况，参与区域公用品牌建设的方式、权利义务，品牌建设新增成本与收益等。

（3）加工情况：企业经营状况、加工的平均成本和收益，参与区域公用品牌建设的方式、权利义务，品牌建设新增成本与收益等，产品形式与市场范围、销售方式等。

（4）销售情况：区域品牌产品的销售方式，经销商成本收益，非区域品牌产品相应对比情况。

三、品牌运营管理部门、政府相关部门

（一）品牌办、农牧局、工信局等：1. 水稻产业发展基本数据与资料

2. 水稻产业发展相关激励政策

3. 近几年水稻产量变化趋势、价格走势等

（二）区域品牌运营管理部门

1. 管理机构名称：＿＿＿＿＿＿＿＿＿＿＿＿＿＿

成立时间：＿＿＿＿＿＿＿＿＿＿＿＿＿＿＿＿

与政府相关部门的关系：＿＿＿＿＿＿＿＿＿＿

2. 主要工作内容：

（1）品牌运营管理、资金投入相关政策：

（2）品牌生产控制：（授权企业或合作社/农户的筛选与管理、品牌使用方式、各主体利益关系、标准化体系建设等）

（3）品牌产品销售：（各环节主要销售方式、品牌产品溢价情况等）

（4）品牌宣传与推广：

（5）其他品牌相关工作：

3. 区域品牌建设取得的成效

4. 区域品牌建设面临的困难

第二部分　成本收益核算

一、加工企业

企业名称：＿＿＿＿＿＿＿＿＿＿＿＿＿＿＿＿

企业所在地：＿＿＿＿＿＿＿＿＿＿＿＿＿＿＿

访谈对象：＿＿＿＿＿＿＿＿＿＿＿＿＿＿＿＿

联系方式：＿＿＿＿＿＿＿＿＿＿＿＿＿＿＿＿

1. 企业基本情况：企业成立于＿＿＿＿＿年；注册资本：＿＿＿＿＿万元，占地：＿＿＿＿＿平方米（亩）

企业性质：＿＿＿＿＿＿＿＿＿（国有企业或央企、股份制企业、合伙企业、独资企业等）

2. 企业收购情况?

（1）企业收购能力? _____

（2）收购地域范围

①本地（占比）_____　　②内蒙古其他地区（占比）_____

③周边省市（占比）_____　　④其他（占比）_____

（3）收购和结算方式?

①零散收购，占比_____　　②口头协议，占比_____

③年度订单，占比_____　　④中长期合同，占比_____

⑤种植基地，占比_____　　⑥客商/其他_____占比_____

加工企业如何管理自有种植基地/签约农户? _____

_____

（4）企业收购额外开支?

是否存在抢购现象? _____①提成_____②赊销利息_____③运输油费

等开销_____④分红_____⑤其他_____

3. 企业加工生产情况?

（1）企业加工能力（近三年产量）? _____

_____

（2）企业初级加工产品种类及占比_____

_____

（3）企业精深加工产品种类及占比_____

_____

4. 企业产品销售情况（近三年销量）_____

_____

（1）企业产品销售方式?

①批发市场占比及价格_____　　②商超占比及价格_____

③直营店占比及价格_____　　④粮店/农贸市场占比及价格_____

⑤餐饮企业占比_____　　⑥电商占比及价格_____

⑦其他占比及价格_____

（2）企业产品主要销售地

①本地市场占比_____　　②内蒙古其他城市占比_____

③周边省市占比_____　　④东部省份占比_____

⑤西部省份占比_____　　⑥中原地区占比_____

⑦南部省份占比_____

5. 区域公用品牌商标授权使用范围_____

_____

6. 区域品牌产品销售情况？

（1）区域品牌销售方式？

①批发市场占比及价格_____　　②商超占比及价格_____

③直营店占比及价格_____　　④餐饮企业占比_____

⑤粮店/农贸市场占比及价格_____　　⑥电商占比及价格_____

⑦其他占比及价格_____

（2）区域品牌产品主要销售地

①本地市场占比_____　　②内蒙古其他城市占比_____

③周边省市占比_____　　④东部省份占比_____

⑤西部省份占比_____　　⑥中原地区占比_____

⑦南部省份占比_____

7. 区域品牌产品是否存在溢价？

相比未授权企业同类产品_____

_____

相比本企业非区域品牌产品_____

_____

8. 成本收益核算

大米加工	2022 年	2021 年	2020 年	大米销售	2022 年	2021 年	2020 年
产量				销量			
加工成本	元/100 斤	元/100 斤	元/100 斤	产品收益	元/100 斤	元/100 斤	元/100 斤
收购成本				大米			

大米加工	2022 年	2021 年	2020 年	大米销售	2022 年	2021 年	2020 年
产量				销量			
加工成本	元/100 斤	元/100 斤	元/100 斤	产品收益	元/100 斤	元/100 斤	元/100 斤
水稻				稻壳			
其他				油糠			
加工成本		日常管理费		中小碎米			
人工费		折旧		异色粒			
水电费		其他		其他			
包装费				合计			
维修耗材费							
加工损耗							
直接成本合计							

9. 加工成本收益总结表

年份	调查对象	平均加工成本（元/100 斤）	平均批发价格（元/斤）	年批发总量（斤）	平均收益（元/100 斤）	备注
2022 年	普通企业/产品					
	区域品牌授权企业					
	区域品牌授权的产品					
2021 年	普通企业/产品					
	区域品牌授权企业					
	区域品牌授权的产品					
2020 年	普通企业/产品					
	区域品牌授权企业					
	区域品牌授权的产品					

二、合作社/农户

1. 调研对象性质：_____（①合作社 ②合作社成员 ③种植基地 ④家庭农场/种植大户 ⑤企业订单农户 ⑥普通农户）

2. 调研对象所在地：_____

访谈对象姓名及身份：_____

联系方式：_____

3. 合作社/户主名称：_____

成立时间/年龄：_____

社员/家庭人数：_____

4. 年收入：_____

合作社主营业务/农户主要收入来源：_____

_____

5. 耕地面积_____亩，种植规模：水稻及占比_____其他及占比_____，种植品种_____

6. 水稻销售方式：①商贩（占比）_____ ②加工企业（占比）_____ ③合作社（占比）_____ ④其他（占比）_____

7. 是否区域品牌签约户：_____签约面积：_____亩，种植要求：_____（①绿色 ②有机 ③无公害 ④普通种植）

参与区域品牌建设的方式_____

_____

8. 种植成本收益核算

水稻	2022 年	2021 年	2020 年	水稻	2022 年	2021 年	2020 年
种植面积				产量			
种植成本	元/亩	元/亩	元/亩	种植收益	元/斤	元/斤	元/斤
种子/育秧				稻谷			
化肥/农药				其他			

水稻	2022 年	2021 年	2020 年	水稻	2022 年	2021 年	2020 年
水费							
人工							
燃油动力							
机械维修折旧							
贷款利息							
保险费							
其他							
直接成本合计							

9. 种植成本收益总结

年份	调查对象	平均种植成本（元/斤）	水稻平均售价（元/斤）	年平均产量（斤）	年平均收益（元/斤）	备注
2022 年	普通农户					
	订单农户/合作社					
	种植基地					
	区域品牌签约农户或合作社					
2021 年	普通农户					
	订单农户/合作社					
	种植基地					
	区域品牌签约农户或合作社					
2020 年	普通农户					
	订单农户/合作社					
	种植基地					
	区域品牌签约农户或合作社					

三、经销商

经销商名称：＿＿＿＿＿＿＿＿＿＿＿＿＿＿＿＿＿

经销商所在地：＿＿＿＿＿＿＿＿＿＿＿＿＿＿＿

访谈对象：＿＿＿＿＿＿＿＿＿＿＿＿＿＿＿＿＿＿

联系方式：＿＿＿＿＿＿＿＿＿＿＿＿＿＿＿＿＿＿

1. 经销商基本情况：成立于＿＿＿＿＿＿年；注册资本：＿＿＿＿＿＿万元，占地：＿＿＿＿＿平方米

经销商性质：＿＿＿＿＿＿＿＿＿＿＿＿＿经销规模：＿＿＿＿＿＿＿＿＿＿＿
①批发商　②商超　③农贸市场摊主　④餐饮企业　⑤直营店　⑥网店
⑦网红带货　⑧其他＿＿＿＿＿＿＿

2. 采购对象：＿＿＿＿＿＿＿＿＿＿＿＿
①农户或客商，占比＿＿＿＿　②加工企业，占比＿＿＿＿
③上级代理商、批发商，占比＿＿＿＿　④直营，占比＿＿＿＿
⑤其他＿＿＿＿占比＿＿＿＿

3. 通过哪种方式采购？
①随机收购、屠宰加工，占比＿＿＿＿　②口头协议，占比＿＿＿＿
③年度订单，占比＿＿＿＿　④中长期合同，占比＿＿＿＿
⑤集团内企业直供，占比＿＿＿＿　⑥加盟店，占比＿＿＿＿
⑦其他＿＿＿＿＿占比＿＿＿＿

4. 经销产品加工程度
①初级加工占比＿＿＿＿＿＿　②精深加工占比＿＿＿＿＿＿

5. 经销大米种类
①稻花香，占比＿＿＿＿　②长粒香，占比＿＿＿＿
③糯米，占比＿＿＿＿　④其他＿＿＿＿，占比＿＿＿＿

6. 经销的大米是否有品牌
①无品牌产品占比＿＿＿＿　②企业品牌产品占比＿＿＿＿　③区域品牌产品占比＿＿＿＿

7. 经销商参与区域品牌建设方式＿＿＿＿＿＿＿＿＿＿＿＿＿＿＿＿＿

8. 与无品牌、企业品牌产品相比，区域公用品牌产品市场状态、销量及溢价情况

9. 销售成本收益核算

成本	2022 年	2021 年	2020 年	收益	2022 年	2021 年	2020 年
	元/100 斤	元/100 斤	元/100 斤		元/斤	元/斤	元/斤
进货成本				稻花香			
稻花香				长粒香			
长粒香				糯米			
糯米				其他			
运输费				合计			
人工费							
摊位费							
包装费							
水电费							
损耗							
管理费							
修理与折旧							
其他							
合计							

10. 销售成本收益总结表

年份	调查对象	平均销售成本（元/斤）	平均售价（元/斤）	年销售总量（斤）	平均收益（元/斤）	备注
2022 年	无品牌产品					
	企业品牌产品					
	区域品牌产品					

年份	调查对象	平均销售成本（元/斤）	平均售价（元/斤）	年销售总量（斤）	平均收益（元/斤）	备注
2021 年	无品牌产品					
	企业品牌产品					
	区域品牌产品					
2020 年	无品牌产品					
	企业品牌产品					
	区域品牌产品					

参 考 文 献

[1] 安增军，林昌辉．品牌对生产者及消费者福利水平影响研究——基于效用函数的重构 [J]．东南学术，2010 (2)：83 – 90.

[2] 常倩，王士权，李秉龙．农业产业组织对生产者质量控制的影响分析——来自内蒙古肉羊养殖户的经验证据 [J]．中国农村经济，2016 (3)：54 – 64，81.

[3] 常向阳，胡浩．基于选择实验法的消费者食品安全属性偏好行为研究 [J]．食品工业科技，2014，35 (11)：273 – 277.

[4] 崔姹，王明利，石自忠．中国肉羊产业链价格传导研究——基于 PVAR 模型的分析 [J]．价格理论与实践，2016 (4)：73 – 76.

[5] 崔瑜琴．中小企业区域品牌营销策略研究 [J]．经济研究导刊，2015 (10)：55 – 56.

[6] 储婷，曾鹏志，吕本富．基于品牌溢价的延伸产品定价策略 [J]．数学的实践与认识，2016，46 (16)：289 – 296.

[7] 陈晨．近年来中国牛羊肉价格上涨的原因分析——基于产业链视角 [J]．中国畜牧杂志，2014，50 (22)：25 – 28.

[8] 陈劲松．企业品牌成长与整合模型研究 [J]．商业经济，2009 (11)：46 – 47，116.

[9] 陈磊，姜海，孙佳新，等．农业品牌化的建设路径与政策选择——基于黑林镇特色水果产业品牌实证研究 [J]．农业现代化研究，2018，39 (2)：203 – 210.

[10] 陈默，韩飞，王一琴，等．食品质量认证标签的消费者偏好异质性研究：随机 n 价拍卖实验的证据 [J]．宏观质量研究，2018，6 (4)：112 –

121.

[11] 陈雨生，吉明，赵露，等．基于扎根理论的海水稻大米绿色品牌培育模式与策略研究 [J]．农业经济问题，2019 (3)：19 - 27.

[12] 陈则谦．MOA 模型的形成、发展与核心构念 [J]．图书馆学研究，2013 (13)：53 - 57.

[13] 陈忠卫．名牌的价值构成及其评估问题 [J]．决策借鉴，1998 (1)：43 - 45.

[14] 程新章，胡峰．价值链治理模式与企业升级的路径选择 [J]．商业经济与管理，2005 (12)：24 - 29.

[15] 丁存振，肖海峰．中国肉羊产业时空演变的特征分析 [J]．华中农业大学学报（社会科学版），2018 (1)：58 - 64，158 - 159.

[16] 杜建刚，孟朝月，刘宇萌．产业集群生态圈对集群品牌价值的影响研究——基于 74 个茶叶集群的经验数据 [J]．软科学，2021，35 (3)：29 - 34，48.

[17] 邓洪娟，贾枭，程安顺．农产品区域公用品牌建设中政府的角色与作用 [J]．农村经济与科技，2020，31 (11)：218 - 220.

[18] 董谦，李秉龙，刘宾．企业品牌羊肉消费者购买行为及影响因素分析——基于呼和浩特市城市居民的调研 [J]．农业现代化研究，2015，36 (2)：277 - 283.

[19] 董言，李桂华．供应商要素品牌价值对采购商关系治理行为影响研究——合作还是竞争？[J]．工业工程与管理，2018，23 (6)：80 - 86.

[20] 董亚宁，顾芸，杨开忠．农产品品牌、市场一体化与农业收入增长 [J]．首都经济贸易大学学报，2021，23 (1)：70 - 80.

[21] 董银果，钱薇雯．最低质量标准、品牌成员数量与农产品区域公用品牌价值 [J]．经济经纬，2022，39 (1)：36 - 46.

[22] 樊辉，赵敏娟．自然资源非市场价值评估的选择实验法：原理及应用分析 [J]．资源科学，2013 (7)：1347 - 1354.

[23] 樊宏霞，盖志毅，薛强．内蒙古肉羊产业区域差异研究 [J]．干旱区资源与环境，2012，26 (11)：204 - 208.

[24] 樊立惠，王鹏飞，张加华．地理标志农产品时空分布特征及其影响因素 [J]．世界农业，2020 (2)：120 – 127.

[25] 费威，杜晓镤．打造农产品区域品牌：以地理标志为依托的思考 [J]．学习与实践，2020 (8)：48 – 55.

[26] 范秀成．基于顾客的品牌权益测评：品牌联想结构分析法 [J]．南开管理评论，2000 (6)：9 – 13.

[27] 范秀成，冷岩．品牌价值评估的忠诚因子法 [J]．科学管理研究，2000，18 (5)：50 – 56.

[28] 郭爱云，杜德斌．品牌契合、消费者品牌价值创造与品牌价值——基于企业微信公众号的分析 [J]．江西财经大学学报，2018 (3)：40 – 49.

[29] 郭国峰，曹春玲．论品牌价值提升策略——以黄金叶品牌为例 [J]．学术交流，2020 (3)：117 – 127.

[30] 郭倩倩，宋敏，周元春，刘丽军．基于 Interbrand 模型的山西农产品地理标志品牌价值评估研究 [J]．农业现代化研究，2015，36 (3)：450 – 455.

[31] 郭守亭．对中国实施农产品品牌工程的几点思考 [J]．农业经济问题，2005 (12)：61 – 64.

[32] 郭彦，孙明贵．老字号品牌价值共创机理及对策研究——基于服务主导逻辑视角 [J]．统计与信息论坛，2016，31 (9)：89 – 100.

[33] 关纯兴．区域农产品品牌协同管理研究 [J]．学术研究，2012 (6)：74 – 79.

[34] 关辉国，耿闯闯，陈达．顾客消费体验对品牌资产影响效应路径研究——基于线上价值共创的新视角 [J]．西北民族大学学报（哲学社会科学版），2018 (1)：80 – 88.

[35] 高澜，朱再清．分离质量因素的中国大米进口需求价格弹性研究 [J]．世界农业，2021 (11)：12 – 22，118.

[36] 顾汉杰．一种评价品牌资产评估结果影响力的模型——基于中国品牌资产评估现状 [J]．现代商业，2009 (17)：87 – 88.

［37］顾海兵，张安军．区域品牌价值估计：方法与实例［J］．南京社会科学，2010（12）：11－15．

［38］顾强，任宝，张彦明．产业集群与品牌互动发展实证研究［A］//中国产业集群第3辑［C］．北京：机械工业出版社，2005：6－16．

［39］龚艳萍，谌飞龙．品牌价值评估的理论演进与实践探索［J］．求索，2014（3）：24－30．

［40］哈丹·卡宾，霍国庆，张晓东．新疆区域农业品牌价值最大化及其评价指标与模型［J］．数学的实践与认识，2012，42（22）：121－130．

［41］韩慧林，邹统钎，庄飞鹏．公司品牌形象对消费者购买意向的作用路径研究——基于中国跨国公司的实证分析［J］．中央财经大学学报，2017（8）：91－99．

［42］韩青，袁学国．消费者生鲜食品的质量信息认知和安全消费行为分析［J］．农业技术经济，2008（5）：74－80．

［43］韩子旭，严斌剑．消费者对主粮品质属性的偏好和支付意愿研究——以小包装面粉为例［J］．农业技术经济，2021（4）：30－45．

［44］侯立松．品牌管理的实质——利益相关者关系管理［J］．求索，2010（4）：61－63．

［45］何炼成，徐鸿．无形资产的价值源泉［J］．当代经济研究，2001（9）：3－6，2．

［46］何颖．广西民族文化品牌运营研究［J］．广西民族研究，2000（3）：80－83．

［47］黄炳凯，耿献辉．地理标志农产品生产者机会主义行为治理研究——基于集体行动视角［J］．经济与管理，2022，36（2）：19－26．

［48］黄焕山．论品牌运营［J］．经济评论，1996（5）：85－88．

［49］黄俐晔．农产品区域品牌建设主体和机制分析［J］．科技管理研究，2008（5）：51－52，55．

［50］黄俐晔．农产品区域品牌研究——基于主体、机制的角度［J］．贵州社会科学，2008（4）：97－101．

［51］黄磊，吴朝彦．B2B品牌导向对品牌绩效的影响机制研究：供应

商资源投入的关键作用 [J]. 管理评论, 2017, 29 (9): 181 - 192.

［52］黄毅. 区域形象与民族特色工业品购买意向分析 [J]. 广西民族大学学报 (哲学社会科学版), 2016, 38 (2): 132 - 137.

［53］洪文生. 区域品牌建设的途径 [J]. 发展研究, 2005 (3): 34 - 36.

［54］胡世霞, 祁睿, 沈祥成. 蔬菜品牌创建实现路径、机制创新和支撑政策研究——基于乡村振兴战略视角 [J]. 农村经济, 2018 (7): 44 - 48.

［55］胡胜德, 王伟森. 韩国农特产品共同品牌建设对中国的启示 [J]. 农业经济与管理, 2019 (3): 89 - 96.

［56］胡晓云, 程定军, 李闯, 等. 中国农产品区域公用品牌的价值评估研究 [J]. 中国广告, 2010 (3): 126 - 132.

［57］胡振华, 刘国宜, 王敏轶. 品牌价值来源的经济学研究 [J]. 统计与决策, 2013 (4): 180 - 182.

［58］胡正明, 王亚卓. 农产品区域品牌形成与成长路径研究 [J]. 江西财经大学学报, 2010 (6): 64 - 68.

［59］霍红, 王作铁. 考虑零售商促销努力的农产品供应链协调研究 [J]. 统计与决策, 2020, 36 (11): 184 - 188.

［60］金建君, 王志石. 澳门固体废物管理的经济价值评估——选择试验模型法和条件价值法的比较 [J]. 中国环境科学, 2005 (6): 751 - 755.

［61］蒋廉雄, 朱辉煌, 卢泰宏. 区域竞争的新战略: 基于协同的区域品牌资产构建 [J]. 中国软科学, 2005 (11): 107 - 116.

［62］简兆权, 令狐克睿, 李雷. 价值共创研究的演进与展望——从"顾客体验"到"服务生态系统"视角 [J]. 外国经济与管理, 2016 (9): 3 - 20.

［63］孔晓春, 刘红霞. 基于利益相关者理论的品牌价值影响因素研究 [J]. 科技管理研究, 2014, 34 (17): 123 - 126.

［64］廖翼. 地理标志农产品发展对农民收入增长的影响——空间溢出效应与地区异质性 [J]. 湖南农业大学学报 (社会科学版), 2021, 22 (2): 26 - 33.

［65］陆国庆. 区位品牌：农产品品牌经营的新思路［J］. 中国农村经济，2002（5）：59－62.

［66］陆娟，孙瑾. 乡村振兴战略下农产品区域品牌协同共建研究——基于价值共创的视角［J］. 经济与管理研究，2022，43（4）：96－110.

［67］陆娟，张振兴，杨青青. 基于品牌联合的食品品牌信任提升研究［J］. 商业经济与管理，2011（1）：76－85.

［68］陆娟. 企业品牌发展阶段战略研究［J］. 财经论丛（浙江财经学院学报），2003（3）：80－85.

［69］陆建珍，徐翔，袁新华. 城市居民淡水产品品牌支付意愿实证研究——以青虾为例［J］. 消费经济，2013，29（3）：56－59.

［70］卢全晟，张晓莉. 新疆肉羊养殖与羊肉生产消费发展现状分析［J］. 黑龙江畜牧兽医，2018（14）：7－11.

［71］卢泰宏. 品牌资产评估的模型与方法［J］. 中山大学学报（社会科学版），2002（3）：88－96.

［72］梁磊，赖红波. 新媒体传播对本土新奢侈品品牌培育与顾客购买意向影响研究［J］. 科研管理，2016，37（6）：84－91.

［73］梁志会，张露，张俊飚，刘勇. 基于MOA理论消费者绿色农产品溢价支付意愿驱动路径分析——以大米为例［J］. 中国农业资源与区划，2020，41（1）：30－37.

［74］刘刚. 基于熵方法的供应商分类评价及分类管理策略［J］. 系统管理学报，2010，19（6）：651－655.

［75］刘华军. 品牌经济学的理论基础——引入品牌的需求曲线及其经济学分析［J］. 财经研究，2007（1）：36－43.

［76］刘红霞. 品牌资产的公允价值计量及其信息揭示研究［J］. 中央财经大学学报，2009（10）：91－96.

［77］刘红霞，韩嫄. 中国企业品牌指数构建及其调查数据分析［J］. 江西财经大学学报，2009（6）：10－14.

［78］刘佳慧，刘建贝，李珍. 河北省肉羊专业育肥成本收益分析——基于唐县肉羊养殖小区调查数据［J］. 黑龙江畜牧兽医，2019（14）：52－54.

［79］刘丽，周静．基于产业集群农产品区域品牌建设的几点思考［J］．农业经济，2006（11）：52－53.

［80］刘晴晴．品牌价值对经济增长的影响研究［J］．重庆大学学报（社会科学版），2018，24（3）：58－67.

［81］刘婷．河南省农产品区域品牌与合作社协同发展策略研究［J］．农业经济，2017（2）：71－73.

［82］刘一平．依托品牌运营　实现资本扩张［J］．财经理论与实践，2001（2）：112－113.

［83］刘月平．准公共产品视角下区域品牌建设实证研究［J］．商业时代，2011（28）：127－128.

［84］刘尊礼，余明阳，郝鸿．品牌熟悉度与炫耀性倾向对消费者购买意向的影响研究［J］．软科学，2014，28（11）：98－102.

［85］李大垒，仲伟周．农民合作社、农产品区域品牌与乡村振兴［J］．深圳大学学报（人文社会科学版），2019，36（6）：118－125.

［86］李丹，周宏，周力．品牌溢价与农产品质量安全——来自江苏水稻种植的例证［J］．财经研究，2021，47（2）：34－48.

［87］李道和，叶丽红，陈江华．政府行为、内外部环境与农产品区域公用品牌整合绩效——以江西省为例［J］．农业技术经济，2020（8）：130－142.

［88］李德立，宋丽影．农产品区域品牌竞争力影响因素分析［J］．世界农业，2013（5）：85－90，155.

［89］李福夺，尹昌斌．消费动机、消费习惯对生态农产品溢价支付意愿的影响——以绿肥稻米为例［J］．中国生态农业学报（中英文），2022（9）：1－15.

［90］李佛关，叶琴，张燊．农产品区域公用品牌建设的政府与市场双驱动机制及效应——基于扎根理论的探索性研究［J］．西南大学学报（社会科学版），2022，48（2）：82－94.

［91］李桂华，杨萍，郑帅．要素品牌感知价值对消费者重购意向的影响——以品牌信任为中介的实证研究［J］．管理现代化，2019，39（1）：70－73.

［92］李国武．原发型产业集群发展中的品牌战略［A］//中国产业集群第3辑［C］．北京：机械工业出版社，2005：42－46．

［93］李辉．绿色品牌与顾客购买倾向的关系［J］．中国流通经济，2018，32（7）：56－62．

［94］李换梅，王亚宾．宁夏葡萄酒产业转型中政府职能实证研究［J］．中国酿造，2018，37（11）：196－199．

［95］李雷，杨怀珍，冯中伟．供应链上游段VMI&TPL模式的利益分配机制——基于最大熵值法与正交投影法的整合视角［J］．系统管理学报，2020，29（2）：400－408．

［96］李敏．基于消费者行为理论的农产品品牌价值研究［J］．江苏农业科学，2010（5）：511－515．

［97］李若琦，付文阁．中国羊肉进口需求——基于产品属性的视角［J］．中国农业大学学报，2021，26（9）：266－276．

［98］李硕，马骥．消费者对品牌鸡蛋的溢价支付意愿研究［J］．价格理论与实践，2017（9）：45－48．

［99］李淑梅．供应链产品销售与定价策略研究——基于品牌价值差异化的分析与选择［J］．价格理论与实践，2017（12）：157－160．

［100］李新建，杨红，曾玲，等．参与农产品区域公用品牌提升的三方演化博弈［J］．中国管理科学，2022（3）：1－13．

［101］李雪欣，张正．品牌象征价值对消费者价值共创意愿的影响研究——被调节的中介模型［J］．软科学，2020，34（8）：116－122．

［102］李学工，易小平．农产品区域品牌建设中的"公共物品私人自愿供给"问题研究［J］．兰州商学院学报，2009，25（2）：65－68．

［103］李耀东．农产品区域品牌助推乡村振兴的作用机理和实施路径研究［J］．经济问题，2021（9）：97－103．

［104］李银兰，沈翠珍．政府与地方特色农产品产地品牌塑造［J］．武汉工业学院学报，2008（3）：109－111．

［105］李亚林．区域品牌的形成创建机理研究——以农产品区域品牌为例［J］．科技创业月刊，2012（11）：32－35．

[106] 李赵盼，郑少锋．农产品地理标志使用对猕猴桃种植户收入的影响 [J]．西北农林科技大学学报（社会科学版），2021，21（2）：119 - 129．

[107] 马爱慧，蔡银莺，张安录．基于选择实验法的耕地生态补偿额度测算 [J]．自然资源学报，2012，27（7）：1154 - 1163．

[108] 马骥，秦富．消费者对安全农产品的认知能力及其影响因素——基于北京市城镇消费者有机农产品消费行为的实证分析 [J]．中国农村经济，2009（5）：26 - 34．

[109] 马清学．农产品区域品牌建设模式实证研究 [J]．河南科技学院学报，2010（5）：1 - 4．

[110] 马骁，肖阳．基于产业集群类型的区域产业品牌发展研究 [J]．价值工程，2008（3）：19 - 22．

[111] 孟韬．企业品牌与产业集群发展 [A]//中国产业集群第 3 辑 [C]．北京：机械工业出版社，2005：17 - 21．

[112] 宁昌会．基于消费者效用的品牌权益模型及应用 [J]．中国工业经济，2005（10）：121 - 126．

[113] 倪晓，程海芳，刘丛．考虑消费者偏好的混合销售渠道决策模型 [J]．管理学报，2020，17（10）：1544 - 1553．

[114] 彭贝贝，周应恒．信息不对称情况下地理标志农产品"柠檬市场"困境——基于淘宝网"碧螺春"交易数据的分析 [J]．世界农业，2019（5）：91 - 95，111．

[115] 彭品志，任传鹏．品牌溢价的实现方式 [J]．企业改革与管理，2012（6）：5 - 6．

[116] 彭燕，郭婧怡，郭锦墉．认知、情感与消费者品牌牛肉溢价支付意愿：基于 ABC 态度模型 [J]．江西畜牧兽医杂志，2019（4）：1 - 8．

[117] 裴要男，王承武，周洁．项目驱动下大学生创新创业教育影响因素研究——基于 MOA 模型的实证分析 [J]．高教探索，2019（7）：108 - 116．

[118] 曲盛恩．基于模糊层次分析和灰色关联分析的供应商评价选择

研究 [J]. 商业研究, 2005 (24)：7 - 10, 106.

[119] 覃毅. 品牌主导型产业迈向全球价值链中高端路径探析 [J]. 经济学家, 2018 (5)：32 - 38.

[120] 钱旭潮, 夏莲. 品牌成长过程中价值承诺的动态演进——基于罗莱、格力、上上、柳工的多案例研究 [J]. 企业经济, 2018, 37 (9)：81 - 88.

[121] 钱旭潮, 王雪薇, 陈清爽. 品牌成长过程中价值承诺实现路径研究——基于价值共创视角 [J]. 管理现代化, 2020, 40 (3)：106 - 111.

[122] 齐文娥, 欧阳曦, 周建军. 区域品牌成长路径及其机理——基于赣南脐橙的案例分析 [J]. 中国流通经济, 2021, 35 (12)：90 - 101.

[123] 齐永智, 李园园, 闫瑶. 政府补助、技术创新与品牌价值的门槛效应研究 [J]. 宏观经济研究, 2020 (4)：60 - 70.

[124] 齐永智, 闫瑶. 品牌价值链视角的品牌权益演进与影响 [J]. 经济问题, 2018 (8)：66 - 73.

[125] 莎琪日, 乌云, 根锁, 等. 绵羊产业成本收益区域比较研究 [J]. 中国畜牧杂志, 2020, 56 (1)：173 - 178.

[126] 尚旭东, 郝亚玮, 李秉龙. 消费者对地理标志农产品支付意愿的实证分析——以盐池滩羊为例 [J]. 技术经济与管理研究, 2014 (1)：123 - 128.

[127] 桑秀丽, 肖汉杰, 符亚杰, 等. 基于经验模态分解法的区域品牌价值评估及发展趋势预测 [J]. 经济问题探索, 2014 (4)：186 - 190.

[128] 邵景波, 李泽昀, 高子强. 奢侈品母品牌价值感知对延伸品购买意愿的影响——顾客满意和品牌信任的链式中介作用 [J]. 预测, 2019, 38 (3)：38 - 44.

[129] 邵建平, 任华亮. 区域品牌形成机理及效用传导对西北地区区域品牌培育的启示 [J]. 科技管理研究, 2008 (3)：133 - 134, 144.

[130] 谌飞龙, 肖婷文, 熊曦, 等. 多产地农业企业使用地理标志品牌的意愿性研究：原产地资源禀赋视角 [J]. 经济地理, 2021, 41 (2)：174 - 184.

[131] 沈蕾，何佳婧．平台品牌价值共创：概念框架与研究展望 [J].
经济管理，2018，40（7）：193 - 208.

[132] 沈蕾，杨桂云．论品牌忠诚度的作用及影响因素 [J]．消费经
济，2001（5）：50 - 53.

[133] 沈鹏熠．农产品区域品牌的形成过程及其运行机制 [J]．农业现
代化研究．2011.9（32）：588 - 591.

[134] 石春娜，姚顺波，史恒通，等．选择实验法的问卷设计技术及
应用——以温江城市生态系统服务价值评估为例 [J]．生态经济，2016，32
（10）：135 - 139，150.

[135] 盛丽婷，张娣杰．基于钻石模型的"平谷大桃"品牌竞争力分
析 [J]．中国城市经济，2011（30）：67 - 68，70.

[136] 宋晶，孔文．论品牌意识与品牌运营 [J]．财经问题研究，2001
（12）：67 - 70.

[137] 宋蕾．政府在农产品区域品牌不同发展阶段中的主导性分析
[J]．商，2016（1）：267.

[138] 宋蒙蒙，张仙锋．消费者文化敏感和民族中心主义对购买意向
的影响机制 [J]．企业经济，2017，36（4）：98 - 104.

[139] 苏红梅，刘俊华．内蒙古牛羊肉产业绿色高质量发展路径探析
[J]．内蒙古社会科学，2020，41（5）：207 - 212.

[140] 索红．区域品牌经济的战略竞争机制探析 [J]．学术探索，2012
（1）：82 - 84.

[141] 孙丽辉．基于中小企业集群的区域品牌形成机制研究——以温
州为例 [J]．市场营销导刊，2007（Z1）：54 - 58.

[142] 孙丽辉，盛亚军，徐明．国内区域品牌理论研究进展述评 [J].
经济纵横，2008（11）：121 - 124.

[143] 孙丽辉，王艳芳，蓝海平，等．区域品牌形象效应的实验检
验——基于原产国理论 [J]．税务与经济，2015（3）：1 - 9.

[144] 孙亚楠，胡浩．中国地理标志农产品市场发展对策 [J]．经济地
理，2014（4）：119 - 124.

[145] 孙玉玲，颜锋．基于价值体系下的农产品区域公用品牌建设路径 [J]．商业经济研究，2022（4）：150 - 152.

[146] 孙永波，丁沂昕，王勇．价值共创互动行为对品牌权益的作用研究 [J]．外国经济与管理，2018，40（4）：125 - 139，152.

[147] 孙日瑶，刘华军．品牌经济型原理 [M]．北京：经济科学出版社，2007.

[148] 唐莉，王明利．中国肉羊产业竞争力及影响因素分析——基于成本效益视角 [J]．价格理论与实践，2018（12）：107 - 110.

[149] 唐学玉，李世平．基于消费动机维度的安全农产品市场细分研究——以南京市为例 [J]．农业技术经济，2012（1）：109 - 117.

[150] 唐玉生，曲立中，肖琼芳．产业价值链视角下品牌价值传递机理研究 [J]．软科学，2014，28（10）：105 - 110.

[151] 唐玉生，曲立中，刘雪冰．品牌价值网络结构模型及网络化传递研究 [J]．工业技术经济，2013，32（4）：9 - 15.

[152] 涂传清，王爱虎．农产品区域公用品牌的经济学解析：一个基于声誉的信号传递模型 [J]．商业经济与管理，2012（11）：15 - 23，32.

[153] 汪建新，徐莉．论品牌的价值构成体系 [J]．江西社会科学，2000（9）：63 - 66.

[154] 汪秀英．品牌资产与品牌价值的动力源泉——基于消费者视角的分析 [J]．中国流通经济，2008（8）：63 - 65.

[155] 汪秀英．论品牌价值与经济学价值理论的关系——兼论品牌资产的价值模型 [J]．现代经济探讨，2009（2）：37 - 41.

[156] 王成荣．品牌价值论：科学评价与有效管理品牌的方法 [M]．北京：中国人民大学出版社，2008.

[157] 王海忠，赵平．公司品牌形象对经销商关系导向的影响——基于主导地位制造商的中国实证 [J]．中国工业经济，2008（3）：93 - 100.

[158] 王洪煜，宋晓丽，张复宏，等．中国与澳大利亚绵羊养殖成本收益与生产效率比较——主要基于2014、2015年的数据 [J]．湖南农业大学学报（社会科学版），2017，18（4）：51 - 56.

［159］王丽敏. 产业集群与区位品牌培育［J］. 特区经济，2008（3）：264 – 265.

［160］王文智，武拉平. 城镇居民对猪肉的质量安全属性的支付意愿研究——基于选择实验的分析［J］. 农业技术经济，2013（11）：24 – 31.

［161］王卫，佟光霁. 基于博弈分析的区域农产品品牌建设主体确定研究［J］. 经济师，2011（1）：20 – 21.

［162］王兴元. 名牌生态系统分析理论及管理策略研究：基于生态学视角的探索［M］. 北京：经济科学出版社，2007.1 – 5.

［163］王孝刚，沈晶晶. 茶品牌创建中的政府职能与行为分析［J］. 福建茶叶，2017，39（11）：402.

［164］王雪，张培文，孙宏. 基于资源投入的供应链联盟利益分配方案研究［J］. 统计与决策，2018，34（11）：55 – 59.

［165］王雪虹. 政府与市场协作视角下农产品品牌打造研究［J］. 农业经济，2021（12）：137 – 138.

［166］王雪颖，张紫玄，王昊，等. 中国农产品品牌评价研究的内容解析［J］. 数据分析与知识发现，2017，1（7）：13 – 21.

［167］王悦. 基于顾客角度的区域品牌资产提升［J］. 商场现代化，2010（24）：70 – 71.

［168］王月明，李晓红，何有缘. 品牌价值形成机理初探［J］. 商场现代化，2007（25）：198 – 199.

［169］魏春丽. 低成本提升农产品区域公用品牌溢价策略分析［J］. 浙江农业科学，2014（6）：964 – 967.

［170］温如春. 建立强势区域性农产品品牌　促进湖北农业的发展［J］. 武汉工业学院学报，2010，29（1）：89 – 92.

［171］吴春雅，夏紫莹，罗伟平. 消费者网购地理标志农产品意愿与行为的偏差分析［J］. 农业经济问题，2019（5）：110 – 120.

［172］吴林海，王淑娴，Wuyang Hu. 消费者对可追溯食品属性的偏好和支付意愿：猪肉的案例［J］. 中国农村经济，2014（8）：58 – 75.

［173］吴娅雄. 营销策略、品牌认知与消费者溢价支付意愿［J］. 商业

经济研究，2019（15）：60-63.

[174] 习怡衡，程延园．基于供应链合作伙伴关系的利益分配机制研究 [J]．统计与决策，2019，35（5）：59-63.

[175] 谢京辉．品牌价值创造和价值实现的循环机制研究 [J]．社会科学，2017（4）：47-56.

[176] 夏晓平，李秉龙．品牌信任对消费者食品消费行为的影响分析——以羊肉产品为例 [J]．中国农村观察，2011（4）：14-26，96.

[177] 夏晓平，李秉龙，隋艳颖．中国肉羊生产的区域优势分析与政策建议 [J]．农业现代化研究，2009，30（6）：719-723.

[178] 夏曾玉，谢健．区域品牌建设探讨——温州案例研究 [J]．中国工业经济，2003（10）：43-48.

[179] 熊爱华．基于产业集群的区域品牌培植模式比较分析 [J]．经济管理，2008（16）：80-85.

[180] 熊爱华，汪波．基于产业集群的区域品牌形成研究 [J]．山东大学学报（哲学社会科学版），2007（2）：84-89.

[181] 许晖，薛子超，邓伟升．区域品牌生态系统视域下的品牌赋权机理研究——以武夷岩茶为例 [J]．管理学报，2019，16（8）：1204-1216.

[182] 徐大佑，郭亚慧．农产品品牌打造与脱贫攻坚效果——对贵州省9个地州市的调研分析 [J]．西部论坛，2018，28（3）：100-106.

[183] 徐鑫亮，孟蕊，徐建中．新媒体情境下基于互动的品牌价值实现机制研究 [J]．中国软科学，2021（5）：158-166.

[184] 徐颖，殷娟娟，李远远．基于利益相关者视角的品牌资产概念及评价模型 [J]．吉林大学社会科学学报，2012，52（2）：137-142.

[185] 徐中民，张志强，龙爱华，等．环境选择模型在生态系统管理中的应用——以黑河流域额济纳旗为例 [J]．地理学报，2003（3）：398-405.

[186] 叶柏林．世界贸易组织和法国的"原产地"保护问题 [J]．世界标准化与质量管理，1998（1）：6-9.

[187] 姚春玲，王红姝，陈玉和．农产品区域品牌竞争力形成机理探讨［J］．商业时代，2014（11）：54－55.

[188] 杨卉．安化黑茶区域公用品牌价值评估研究［D］．长沙：湖南大学，2013.

[189] 杨建梅，黄喜忠，张胜寿．区域品牌的生成机理与路径研究［J］．科技进步与对策，2005，（12）.

[190] 杨硕，周显信．品牌价值共创：理论视角、研究议题及未来展望［J］．江海学刊，2021（5）：241－247，255.

[191] 杨旭，李竣．县级政府、供应链管理与农产品上行关系研究［J］．华中农业大学学报（社会科学版），2018（3）：81－89，156－157.

[192] 杨肖丽，薄乐，牟恩东．农产品区域公共品牌培育：运行机制与实现路径［J］．农业经济，2020（1）：125－127.

[193] 杨一翁，孙国辉，涂剑波．高介入购买决策下的国家品牌效应研究［J］．管理学报．2017，14（4）：580－589.

[194] 尹世久，王小楠，陈雨生，等．品牌、认证与产地效应——基于消费者对含有不同属性奶粉的偏好分析［J］．软科学，2014，28（11）：115－118.

[195] 尹世久，徐迎军，陈雨生．食品质量信息标签如何影响消费者偏好——基于山东省843个样本的选择实验［J］．中国农村观察，2015（1）：39－49，94.

[196] 易牧农，郭季林．品牌来源国对国内汽车购买者品牌态度的影响［J］．经济管理，2009，（12）：94－102.

[197] 易松芝．品牌营销：农产品拓展市场的利器［J］．经济与管理，2003（12）：17－19.

[198] 易亚兰，项朝阳．试析农产品区域性品牌的创建原则［J］．华中农业大学学报（社会科学版），2010（1）：36－39.

[199] 袁胜军，周子祺，张剑光．品牌力评价指标体系研究［J］．经济学家，2018（3）：96－104.

[200] 袁永娜，宋婷，吴水龙，等．绿色广告诉求对购买意向影响的

实证研究——基于绿色购买情感的中介效应和自我建构的调节效应 [J]. 预测，2020，39（1）：81 – 88.

[201] 俞燕，李艳军. 我国传统特色农业集群区域品牌形成机理研究：理论构建与实证分析——以新疆吐鲁番葡萄集群为例 [J]. 财经论丛，2015（4）：11 – 18.

[202] 余云珠. 产业融合视角下农产品区域品牌发展路径探究 [J]. 商业经济研究，2019（23）：127 – 130.

[203] 翟国梁，张世秋，Kontoleon Andreas，Grosjean Pauline. 选择实验的理论和应用——以中国退耕还林为例 [J]. 北京大学学报（自然科学版）网络版（预印本），2006（3）：88 – 92.

[204] 占辉斌，俞杰龙. 农户生产地理标志产品经济效益分析——基于437户农户的调研 [J]. 农业技术经济，2015（2）：60 – 67.

[205] 赵冠艳，栾敬东. 农产品地理标志的价值特征、实现途径与公共治理 [J]. 财贸研究，2021，32（10）：41 – 47.

[206] 赵金成，谢晨，梁丹，等. 环境非市场价值评估选择模型的应用——基于上海、成都焦点人群访谈 [J]. 林业经济，2010（6）：110 – 113，117.

[207] 赵娜，朱美玲，刘娜娜. 基于产业链成本收益分析视角剖析羊肉价格 [J]. 价格月刊，2013（12）：37 – 40.

[208] 浙江大学 CARD 农业品牌研究中心，中国农产品区域公用品牌价值评估课题组. 2010 中国农产品区域公用品牌价值评估报告 [J]. 农产品市场周刊，2011（2）：3 – 20.

[209] 郑春东，陈通. 品牌价值支撑体系的构成及其评价方法研究 [J]. 现代财经 – 天津财经学院学报，2004（9）：34 – 37.

[210] 郑琼娥，许安心，范水生. 福建农产品区域品牌发展的对策研究 [J]. 福建论坛（人文社会科学版），2018（10）：197 – 202.

[211] 郑秋锦，许安心，田建春. 农产品区域品牌战略研究 [J]. 科技和产业，2007（11）：63 – 66.

[212] 郑秋锦，许安心，田建春. 农产品区域品牌的内涵及建设意义

[J]．产业与科技论坛，2008（2）：88－89．

[213] 张传统，陆娟．农产品区域品牌购买意愿影响因素研究 [J]．软科学，2014，28（10）：96－99，116．

[214] 张传统，陆娟．食品标签信息对消费者购买决策的影响研究——以婴幼儿食品为例 [J]．统计与信息论坛，2012，27（9）：106－112．

[215] 张光宇，吴程彧．浅论区域品牌 [J]．江苏商论，2005（4）：69－70．

[216] 张婧，邓卉．品牌价值共创的关键维度及其对顾客认知与品牌绩效的影响：产业服务情境的实证研究 [J]．南开管理评论，2013，16（2）：104－115，160．

[217] 张立胜，陆娟．质量标志与农产品品牌信任研究 [J]．商业研究，2012（2）：42－49．

[218] 张雷．品牌专营的市场效应研究——兼议华润啤酒的渠道变革 [J]．财经问题研究，2006（2）：38－42．

[219] 张敏．品牌广告与品牌承诺 [J]．新闻界，2006（3）：94－95．

[220] 张曙临．品牌价值的实质与来源 [J]．湖南师范大学社会科学学报，2000（2）：38－42．

[221] 张世新，李彦．价值链视角下的品牌价值提升 [J]．生产力研究，2009（18）：161－163．

[222] 张挺，苏勇，张焕勇，等．论区域品牌的营销 [J]．管理现代化，2005（6）：35－37．

[223] 张童朝，颜廷武，何可，等．有意愿无行为：农民秸秆资源化意愿与行为相悖问题探究——基于 MOA 模型的实证 [J]．干旱区资源与环境，2019，33（9）：30－35．

[224] 张喜才．京津冀蔬菜供应链主要环节利益分配机制研究 [J]．农业经济与管理，2019（2）：88－96．

[225] 张晓莉，赵紫光，卢全晟．新疆肉羊产业养殖模式比较分析 [J]．中国农业资源与区划，2019，40（1）：182－189．

[226] 张月莉，王再文．农业集群品牌经营主体价值共创行为产生机

理——美国"新奇士"品牌的探索性研究 [J]. 经济问题，2018 (5)：40 - 45，93.

[227] 张燚，龚政. 公众自主品牌消费意识形成的驱动机理及实证研究——基于态度改变的"情感与认知合理化"视角 [J]. 四川理工学院学报（社会科学版），2018，33 (5)：59 - 78.

[228] 张燚，刘进平，张锐，侯立松. 企业文化、价值承诺与品牌成长的路径和机制研究 [J]. 管理学报，2013，10 (4)：502 - 509，527.

[229] 张燚，刘进平，张锐. 利益相关者视角下的品牌关系模式研究 [J]. 企业经济，2008 (10)：54 - 57.

[230] 张燚，秦银燕，王领飞，喻颖. 加强农产品区域公用品牌建设的政府与市场"双强引擎"研究 [J]. 财经论丛，2022 (3)：90 - 101.

[231] 张燚，张锐，刘进平. 品牌价值来源及其理论评析 [J]. 预测，2010，29 (5)：74 - 80.

[232] 张勇，魏梦琴. 农产品原产地形象对消费者购买意愿的影响研究——兼析消费者价格公平感助力农产品品牌建设 [J]. 价格理论与实践，2021 (11)：142 - 145，198.

[233] 钟无涯，魏建漳，曹宇昕. 异质性创新平台主体及运营模式比较 [J]. 科学管理研究，2014，32 (5)：1 - 4.

[234] 周发明. 论农产品区域品牌建设 [J]. 经济师，2006 (12)：235 - 236.

[235] 周发明，阳静怡. 财务视角下农业区域品牌价值评价研究 [J]. 会计之友，2018 (16)：84 - 87.

[236] 周海. 品牌价值评估方法 [J]. 中国流通经济，2001 (2)：44 - 47.

[237] 周蕊，姜法竹，王济民，等. 对肉羊养殖业发展现状的调查与思考——基于内蒙古巴彦淖尔市136户养殖户的调查 [J]. 中国畜牧杂志，2016，52 (2)：40 - 45，49.

[238] 周涌. 关于品牌溢价率测算研究——以家用汽车为例 [J]. 价格理论与实践，2018 (8)：159 - 162.

[239] 周业付．大数据农产品供应链联盟创新体系构建及利益分配研究 [J]．统计与决策，2019，35（23）：47－50.

[240] 周一虹，元庆洁，芦海燕．甘肃"杨秸秆"全产业链生态农产品价值实现研究 [J]．会计之友，2022（5）：142－146.

[241] 祝宏辉，徐光艳．肉羊生产效率及其影响因素研究——基于DEA－SFA 方法对新疆肉羊生产率的分析 [J]．价格理论与实践，2019（9）：63－66.

[242] 朱丽叶，袁登华．品牌象征价值如何影响消费者溢价支付意愿——性别和产品可见性的调节作用 [J]．当代财经，2013（6）：66－76.

[243] 朱玉林，康文星．基于农业产业集群的区域品牌需求与供给分析 [J]．求索，2006（7）35－37.

[244] Adamowicz W，Louviere J，Williams M. Combining revealed and stated preference methods for valuing environmental amenities [J]. Journal of Environmental Economics and Management，1994，26（3）：271－292.

[245] Anoma Ariyawardana，Kumudini Ganegodage，Miranda Y. Mortlock. Consumers' trust in vegetable supply chain members and their behavioural responses: A study based in Queensland，Australia [J]. Food Control，2017，73.

[246] Ashish Kumar，J P Saini，Rameshwar，Pankaj Chopra. The comparative cost and profit analysis of organic and non-organic farming practices in the mid himalayan region [J]. International Journal of Agriculture，Environment and Biotechnology，2018，11（4）.

[247] Balmer J M T，Gray E R. Corporate brands: What are they? What of them? [J]. European Journal of Marketing，2003，37（7/8）：972－997.

[248] Blamey R，Bennett J. Louviere，Morrison et al. A test of policy labels in environmental choice modeling studies [J]. Ecological Economics，2000，32（2）：269－286.

[249] Bonnie Canziani，Erick T. Byrd. Exploring the influence of regional brand equity in an emerging wine sector [J]. Journal of Wine Economics，2017，12（4）.

［250］ Christian Garavaglia, Paolo Mariani. How much do consumers value protected designation of origin certifications? Estimates of willingness to pay for PDO dry-cured ham in Italy ［J］. Agribusiness, 2017, 33 (3).

［251］ Chun R, Davies G. The influence of corporate character on customers and employees: Exploring similarities and differences ［J］. Journal of the Academy of Marketing Science, 2006, 34 (2): 138 – 146.

［252］ Clarkson M B E. A stakeholder framework for analysing and evaluating corporate social performance ［J］. Academy of Management Review, 1995, 20 (1): 92 – 117.

［253］ Daifen Chen, Fang Zou, Li Zhang. Brand joint research based on geographical indication agricultural products network ［J］. E3S Web of Conferences, 2019, 131.

［254］ Dimitrios Tselempis, Philippos Karipidis, Dionysios Tzimas, Ioanna Karypidou. Factors that impact farmers' engagement in local food brand development ［J］. EuroMed Journal of Business, 2020, 15 (1).

［255］ Esteves Rosa Branca, Shuai Jie. Personalized pricing with a price sensitive demand ［J］. Economics Letters, 2022 (prepublish).

［256］ EunHa Jeong, SooCheong (Shawn) Jang. Price premiums for organic menus at restaurants: What is an acceptable level? ［J］. International Journal of Hospitality Management, 2018, 77.

［257］ Fan Zhi Ping, Huang Shuai, Wang Xiaohuan. The vertical cooperation and pricing strategies of electric vehicle supply chain under brand competition ［J］. Computers & Industrial Engineering, 2020.

［258］ Fournier S A. Consumer-brand relationship framework for strategic brand management, Unpublished Doctoral Dissertation, University of Florida, 1994.

［259］ Freeman R E. Divergent stakeholder theory ［J］. Academy of Management Review, 1999, 24 (2): 233 – 236.

［260］ Frow P, Payne A. A stakeholder perspective of the value proposition concept [J]. European journal of marketing, 2011, 45 (1/2): 223 - 240.

[261] Garcia De los Salmones Maria del Mar, Herrero Angel, San Martin Hector. The effects of macro and micro country image on consumer brand preferences [J]. Journal of International Consumer Marketing, 2022, 34 (2).

[262] Greve A, Salaff J. Socia Networks and enterpreneurship [J]. Enterpreneurship: Theory and Practice, 2003, 28 (1): 1 - 22.

[263] Hensher D, Greene H W. The mixed logit model: The state ofpractice [J]. Transportation, 2003, 30 (2): 133 - 176.

[264] Jicheng Liu, Qimeng Guo. Research on benefit allocation strategy of green value chain based on improved shapley value method [J]. World Scientific Research Journal, 2021, 7 (9).

[265] Jones R. Finding sources of brand value: Developing a stakeholder model of brand equity [J]. Brand Management, 2005, 13 (1): 10 - 32.

[266] Kamakura W, Russell G. Measuring brand value with scanner data [J]. International Journal of Research in Marketing [J], 1993, 10 (9): 9 - 22.

[267] Keller K L, Lehmann D R. How do brands create value? [J]. Marketing Management 2003, 12: 26 - 31.

[268] Keller K L. Strategic brand management: Building, measuring and managing brand equity [M]. New Jersey: Pearson Education International, 2008.

[269] Kevin Lane Keller. Branding in developing markets [J]. Business Horizons, 2003, 46 (3).

[270] Kinawy Abeer A, Alaliol Amal S, Abdelfatah Ibrahim A. Estimating the domestic demand for saudi citrus using an almost ideal demand model in light of corona pandemic [J]. Open Journal of Social Sciences, 2022, 10 (2).

[271] Kim, Pan Jin, Kim, Mi Song, Lee, Sang Youn, Youn, Myoung Kil, Hwang, Moon Young. An effect of consumer buying behavior of an agricultural brand [J]. International Conference on Business and Economics (ICBE), 2011.

[272] Krishnan H S. Characteristics of memory associations: A consumer-based brand equity perspective [J]. International Journal of Research in Marketing, 1996, 13: 389 - 405.

[273] Komarek Adam M, Dunston Shahnila, Enahoro Dolapo, Godfray H Charles J, Herrero Mario, Mason - D'Croz Daniel, Rich Karl M, Scarborough Peter, Springmann Marco, Sulser Timothy B, Wiebe Keith, Willenbockel Dirk. Income, consumer preferences, and the future of livestock-derived food demand [J]. Global Environmental Change, 2021, 70.

[274] Kotler P, Jain D, Maesincee S. Marketing moves: A new approach to profits, growth and renewal [M]. Boston, Ma: Harvard Business School Press, 2002.

[275] Kumar V, Aksoy L, Donkers B. Undervalued or overvalued customers: Capturing total customer engagement value [J]. Journal of Service Research, 2010, 13 (3): 297 - 310.

[276] Kung MeiLing, Wang JiunHao, Liang Chaoyun. Impact of purchase preference, perceived value, and marketing mix on purchase intention and willingness to pay for pork [J]. Foods, 2021, 10 (10).

[277] Liu Haolong, Su Xin, Wang Xiaohui, Li Xiao, Pei Lijun. Complexity analysis for price competition of agricultural products with regional brands [J]. Discrete Dynamics in Nature and Society, 2021.

[278] Li Yue, Huang Jiepeng, Guo Hang, Wang Zhuo. Research on incentive mechanism of benefit distribution in collaborative innovation of industry alliance [J]. MATEC Web of Conferences, 2021, 336.

[279] Lodge C. Success and failure: The brand stories of two countries [J]. Journal of Brand, 2002, (4): 372 - 384.

[280] Lucio Cecchini, Biancamaria Torquati, Massimo Chiorri. Sustainable agri-food products: A review of consumer preference studies through experimental economics [J]. Agricultural Economics, 2018, 65.

[281] Izumi Shirai. The formation and maintenance of a regional brand [J].

Japanese Research in Business History, 2018, 35.

［282］ Martin Kunc, David Menival, Steve Charters. Champagne: The challenge of value co-creation through regional brands ［J］. International Journal of Wine Business Research, 2019, 31 (2).

［283］ Mac Innis, D, Jaworski B. Information processing from advertisements: Toward an integrative framework ［J］. Journal of Marketing, 1989 (53): 1 – 23.

［284］ Mc Alexander, J H, Scouten, J W, Koenig, H F. Building brand community ［J］. Journal of Marketing, 2002 (66): 38 – 54.

［285］ Mitchell R K, Agle B R, Wood D J. Toward a theory of stake-holder identification and salience: Defining the principle of who and what really counts ［J］. Academy of Management Review, 1997, 22 (4): 853 – 886.

［286］ Mitchell A. Enriched brand relations: Branding is not just about selling a productor service-it is about creating a bond with amulti-faceted proposition ［J］. BrandStrategy, 2002, (8): 40.

［287］ Mohd Farhan, Harvinder Singh, Deepak Pandey, Gurdip Singh, Nikhil Monga, Mohammad Asif. A study on customer intention to pay a premium price for organic food ［J］. Indian Journal of Public Health Research & Development, 2019, 10 (6).

［288］ Netemeyer R G, Krishnan B, Pullig C, et al. Developing and validating measures of facets of customer—Based brand equity ［J］. Journal of Business Research, 2004, 57 (2): 209 – 224.

［289］ Pyzhikova N I, Chepeleva K V, Shmeleva Zh N, Marchenko J A. The role of the name of agricultural products origin place in creating competitive advantages of the region ［J］. IOP Conference Series: Earth and Environmental Science, 2020, 548 (2).

［290］ NIU Zongling. Research on collaborative management strategy of regional brand of agricultural products in new period ［J］. Frontiers in Educational Research, 2019, 2 (10).

［291］ Ramani G, Kumar V. Interaction orientation and firm performance ［J］. Journal of Marketing, 2008, 72 (1): 27 –45.

［292］ Richard Kwasi Bannor, Steffen Abele, John K. M. Kuwornu, Helena Oppong Kyeremeh, Ernest Darkwah Yeboah. Consumer segmentation and preference for indigenous chicken products ［J］. Journal of Agribusiness in Developing and Emerging Economies, 2020, 12 (1).

［293］ Richard Kwasi Bannor, Steffen Abele. Consumer characteristics and incentives to buy labelled regional agricultural products ［J］. World Journal of Entrepreneurship, Management and Sustainable Development, 2021, 17 (4).

［294］ Rohani ST, Siregar A R, Rasyid T G, Darwis M. Motivation of farmers to participate in beef cattle business with profit sharing system ［J］. IOP Conference Series: Earth and Environmental Science, 2021, 788 (1).

［295］ Roosen Jutta, Staudigel Matthias, Rahbauer Sebastian. Demand elasticities for fresh meat and welfare effects of meat taxes in Germany ［J］. Food Policy, 2022, 106.

［296］ Shaobo Wu, Shiping Wen, Quan Zhou. Coordination of store brand product's green supply chain based on negotiation ［J］. Stainability, 2020, 12 (9).

［297］ Schultz M, Hatch M J, Larsen M H et al. How brand sare taking over the corporation ［J］. Expressive Organization, 2002, (1): 49 –65.

［298］ Scozzafava Gabriele, Gerini Francesca, Boncinelli Fabio, Contini Caterina, Casini Leonardo. How much is a bottle of conventional, organic or biodynamic wine worth? Results of an experimental auction ［J］. Food Quality and Preference, 2021, 93.

［299］ Simon C J, Sullivan M W. Measurement and determinants of brand equity: A financial approach ［J］. Marketing Sci-ence, 1993, (12): 28 –52.

［300］ Tao Sun, Yufeng Liu. The study on the influencing factors of brand awareness of regional public brand of agricultural products—Based on a baseline survey of 409 consumers in China ［J］. Advances in Social Sciences, 2016, 2

(12).

[301] T G Butova, E B Bukharova, V N Morgun, IV Pantyukhov, Zh N Shmeleva. The issues of territorial branding of agricultural products in modern conditions [J]. IOP Conference Series: Earth and Environmental Science, 2019, 315 (2).

[302] Tiensuu S. Motivational drivers of customer brand engagement and its effect on share of wallet in a social media context [D]. Jyvaskyla: University of Jyvaskyla, 2014.

[303] Tiziana de – Magistris, Azucena Gracia. Consumers' willingness-to-pay for sustainable food products: The case of organically and locally grown almonds in Spain [J]. Journal of Cleaner Production, 2016, 118.

[304] Tong Guang Ji, Wang Wei. The Comprehensive evaluation of regional agricultural brand competitiveness based on Fuzzy Gray Analysis [J]. Applied Mechanics and Materials, 2010, 44 – 47 (44 – 47).

[305] Van Bueren M, Bennett Jeff. Towards the development of a transferable set of value estimates for environmental attrites [J]. The Australian Journal of Agricultural and Resources Economics, 2004, 48 (1): 1 – 32.

[306] Vargo S L, Lusch R F. Evolving to a new dominant logic for marketing [J]. Journal of Marketing, 2004, 68 (1): 1 – 17.

[307] Vargo S L, Lusch R F. From goods to service (s): Divergences and convergences of logics [J]. Industrial Marketing Management, 2008, 37 (3): 254 – 259.

[308] Wentao Dong. A case study on Chinese consumers' willingness to pay for geographical indication products [J]. The Frontiers of Society, Science and Technology, 2019, 1 (7).

[309] Yin Shijiu, Wang Jingbin, Han Fei, Chen Mo, Yan Zhen. Consumer preference for food safety attributes of white shrimp in China: Evidence from choice experiment with stated attribute non-attendance [J]. Food Control, 2022, 137.

［310］Zhang Hao, Hou Yuan, He Feng – Feng, Gong Daqing. A decision method for benefit distribution mechanism of shared end distribution on Shapley Value ［J］. Computational Intelligence and Neuroscience, 2022（20223816440）.

［311］Zhan Huibin, Liu Sifeng, Yu Jielong. Research on factors influencing consumers' loyalty towards geographical indication products based on grey incidence analysis ［J］. Grey Systems: Theory and Application, 2017, 7（3）.

后　　记

　　本书是在我的博士论文和导师课题基础上进一步修改完善而成的。

　　时光荏苒，回想自己38岁开始攻博时的意气风发，转眼已过数年，渐渐懂得学术研究需要积累和沉淀，成果的形成需要钻研和打磨，投机心态在此洪流中终将被荡涤澄澈，盲目自信在此熔炉中终将被淬炼醇实。在本书完成之际，由衷感谢所有关心和帮助过我的师友和亲人。

　　首先，要感谢我的博士导师乔光华教授。在本科学习期间，乔老师就是我的论文导师，毕业时恰逢"非典"疫情暴发，大家都自然降低了对自己的要求，彼时乔老师严谨治学的态度给我留下深刻印象。博士毕业时又遭遇新冠疫情，乔老师耐心精准的指导给我信心和安心。在攻读博士学位过程中，老师带我参与各种科研和社会服务活动，尽可能为我提供更多的外出学习机会，并为我的研究调研提供了莫大的支持，使我增长了见识，开阔了视野，科研和实践能力得以迅速提高。生活中老师待人宽厚温和，工作中则严谨细致，并且博学广识，科研经验丰富，使我不但提高了学术研究能力，还明白了很多做人做事的道理。乔老师不但是我学习的引路人，也是我生活的导师。

　　然后，我要感谢写作期间给予我帮助的师长、同事和朋友。你们的关怀与支持减轻了我前进的阻力，你们的帮助为我解决了很多繁杂但很关键的问题，感恩一路有你们的陪伴，使我感受到了别样的温暖与力量。一路走来，其实还有很多未能一一提及的人和事，感恩你们的善意与关怀，成为我前进路上源源不断的动力！

　　再者，感谢内蒙古及各地相关部门的领导、干事与农牧户，这里有很多值得我铭记的名字，值得我们这些求知学子的感恩与敬重！在我的调研和数据收集过程中，你们不但给予了大力的支持与帮助，还展现了对农牧事业深沉的热爱与奉献，使我在深受感动的同时深刻理解了作为农经学者的责任与使命，更加坚定要为农牧事业贡献一份力量！

最后，一定要感谢我的亲人。父母亲人深沉质朴的爱伴我勇敢前行，爱人细致的照顾和孩子无怨的自立，使我没有后顾之忧。是他们的包容与关爱、支持与帮助，使我有信心迈上征程并有勇气完成学术研究！

感谢生活的美好！感恩一切的经历！

马志艳